大樂文化

大樂文化

史上最強的 K線戰法

教你用320張圖賺1000萬

百億操盤手 孟慶宇◎著

用單根、多根形態，與指標、成交量的共振，
建立賺爆的交易系統

Contents

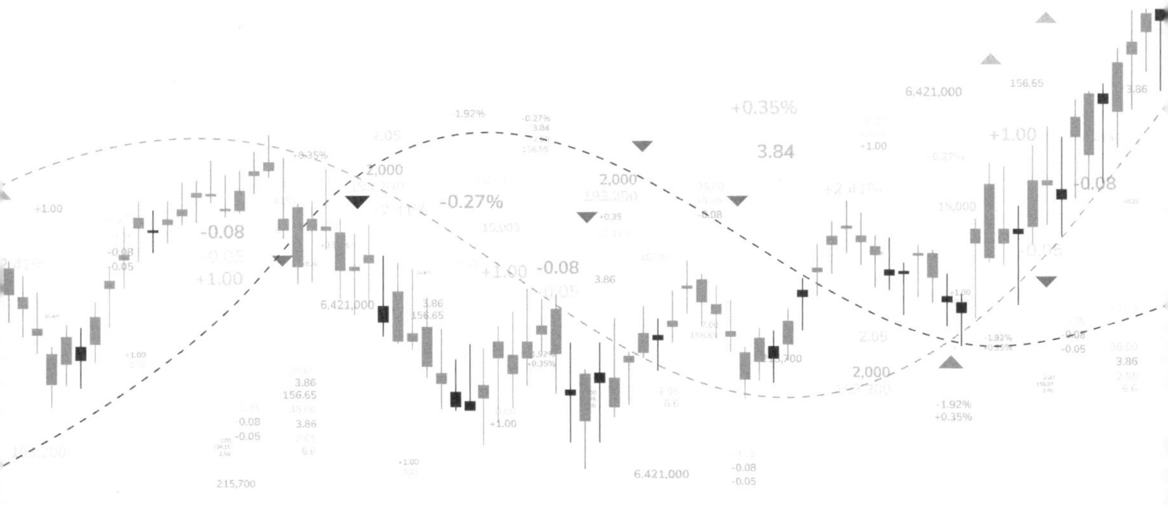

第 14 章　波浪理論教你精確分析股價，在股海成功衝浪　283

纏論幫你克服貪婪與恐懼，實現獲利最大化　303

前言

K 線是技術分析的關鍵，百億操盤手教你建立最強交易系統

人們都說投資股票風險很大，尤其對於散戶或新手來說，投資股票時往往面臨著高風險。在這種情況下，如何成為獲利者？

我投資股票已有近二十年的時間，經常有投資者問我：「我的股票突然漲停了，要不要立刻賣出去？」「手中握有兩支股票，一支漲一支跌，該如何操作？」「鄰居說主力在買某支股票，我要跟一下嗎？」等等。

其實，我沒辦法解決這樣的疑問，因為每檔股票都有自己的走勢，不能光看一時或一天的情況，而是結合各種指標反覆推敲才能做出判斷。

先進國家的股市已經有幾百年歷史，總結出上百種技術分析的方法，例如：道氏理論、艾略特波浪理論等，而這些理論都是基於K線發展起來。因此，K線是技術分析的基石，利用K線就是掌握技術分析的關鍵。

投資心態決定獲利的成敗

穩健投資的心態帶來穩健的獲利，因此人們才會相信：「有錢的人賺取經驗，有經驗的人賺取金錢。」

在股市裡，投資者必須學會謹慎思考、尊重技術，要在獲利時選擇停利點，在虧損時選擇停損點，還要知道自己是適合做短線、中線還是長線。總之，學習才是最好的老師，因為不可能憑空掌握一切方法。

在本書中，我將分享在漫長的投資生涯中，不斷學習與累積的經驗。初入股市時，我連最基本的T＋1概念都不清楚，身邊投資股票的人很多，但真正能說出所以然的人並不多，於是我開始積極學習，以道氏理論、江恩理論、證券混沌理論、心理分析流派的書籍為主。

兩個月後，我開始實際操作，在房地產類和鋼鐵類中選擇許多檔個股，

但鎩羽而歸。初學者會在乎很多東西，例如：股價是否便宜、佣金是多是少、操作時是否無人打擾，或是媒體上的每個觀點，但真正能夠信賴的只有自己。

後來我學習追漲理論。事實證明追漲確實賺得更多，但潛藏的風險往往難以發現，被套牢後面臨的虧損將不可收拾。

究竟什麼方法才是保證獲利的良策？

在漫長的磨練和思考後，我逐漸體認到名家理論中的一句話：適合自己的理論才是最好的理論。懂得投資股票的人應該懂得處理自己的情緒，只有在心平氣和時才可以操作。選擇好的時機尤為重要，大盤走勢穩健往往決定獲利的穩定性，因此要選擇好的大盤環境。

不論如何，投資者必須讓自己隨時處於心理放鬆的狀態，面對失敗時要謙卑地接受。這個世上沒有絕對，再強的高手也有失誤的時候，唯有掌握好自己的心態，才能在股市裡堅韌地存活，並有足夠的實力取得獲利。

第 1 章

學會 K 線基本知識，打穩獲利的基礎

1-1 K 線是什麼？快速認識陰與陽、上影與下影

股票市場是資本博弈的集中地，任何人初入這個市場，都以相同的身份在市場中扮演相似的角色。股市中有句名言：「這是個有錢的人來賺取經驗，有經驗的人來賺取金錢的地方。」

投資者必須不斷提高投資水準，才有較大的可能性賺取想要的財富。本章將深入淺出地介紹K線的基礎知識，引導投資者逐步走上投資道路。

形態概述

K線圖由於形似蠟燭而得名，又稱蠟燭圖，起源於18世紀初的日本，起初用於記錄米市的價格波動，後來被引入資本市場。其寓意深刻，被廣泛運用於股票技術分析。K線圖一般是由上影線、實體和下影線3部分構成。K線有陰陽之分，代表著跌與漲，因此陰K線圖和陽K線圖在構成上有所差異。

在陰K線圖中，盤中的最高價與開盤價的距離形成上影線，處於K線圖中的最高處，而當期的開盤價在上、收盤價在下，中間包圍而成的K線實體位於K線圖的中間位置。盤中的最低價與收盤價的距離形成下影線，位於K線圖的最低處。相反地，在陽K線圖中，盤中的最高價與收盤價的距離形成上影線，處於K線圖中最高處，而當期的收盤價在上、開盤價在下，中間包圍而成的K線實體位於K線圖的中間位置。盤中的最低價與開盤價的距離形成下影線，位於K線圖的最低處（見圖1-1）。

因為記錄的週期不同，K線分為1分鐘、5分鐘、15分鐘、30分鐘、60分鐘、1日、1週、1月、1季度、半年和1年等，它們在形體上沒有變化，但在各自週期中蘊含的意義略有不同，本書的分析將以日線為主。

圖1-1　陰K線和陽K線示意圖

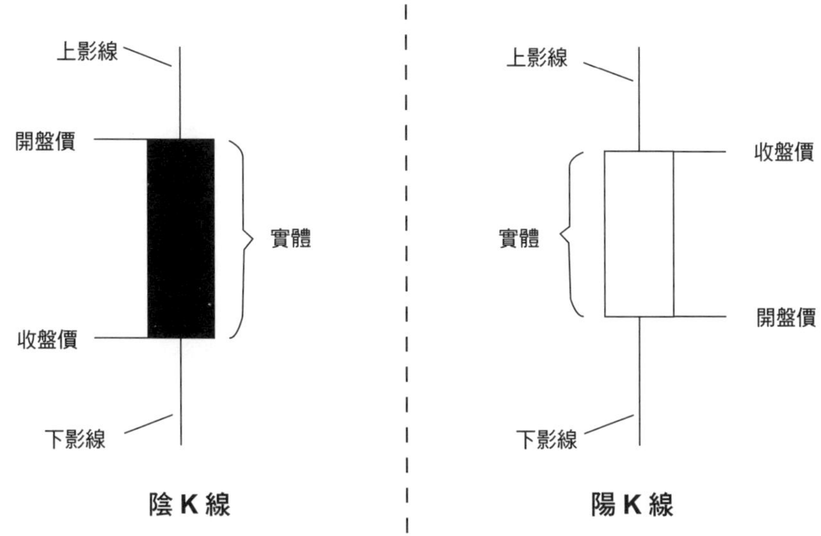

K線實戰

下頁圖1-2是上海證券交易所綜合股價指數（以下簡稱上證指數）日K線圖，其中的陽K線和陰K線在長期走勢中此起彼伏，在漲跌中各自有著形象的表達情境。正因為K線圖在漲跌情境中意義簡明，才深受投資者歡迎，被廣泛運用於股票市場與期貨市場。

結構分析

上影線的長度代表股價遭遇的壓力強度，上影線越長，說明拋售股票的賣方力道越大，他們為了打壓股價上漲的銳氣，強勢拋售股票。

下影線的長度代表股價擁有的承接力道，當股價不斷下跌時，下影線越長，意味著股價越接近普遍認同的低價區，買進股票的人氣逐漸轉旺，繼續拋售股票的投資者越來越少。

K線實體大小代表股價在運行趨勢中保持的速度。陽K線實體越長，說明該股在股價上漲的趨勢中，保持積極的增長態勢，股價急切上升，也表示股價離市場預期的高價區還有很長一段距離。陽K線實體越短，說明該股在

圖1-2 上證指數日 K 線圖

股價上漲的趨勢中，保持保守的態勢，利多的消息已逐漸淡化，股價已接近高價位或沒有明顯的上漲助力，需要等待新資訊對其產生影響。

陰K線實體越長，說明該股在股價下跌的趨勢中，保持強烈的下跌態勢，股價迅速下跌，也表示股價離市場預期的低價區還有很長一段距離。陰K線實體越短，說明該股在股價下跌的趨勢中，保持保守的態勢，利空的消息已逐漸淡化，股價已接近低價位或沒有明顯的下跌助力，需要等待新資訊對其產生影響。

陽K線比陰K線更強調趨勢的強化，市場信心偏好，利於股價上漲。陰K線比陽K線更強調趨勢的弱化，市場信心偏差，透露出股價下跌的訊息。

從時間層面，K線有30分、60分、日、週、月

在K線的形成過程中，形態會有很大的差別。我根據K線在形成過程中的特點將其分類，讓各位認識每個構成部分，並以時間、實體和影線3個層面為切入點，講解各種形態的特點。本節先從時間層面來說明。

形態概述

按照週期，K線分為1分鐘、5分鐘、15分鐘、30分鐘、60分鐘、1日、1週、1月、1季度、半年和1年等。這裡以月K線、週K線、日K線、60分鐘K線和30分鐘K線作為主要解讀對象。

月K線舉例

月K線是以當月第一個交易日的開盤價為月開盤價，同月的最後一個交易日的收盤價為月收盤價而繪製的K線。下頁圖1-3是上證指數月K線圖。

週K線舉例

週K線是以週一的開盤價為週開盤價，當週的週五收盤價為週收盤價而繪製的K線。相對於經常出現突破後反轉的日K線來說，週K線在技術意義上更值得信任。下頁圖1-4是上證指數週K線圖。

日K線舉例

日K線是以當日開盤價為日開盤價，當日收盤價為日收盤價而繪製的K線。第17頁圖1-5是上證指數日K線圖。

圖1-3 上證指數月 K 線圖

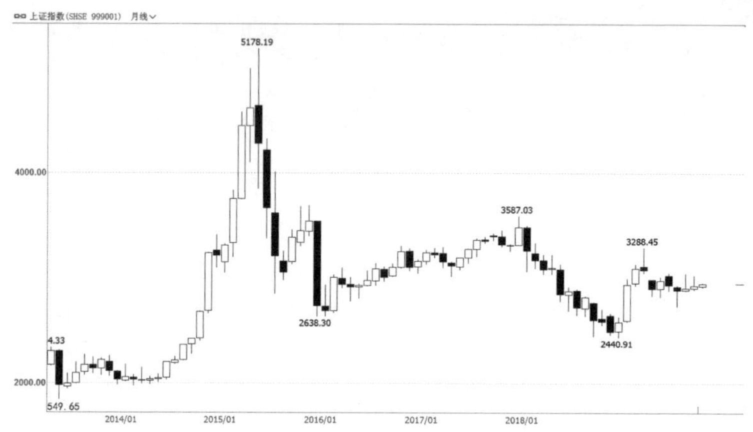

圖1-4 上證指數週 K 線圖

60 分鐘 K 線舉例

60分鐘K線是以開市期間，每小時開市的第一筆價格作為開盤價，並以該小時的最後一筆價格作為收盤價而繪製的K線。60分鐘K線適合作為短線投資參考，它對市場的反應比日K線靈敏。圖1-6是上證指數60分鐘K線圖。

圖1-5　上證指數日 K 線圖

圖1-6　上證指數 60 分鐘 K 線圖

30 分鐘 K 線舉例

30分鐘K線是以開市期間，每0.5小時開市的第一筆價格作為開盤價，並以該0.5小時的最後一筆價格作為收盤價而繪製的K線，它比60分鐘K線靈敏。下頁圖1-7是上證指數30分鐘K線圖。

圖1-7　上證指數 30 分鐘 K 線圖

結構分析

週期越長，K線指標在技術上的可信度越高，但由於趨勢技術確認的時間更長，其反應稍顯遲鈍。相反地，週期越短，K線指標在技術上的可信度越低，但由於趨勢技術確認的時間更短，其反應更加靈敏。

從實體層面，K 線的陰與陽都有極、小、中、大

形態概述

由於開盤價和收盤價的波動導致K線實體大小不同，K線圖被分為極陰、極陽、小陰、小陽、中陰、中陽、大陰和大陽8類，如同圖1-8所示。

其中，極陰和極陽K線圖的K線實體所含漲跌幅度在0.5%左右，小陰和小陽K線圖的K線實體所含漲跌幅度在0.6%～1.5%，中陰和中陽K線圖的K線實體所含漲跌幅度在1.6%～3.5%，而大陰和大陽K線圖的K線實體所含漲跌幅度，則在3.6%以上。

圖1-8　8 類 K 線示意圖

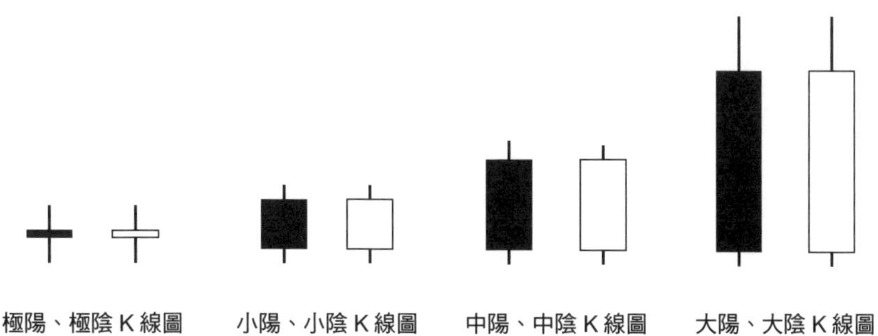

圖1-9 上證指數日 K 線圖

K 線舉例

圖1-9所示為上證指數日K線圖中的8類K線圖。

結構分析

K線實體越長，代表趨勢性越強。例如：在上漲中出現大陽線，表示上漲趨勢強勁；在上漲中出現小陽線，表示上漲力道減弱。

1-4 從影線層面，K線區分為無影、普通影及長影

形態概述

由於股價在盤中波動的大小不同，K線實體上方與下方的影線長短不一。按照影線的長度，K線圖分為3類：長影線K線圖、普通影線K線圖，以及無影線K線圖，如同圖1-10所示。

長影線K線圖分為長上影線K線圖、長下影線K線圖，以及長上下影線K線圖。無影線K線圖分為無上影線K線圖、無下影線K線圖，以及無上下影線K線圖。

圖1-10 3類K線示意圖

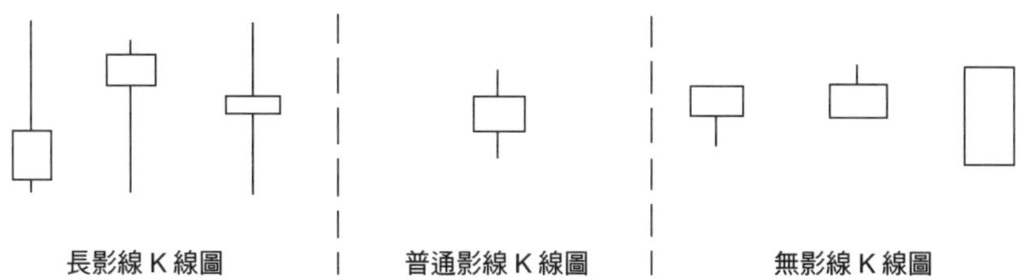

圖1-11　上證指數日 K 線圖

K 線舉例

圖1-11所示為上證指數日K線圖中的3類K線圖。

結構分析

上影線越長，表示股價上方的賣壓越重，股價下跌的壓力越大。上影線越短，表示股價上方的賣壓越輕，股價下跌的壓力越小。

下影線越長，表示股價下方的承接力道越強，股價上漲的動力越大。下影線越短，表示股價下方的承接力道越弱，股價上漲的動力越小。

第2章

分析 K 線關鍵數據，解讀出股價走勢

2-1 看懂 K 線實體蘊藏的規律，抓住漲跌趨勢

第2章將深度探討幾個簡單的K線組成部分，其中涉及實體大小、陰陽漲跌、上下影線所產生的系列變化。投資者深入研究K線指標的意義，理解在股價趨勢中透露的資訊，可以提升實力。

第1章已概述K線實體，因此本節將深入分析應用技巧。K線實體的變化是投資者重視的技術，其大小和重心移動有助於徹底了解K線的內涵。

K 線實體有 4 種，分別透露什麼訊息？

形態概述

K線實體被劃分為4種：極小K線、小K線、中K線和大K線（見圖2-1）。掌握K線實體的要點，可以幫助投資者在資本市場中獲利。

極小K線是實體最小、接近於無的K線圖，因為它對股價趨勢有重要的指導意義，因此受到高度重視。極小K線由於實體極小，在趨勢中透露的資訊顯得撲朔迷離。當它出現在上漲或下跌趨勢末端時，代表股價趨勢延續的動力已逐漸衰竭，前期趨勢將宣告結束。當它出現在上漲或下跌趨勢途中，意味著股價在運行中短暫調整，之後將延續走勢。當它出現在橫盤調整形態中，對趨勢沒有明顯的指導意義，表示市場趨勢的不確定性。

在股價趨勢中，**小K線**表現的意義接近於極小K線，但它透露資訊的強度稍弱於極小K線。**中K線**表現的意義接近於大K線，但它透露資訊的強度稍弱於大K線。**大K線**是顯著的K線形態，因為其表現強勢，透露的資訊強度較高。出現大K線，表示趨勢在上升或下跌中有充分的動力，對市場趨勢有強大的認同作用。

圖2-1　4類K線示意圖

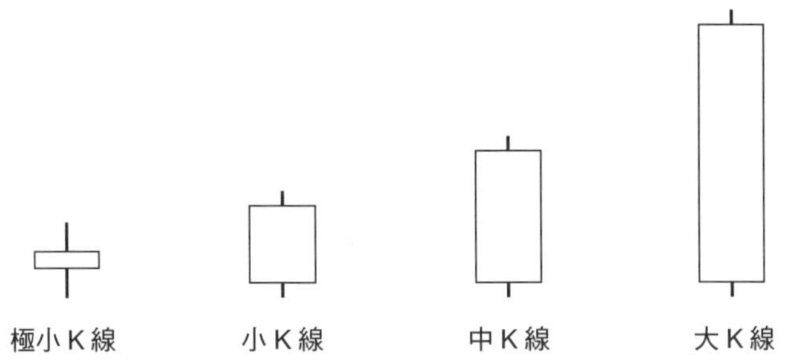

圖2-2　全新好日K線圖

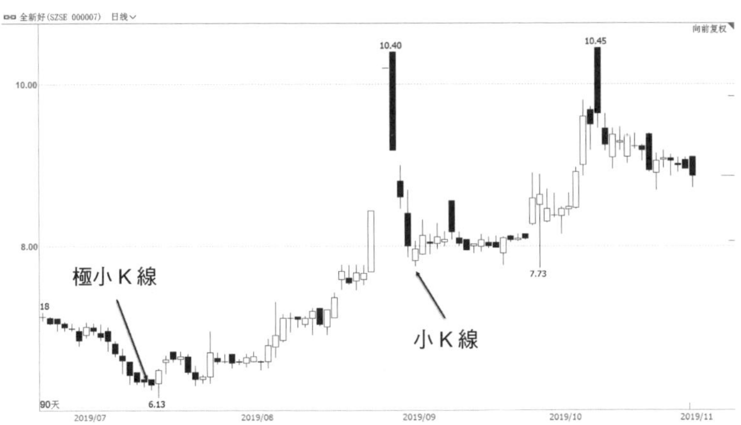

K線實戰

⑴在圖2-2，全新好（000007）2019年6月21日至11月1日的日K線圖中，可以看到極小K線和小K線。在前期趨勢末端出現極小K線後，隔日股價開啟不斷的漲勢，顯示**極小K線在趨勢上具有突出的指導意義**。

相較之下，後期出現的小K線在前期下跌趨勢接近末端時，股價雖然結束弱勢格局，但運行趨勢在短時間內沒有發生絕對反轉，而是在低位震盪一

圖2-3　特力 A 日 K 線圖

段時間後才開始上升，表示**小K線對趨勢的指導性明顯弱於極小K線**。

⑵圖2-3是特力A（000025）2018年12月10日至2019年4月24日的日K線圖，可以看到圖中的中K線和大K線。**中K線**出現在股價上漲途中，但之後的股價依然以緩慢上升態勢向高價區上行。相較之下，**大K線**在後期出現後，股價短時間內立刻垂直上漲，短短3天便創下幾個月內的最高價，顯示**中K線在股價趨勢中的推動力明顯弱於大K線**。

結構分析

極小K線在股價趨勢中的指導意義高於小K線。出現極小K線之後，趨勢會快速調整，而出現小K線之後，趨勢需要一段時間才會改變。

大K線對之後的股價趨勢有著極強的推動力，而中K線的推動力明顯較弱。**出現大K線，表示主力對推動股價上漲抱持高調態度，這個背後往往是短暫的上漲，可能醞釀著極大的風險**。中小K線在趨勢中的推動力相對較小，對趨勢的影響較小，但後期股價趨勢會更加穩健，對散戶資金有更安全的意義。

K 線的陰陽，展現出股價的漲跌動力

形態概述

K線根據陰陽漲跌，分為星線、陽K線和陰K線，見圖2-4。

圖2-4 3 類 K 線示意圖

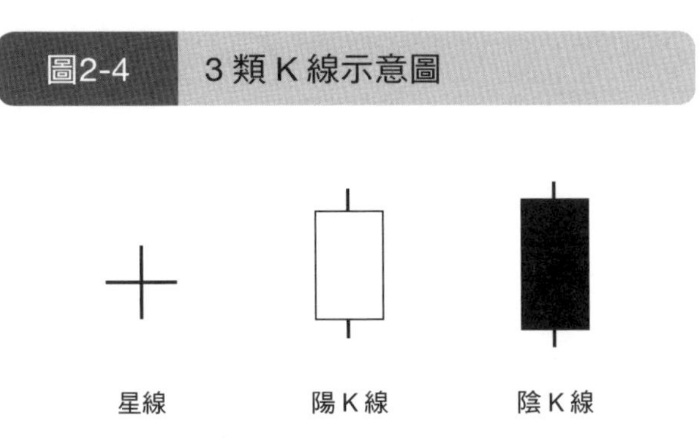

在股價趨勢中，**星線**會因為位置不同，而表現不同的指導意義。當它出現在上漲或下跌趨勢末端時，表示前期股價趨勢接近尾聲，後期將進行新的調整。當它出現在股價上漲或下跌途中，表示股價在趨勢不變的前提下，需要短暫調整，後期將延續前期慣有的趨勢。當它出現在橫盤調整的弱勢格局時，不具備明顯的指導意義。

陽K線出現在股價上漲的趨勢中，會展現股價上漲的動力，表示股價將繼續維持上漲態勢。當它出現在股價下跌的趨勢中，很可能是扮演短暫的反彈角色，表示股價只是暫時調整。當它出現在股價下跌趨勢末端，說明股價下跌的動力已衰竭，推動股價上漲的動力躍躍欲試，它以最快的速度表現出多頭上攻的欲望。

陰K線和陽K線相反，當它出現在股價下跌的趨勢中，會展現股價下跌的動力，表示股價將維持下跌的態勢。當它出現在股價上漲的趨勢中，很可能是扮演短暫的調整角色，表示股價只是暫時調整。當它出現在股價上漲趨勢的末端，說明股價上漲的動力已衰竭，推動股價下跌的動力躍躍欲試，它以最快的速度表現出空頭下攻的欲望。

K 線實戰

下頁圖2-5是飛亞達A（000026）2019年7月29日至9月25日的日K線圖，可以看到星線、陽K線和陰K線。

該星線出現在股價上漲趨勢途中，意味著短暫的整理後，股價將保持前期的上升態勢繼續上漲。在當期的形態圖中，後期趨勢確實維持與前期相同

圖2-5 飛亞達 A 日 K 線圖

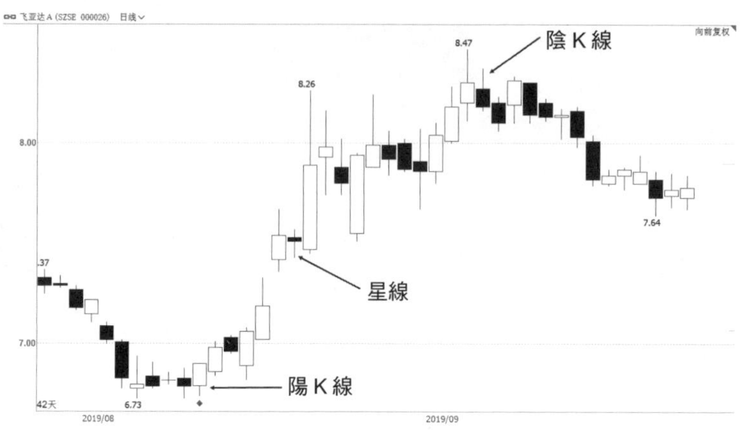

的漲勢，證實星線在股價趨勢中的指導意義。

該陽K線出現在前期股價下跌趨勢的末端，隨後股價展開一波氣勢如虹的上漲行情，股價節節攀高，證實陽K線在股價趨勢中的指導意義。

該陰K線處在股價下跌趨勢途中，表示股價有繼續加強的下跌趨勢。在陰K線的作用力之下，後期股價下跌趨勢不變，證實陰K線在股價趨勢中的指導意義。

結構分析

星線在股價運行中具有獨特的意義，根據所處位置，其意義不盡相同。當它處在高價位或低價位時，趨向於表達前期股價趨勢結束。當它處在股價趨勢途中，表示股價運行前後一致性，股價只是暫時整理。當它出現在橫盤調整中，表現的意義不明顯。

在股價上漲趨勢中，陽K線表示股價趨勢將保持上升。當它出現在下跌趨勢中，表示只是短暫整理，後期趨勢將與之前保持一致。當它出現在下跌趨勢末端，表示股價將強而有力地反彈，後期趨勢將做出調整。

2-2 根據開盤價與收盤價，破解主力的真正意圖

在K線指標中，開盤價和收盤價的表現力無疑是最強的。投資者有許多利用開盤價和收盤價進行分析的技巧，例如：經常把開盤價和收盤價視為主力一天之中的最終意圖。因此，掌握開盤價和收盤價的規律，有助於全面認識K線。

比較開盤價和昨日收盤價

形態概述

一般情況下，開盤價是指開市當天連續競價的第一筆成交價格，收盤價則是開市當天收市前的最後一筆成交價格。開盤價和昨日收盤價的比較，分為以下3類（見下頁圖2-6）：

1. **開盤價高於昨日（上個交易日）的收盤價，稱為開高：**表示開市當天股價開盤有很大的買盤湧入，使股價不斷抬升。開高一般出現在股市行情很好，或是有突發的利多消息時。

2. **開盤價等於昨日的收盤價，稱為開平：**表示開市當天股價開盤時和昨日收盤時的人氣相當，股價表現得很普通。

3. **開盤價低於昨日的收盤價，稱為開低：**表示開市當天股價開盤急速下跌，很多賣盤湧入，使股價不斷被打壓。開低一般出現在股市行情不好，或是有突發的利空消息、對股價產生壓制作用時。

圖2-6　3 類情形下的 K 線示意圖

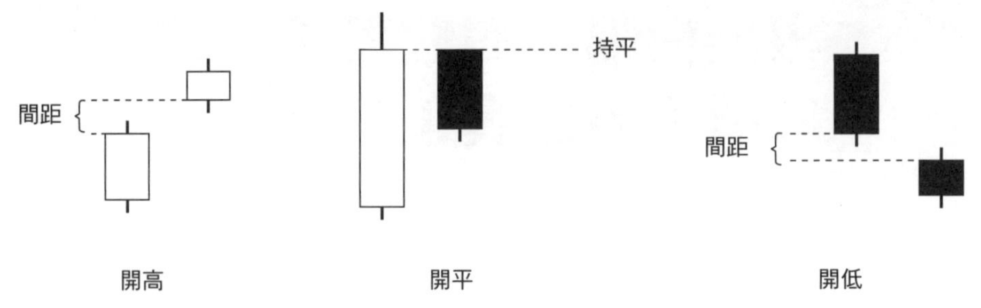

圖2-7　中國寶安日 K 線圖

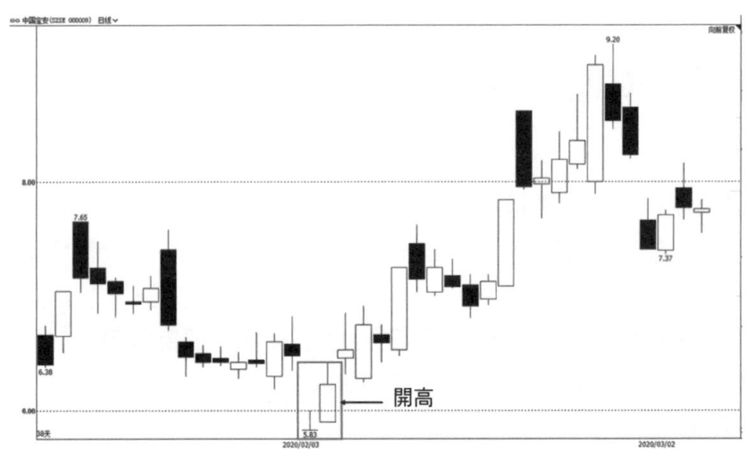

K 線實戰

⑴在圖2-7，中國寶安（000009）2020年1月3日至3月4日的日K線圖中，可以看到開高K線圖。**該K線圖由前一個交易日的底部星K線，與後一個交易日的開高小陽線結合而成，股價以開高快速拉起，顯示主力做多的決心**。但是，在實際的拉升過程中，多頭上攻力道不足，後一個交易日只形成一個小陽線，因此漲勢必然有限。

圖2-8　中洲控股日K線圖

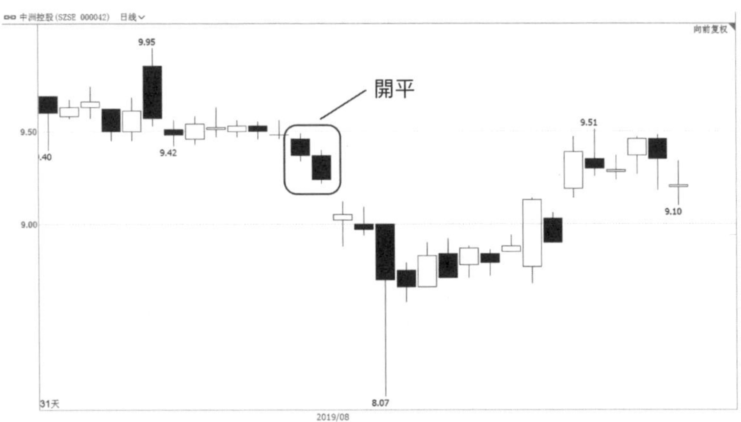

⑵在圖2-8，中洲控股（000042）2019年7月15日至8月26日的日K線圖中，可見開平K線圖。圖形由前一個交易日的小陰線轉化為大陰線，顯示主力在前一個交易日多空徘徊後，開始選擇行走方向。由於早盤開平、買氣疲乏的影響，拋售力量鋪天蓋地而來，因此快速形成一根大陰線，對空方力量進行一定程度的釋放。

⑶在下頁圖2-9，深天馬A（000050）2019年9月4日至11月1日的日K線圖中，看到開低K線圖。從圖形結構可以看出，在前一個交易日賣出獲利盤的力量下，市場以中陰線釋放空頭。但是，隨著後一個交易日的跳空開低走低，大量的多方放棄陣營轉為空方，加大股價的下跌力道，因此轉變股價走勢。

結構分析

開高分為2類情況：

第一種是有準備的開高，集合競價量會比較小。

第二種是沒有準備的開高，屬於市場有強烈的突發利多，使股票供不應求，集合競價量會很大。出現開低可能是延續前日走勢，也可能是突發的市場或個股利空消息。

圖2-9 深天馬 A 日 K 線圖

開盤價、收盤價與大盤指數的比較

形態概述

個股開盤價、收盤價與大盤指數的比較，一般分為4類：

1. 開盤價和收盤價均高於大盤指數。
2. 開盤價高於大盤指數，收盤價低於大盤指數。
3. 開盤價低於大盤指數，收盤價高於大盤指數。
4. 開盤價和收盤價均低於大盤指數。

K 線實戰

⑴圖2-10是招商銀行（600036）2019年11月1日的分時圖，從圖中可以看到，該股的分時走勢明顯強於上證綜合指數，開盤價和收盤價都在上證綜合指數之上，表示該股當前受到市場較強關注，股票供不應求。

⑵圖2-11是神州泰岳（300002）2020年4月23日的分時圖，從圖中可以看到，該股的早盤開盤價高於創業板指數，但之後的分時走勢一直圍繞創業板指數上下波動，並在尾盤下跌，最終該股收盤價低於創業板指數，顯示該股當前的勢頭略弱於創業板指數。

圖2-10 招商銀行分時圖

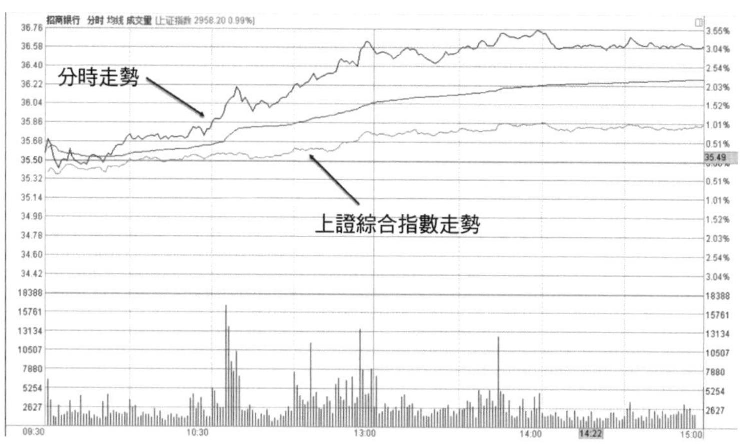

圖2-11 神州泰岳分時圖

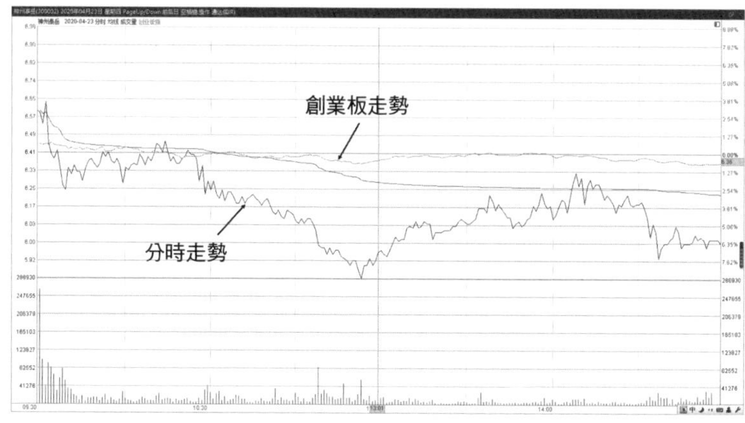

⑶下頁圖2-12是樂普醫療（300003）2020年6月12日的分時圖，從圖中可以看到，該股的早盤開盤價低於創業板指數，但之後的分時走勢突然拉升上漲，最終該股收盤價高於創業板指數，顯示該股當前的勢頭略強於創業板指數。

圖2-12 樂普醫療分時圖

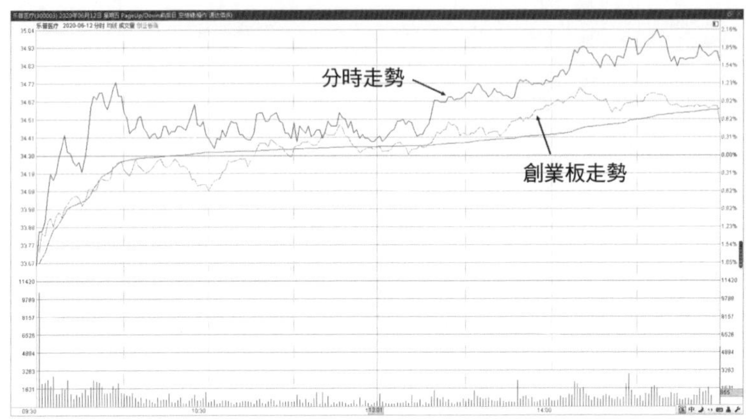

圖2-13 紅日藥業分時圖

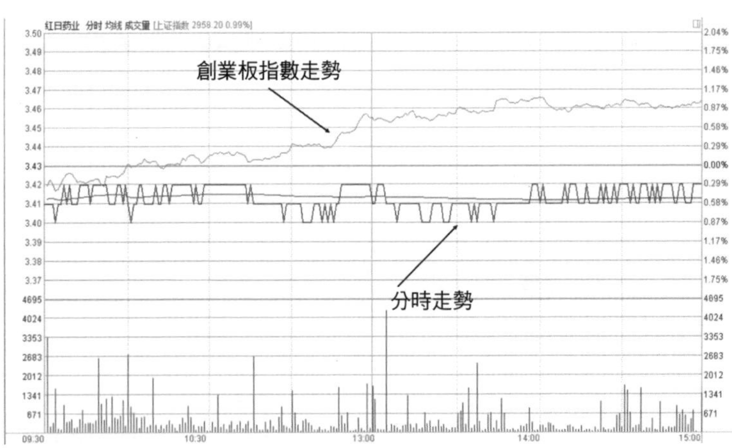

⑷圖2-13是紅日藥業（300026）2019年11月1日的分時圖，從圖中可以看到，該股的開盤價和收盤價都在創業板指數之下，顯示當前受到市場很大壓力，股票不斷被拋售。

結構分析

個股開盤價、收盤價和大盤指數的橫向比較，很好地詮釋個股在漲跌趨勢中的強弱程度，可以幫助投資者在選擇投資標的時縮小範圍。

解讀開盤價和收盤價的關係

形態概述

開盤價和收盤價的比較，一般分為3類：

1. 開盤價高於收盤價，進而形成陰K線。
2. 開盤價等於收盤價，進而形成無K線實體的星線。
3. 開盤價低於收盤價，進而形成陽K線。

在K線當中，陰K線表示空方力量強於多方力量，屬於下跌訊號。星線表示多空雙方在爭奪股價的過程中實力相當。陽K線表示多方力量強於空方力量，屬於上漲訊號。

K線實戰

⑴下頁圖2-14是華能國際（600011）2019年7月17日的陰K線分時圖。

⑵下頁圖2-15是華能國際（600011）2019年6月20日的星線分時圖。

⑶下頁圖2-16是華能國際（600011）2019年5月7日的陽K線分時圖。

結構分析

開盤價高於收盤價會形成陰K線，是典型的看跌訊號。開盤價等於收盤價會形成星線，對趨勢沒有明顯意義，表示後市走向不明。開盤價低於收盤價會形成陽K線，是典型的看漲訊號。

圖2-14 華能國際陰 K 線分時圖

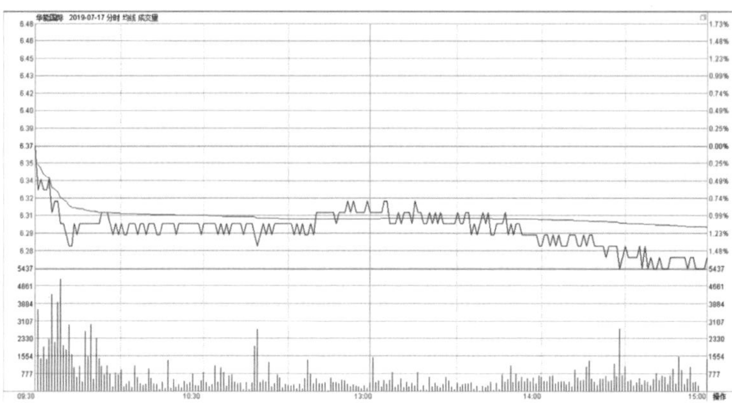

圖2-15 華能國際星線分時圖

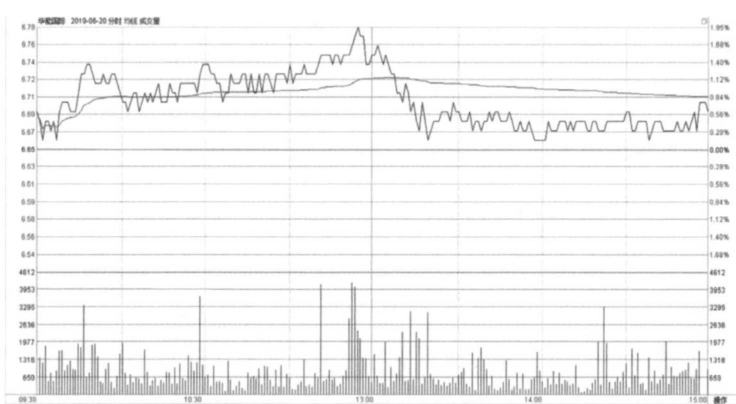

圖2-16 華能國際陽K線分時圖

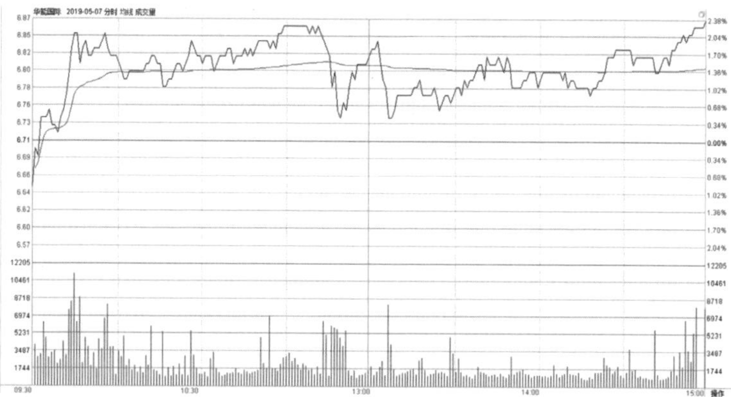

2-3 透過上影線與下影線，把握價格運行的軌跡

在股市中，許多投資者放棄分析K線影線，認為在實體之外波動的影線相對來說有失準確。其實，影線雖然是突破後回檔的代表，但正是透過這類行為，才能更好地掌握價格運行的軌跡，得知價格的深層動向。

上影線的類型

形態概述

當期盤中股價上攻後的回檔，是上影線形成的原因。上影線是具備重要意義的標記，一般分為以下2類：

1. **被動回檔形成的上影線**：這類上影線是在相應的大盤受到短期利空消息影響，而回落的帶動下，個股模仿大盤的形態。形成這種形態一般可以掩飾股價，很具隱蔽性。

2. **主動回檔形成的上影線**：這類上影線分為出貨上影線、試探上影線和股性上影線，如圖2-17。

出貨上影線一般出現在快速上漲後的行情中，通常大漲過後的上影線是賣壓強勁的表現。**試探上影線**一般出現在震盪行情的下方，股價時而上攻，但遭遇震盪區間後上攻無果，因此留下上影線，其意思為試探震盪區間的壓力強弱。**股性上影線**是指某些股票的走勢偏愛在日線上下震盪，大部分走勢圖中的任何位置，幾乎都會出現這樣的上影線，就像股票的性格一樣。

K 線實戰

(1) 圖2-18是中原高速（600020）和上證指數2019年7月8日的分時圖，從

圖2-17 主動回檔上影線

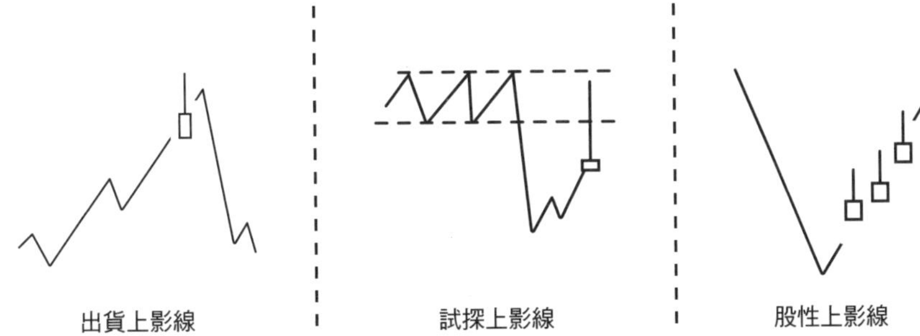

圖2-18 中原高速和上證指數的分時圖

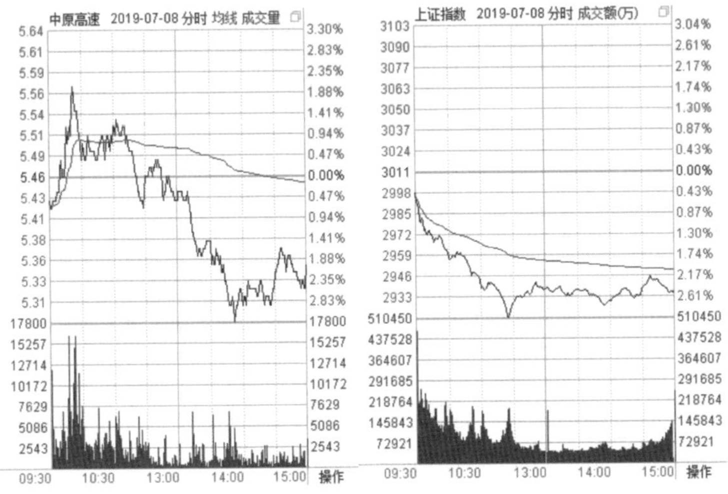

圖中可以看到被動回檔上影線。早盤中，中原高速在低調橫盤準備一小時後突然發力，開始上攻股價，但隨著當日大盤指數多次攻擊移動平均線無果之後，確認大盤的弱勢格局。隨後大盤指數逐漸下跌，中原高速也見機行事，避免在弱勢時過分暴露，隨著大盤一起下跌以掩飾該股的動機。

圖2-19　深賽格日 K 線圖

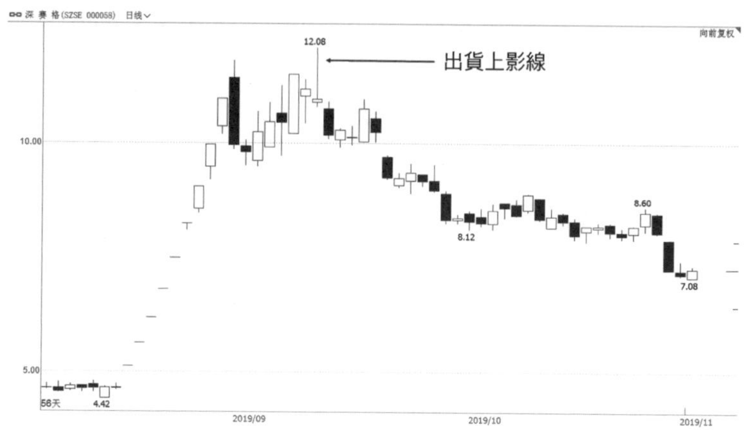

⑵在圖2-19，深賽格（000058）2019年8月8日至11月1日的日K線圖中，可以看到出貨上影線，在前期近一個月的拉升趨勢之後，股價創造近期最高位，獲利盤逐漸增多。隨著高位的形成，該日出現的出貨上影線顯示賣壓盤強大，之後數日股價連續下跌，確認主力的出貨意圖。

⑶圖2-20是農產品（000061）2019年5月16日至8月19日的日K線圖，可以看到試探上影線，顯示主力在形成底部形態後，上攻試探前期股價資金密集區。隨著股價回落，成交量快速放大，顯示當期賣壓盤仍然很大，主力在確定套牢後，隨即放棄上攻意圖，因此之後股價趨勢可想而知。

⑷在圖2-21，天健集團（000090）2019年1月15日至3月7日的日K線圖中，看到股性上影線。從圖中可以看出，該股習慣製造上影線形態，因此在這類個股中，不該只憑上影線去判斷股價未來走勢。

結構分析

上影線越長，賣壓越重，股價趨勢轉弱的機率越大。被動回檔上影線在股價趨勢中具備很強的隱蔽性，一般認為個股對大盤的模仿性越強，個股具備的潛力就越大。主動回檔上影線會因為所處位置或風格不同，而有所不同，因此在判斷其意義時，應考慮成交量、大盤指數等參考指標。

圖2-20 農產品日K線圖

圖2-21 天健集團日K線圖

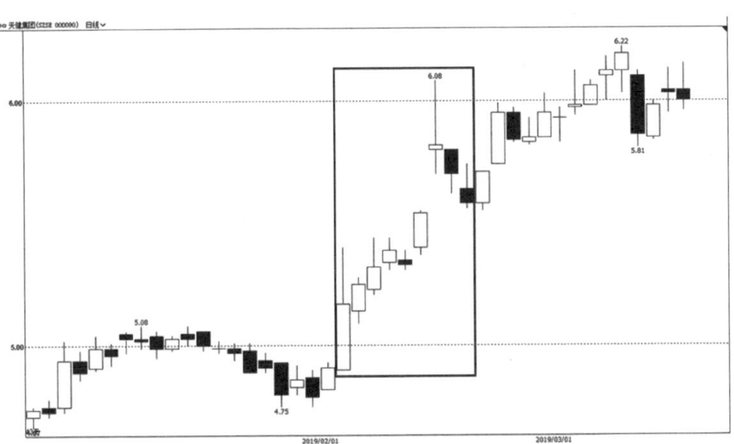

下影線的類型

形態概述

當期盤中股價下攻後的反彈，是形成下影線的原因。下影線是具備重要意義的標記，一般分為2類：

1. **被動反彈下影線**：由於短期利多消息的影響，個股模仿大盤的反彈而產生，這種形態通常會掩飾個股的意圖。

2. **主動反彈下影線**：分為進貨下影線和試探下影線。**進貨下影線**一般出現在股價低位，主力通常會在大盤疲乏時隨勢下跌，然後在股價回升時掃貨。**試探下影線**（見右圖）一般出現在下跌途中，或是關鍵支撐位的下沿附近，主力以下探支撐位，觀察跟風盤和賣壓盤的實力，再進行調整。

圖2-22　支撐位的試探下影線示意圖

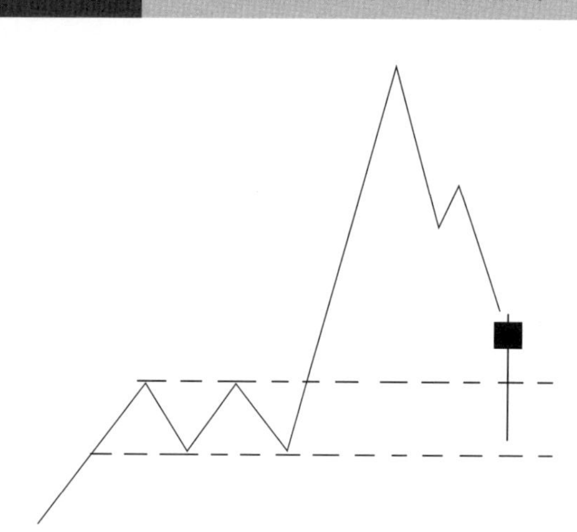

K 線實戰

⑴圖2-23是東風汽車（600006）和上證指數在2019年8月6日的分時圖，顯示主力為了模仿大盤而掩飾股價趨勢的意圖。

⑵圖2-24是生物股份（600201）和上證指數在2019年9月17日的分時圖，該股前期模仿大盤橫盤和下跌走勢，整個形態相似度很高。在大盤指數尾盤依舊不起時，放棄繼續模仿的姿態，在午後下探低點後開始回升。

雖然大盤弱勢格局的影線無法吸引人氣，也沒有成功突破均價線的壓力位，但這個拉升行為已暴露主力拉升股價的強烈意圖。這種主動拉升而形成的下影線，一般是主力藉機進貨的手段，也可能是為了穩住持有者心態而做出的護盤行為。如果主力繼續延後拉升行為並接近尾盤，將更傾向於進貨行為。

圖2-23　東風汽車和上證指數的分時圖

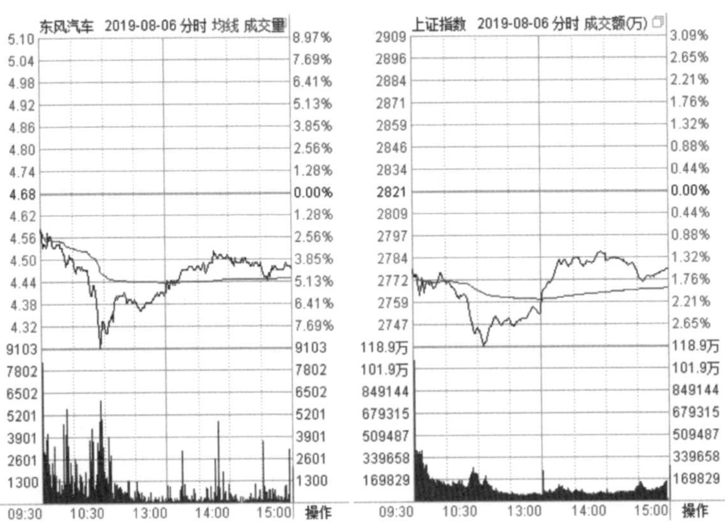

圖2-24　生物股份和上證指數的分時圖

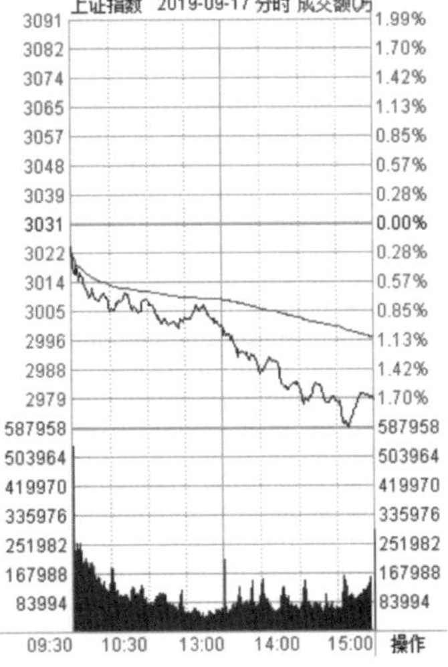

圖2-25 神州數碼日 K 線圖

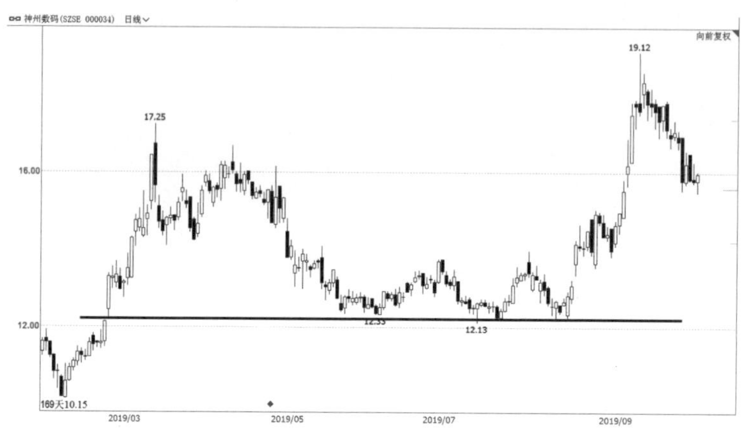

⑶圖2-25是神州數碼（000034）2019年1月24日至10月9日的日K線圖中的試探支撐位。該支撐位是因為早期的跳空缺口而形成，後期股價又在此形成階段性底部，使其成為資金密集的成本區。在多日股價下探支撐位後，確認支撐盤的實力，因此上漲決心得到加強，市場逐漸轉強。

結構分析

下影線越長，承接盤越強，股價趨勢轉強的機率越大。被動反彈下影線在股價趨勢中具備很強的隱蔽性，一般認為個股對大盤的模仿性越強，個股具備的潛力就越大。主動反彈下影線會因為所處位置或風格不同，而有所不同，因此在判斷其意義時，應考慮成交量、大盤指數等參考指標。

第 3 章

單根 K 線起步，有 7 個買點與 7 個賣點

3-1 建立自己的交易系統時，必須注意哪些重點？

投資分析主要分為四大流派：技術指標分析、基本面分析、量化經濟模型研究、心理分析流派。**技術指標分析流派**被批判得較厲害，但魅力實在不可否認。**基本面分析流派**在市場經濟逐漸發展的今日漸漸成為主流，但有時被理解為少數人使用的工具。**量化經濟模型研究流派**一般存在於理論研究界，實際的操作法則不被重視。**心理分析流派**為後起之秀，解讀著股市中的羊群效應。

我們要不斷充實自己，理性認識資本市場，成為少數中的勝者。建立投資系統時的綜合分析如下：

1. **判斷大盤，大盤強勢時才操作**：圖3-1顯示上證指數2018年11月12日至2019年4月16日走勢，從中可以清楚看到，K線是判斷大盤趨勢的重要指標。股市處於上升行情時，獲利的可能性最高，其他時間都應規避風險。

2. **判斷類股，大盤轉好時通常會有主力類股衝鋒陷陣**：圖3-2為某日股票漲停榜的第一頁，可以看到，整體上漲同時攻入漲停榜的類股，通常具備參與價值，因此要在類股內部篩選合適的目標買進。

3. **選擇個股，參考綜合技術指標較高的潛力股**：在軟體服務類中，聯絡互動（002280）盤中穩步拉升，如第48頁圖3-3所示，說明其在該類股票內部的領導力。再細看聯絡互動的日K線走勢，可以發現個股剛突破前期震盪區間的高點，後市有很大的空間。

4. **產生買進決策**：於是產生買進聯絡互動的決策，一個簡單而實用的操作法則同時被創造出來，如第48頁圖3-4所示。在實際運用中，很多方法都是靠個人總結、實踐而成，沒有永恆不變的方法。**如果投資者希望擴大獲利，必須更勤奮地研究。**

圖3-1 對大盤格局的判斷

圖3-2 某日股票漲停榜的第一頁

	代码	名称	涨幅%	现价	细分行业
1	002418	康盛股份	10.16	2.71	机械基件
2	600615	丰华股份	10.05	10.29	小金属
3	300240	飞力达	10.05	8.98	仓储物流
4	002488	金固股份	10.04	8.55	汽车配件
5	000673	当代东方	10.03	3.18	影视音像
6	002719	麦趣尔	10.03	12.07	乳制品
7	300235	方直科技	10.03	12.40	软件服务
8	300612	宣亚国际	10.03	21.29	广告包装
9	002675	东诚药业	10.02	14.71	化学制药
10	300429	强力新材	10.02	15.15	化工原料
11	002571	德力股份	10.02	5.16	玻璃
12	300072	三聚环保	10.02	5.93	环境保护
13	600216	浙江医药	10.02	12.52	化学制药
14	002799	环球印务	10.01	17.80	广告包装
15	002577	雷柏科技	10.01	10.33	电脑设备
16	600093	易见股份	10.00	18.92	仓储物流
17	002865	钧达股份	10.00	20.57	汽车配件
18	002280	联络互动	10.00	4.07	软件服务
19	300598	诚迈科技	10.00	79.76	软件服务
20	002552	宝鼎科技	9.99	21.24	机械基件
21	002791	坚朗五金	9.99	29.52	其他建材
22	603825	华扬联众	9.98	13.33	互联网
23	002035	华帝股份	9.98	11.90	家用电器
24	002351	漫步者	9.98	11.35	电脑设备
25	300250	初灵信息	9.97	13.57	软件服务
26	300493	润欣科技	9.94	7.96	通信设备

圖3-3 聯絡互動穩步拉升

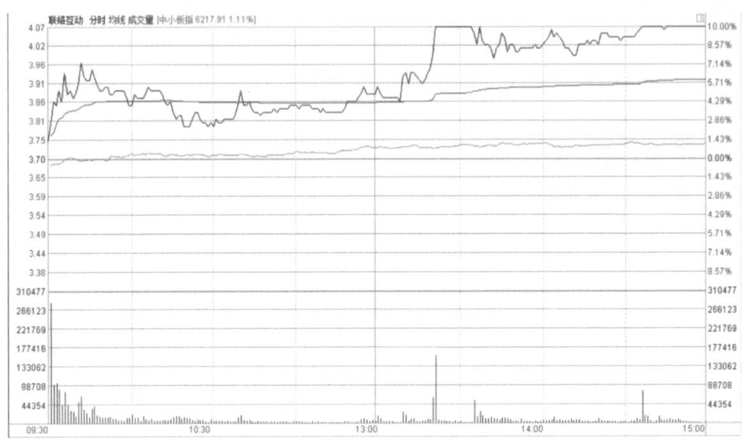

圖3-4 大陽線看多的日 K 線走勢

我們只是根據某一天的資料簡單提供這套方法，還沒有加入其他方面的判斷，至於日後所選股票的走勢能否一飛沖天，我們也不知道。但是，建立投資系統的優點在於，永遠站在機率最大的一方。由於沒有100%成功的方法，因此要在這個基礎上設置停損措施。

3-2 「趨勢底部」的 3 個買點：底部十字星、錘子線等

在股價行進階段，重要的K線指標通常具有很大的指示作用，我將謹慎分析K線在下跌趨勢底部頻繁出現的形態特徵。本節以底部十字星、錘子線及倒錘子線在趨勢底部的反轉情景為例，幫助投資者理解市場趨勢的動向，認識K線指標的意義。

 買點 1：出現底部十字星，有機會抄底反轉

形態概述

底部十字星是指出現在趨勢底部，表示趨勢可能反轉的十字星，而十字星是指沒有K線實體、開盤價和收盤價相等，又有上下影線的K線形態，見下頁圖3-5。**十字星一般象徵前期趨勢放緩，表示趨勢可能發生轉變，因此出現在趨勢底部的十字星常被認為是抄底的標誌。**

K 線實戰

下頁圖3-6是皖通科技（002331）2019年6月27日至9月24日的日K線圖，前期股價在短期下跌後出現一個底部十字星，然後產生一個快速的V形反轉，因此底部十字星常被認為是抄底反轉的最佳買點。

結構分析

出現底部十字星往往意味著前期股價下跌趨勢放緩，股價趨勢隨時可能反轉。底部十字星的下影線越長，反轉力道越強，因此買點越好。它伴隨的成交量越低，反轉的可能性就越大。

圖3-5 底部十字星示意圖

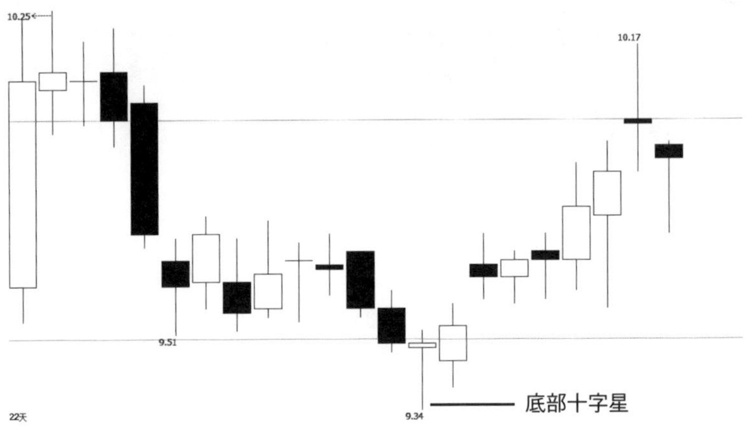

圖3-6 皖通科技日 K 線圖

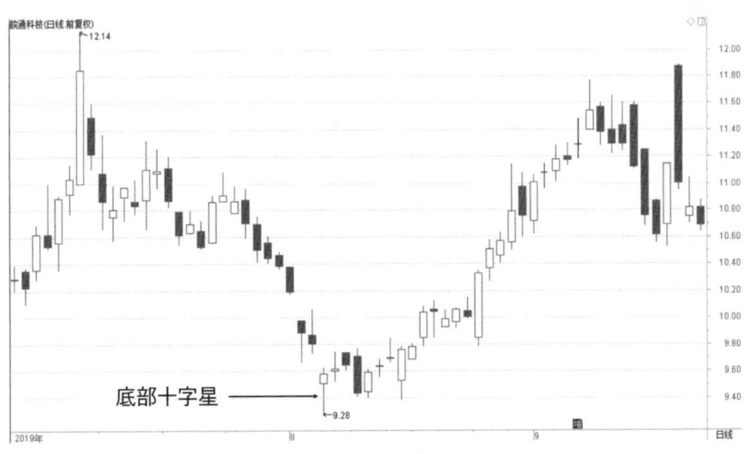

買點 2：鍾子線的下影線越長，反轉力道越大

形態概述

錘子線是K線實體較小，而下影線超過實體長度兩倍，且上影線非常短甚至沒有的形態，經常出現在下跌趨勢末端，表示趨勢有可能反轉，見圖

圖3-7　鍾子線示意圖

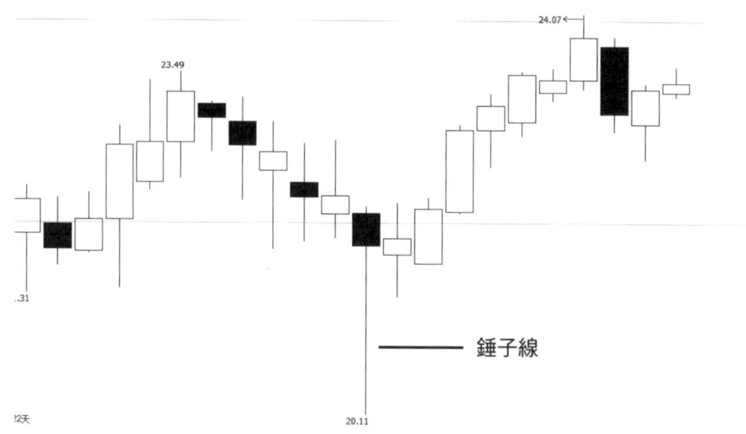

3-7。**根據陰陽漲跌，錘子線分為陽線錘子線和陰線錘子線，陽線錘子線在底部產生的反轉作用力強於陰線錘子線。**

K 線實戰

下頁圖3-8為久遠銀海（002777）2019年7月16日至10月18日的日K線圖，可以看到錘子線。市場前期處於下跌趨勢，該反轉形態在趨勢末端形成。股價在低價區間下探後，形成較長的下影線，顯示承接盤的實力，而且該形態是反轉實力最強的錘子線，反轉訊號獲得加強，後市趨勢得到有效反轉。

結構分析

陰線錘子線對下跌趨勢的反轉實力弱於陽線錘子線。**兩類錘子線都是下影線越長，反轉力道越大**。出現錘子線後，隨後的陽K線重心上移，對反轉趨勢的確立值得重視。

買點 3：倒錘子線預示反轉，需確認後方的陽 K 線

形態概述

倒錘子線是K線實體較小，而上影線超過實體長度兩倍，且幾乎沒有下

圖3-8 久遠銀海日 K 線

影線的形態，常出現在下跌趨勢末端，表示趨勢可能出現反轉，見圖3-9。**根據陰陽漲跌，倒錘子線可分為陽線倒錘子線和陰線倒錘子線，陽線倒錘子線在底部的作用力強於陰線倒錘子線。**

K 線實戰

圖3-10是梅安森（300275）2018年11月13日至2019年4月17日的日K線圖，可以看到圖中的倒錘子線。前期市場在一個大陰線的下跌趨勢中探得低點，倒錘子線在低價區試圖持續試探上方賣壓，但遭到回擊。隔日，重心上移的中短陽線在下探低點後確認反轉趨勢，後市也形成四連陽的上攻行情，倒錘子線成功預示下跌趨勢的反轉。

結構分析

陰線倒錘子線對下跌趨勢的反轉預示弱於陽線倒錘子線。倒錘子線對下跌趨勢的反轉，需要確認後方重心上移的陽K線。倒錘子線對下跌趨勢的反轉預示弱於早晨之星（見第4-1節）。

圖3-9 倒錘子線示意圖

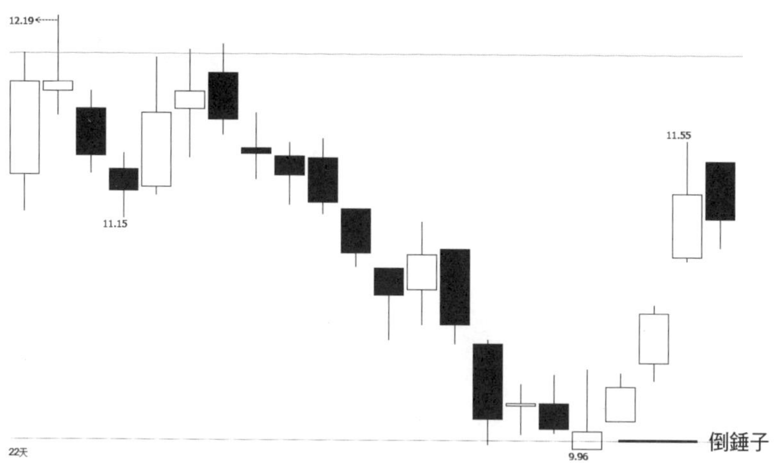

圖3-10 梅安森日 K 線圖

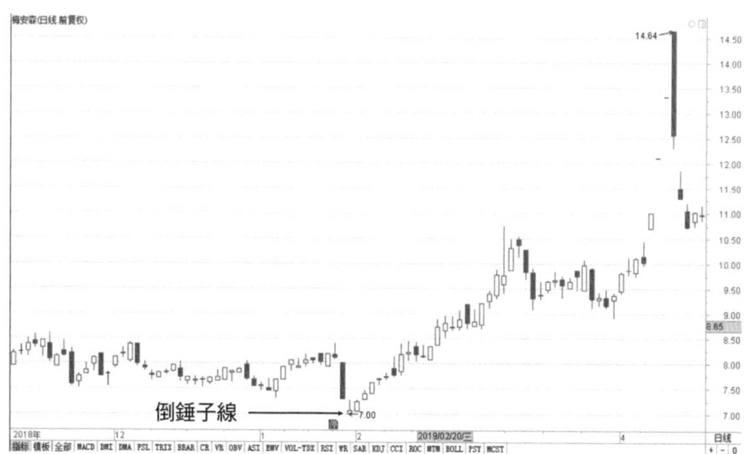

3-3「整理階段」的 2 個買點，股價真的下跌嗎？

整理階段的買進手法通常是利用經典的K線指標，其中的核心指標是股價是否有實質性下跌，其次是成交量是否過分放大或萎縮。同時針對成交量的結構，應觀察主賣大單和小單的比重，主賣大單通常是主力製造的形態圖。投資者讀完本節後，能夠看透主力心理。

買點 1：大陰 K 線出現在漲勢時，應觀察前期走勢

形態概述

大陰K線整理（見圖3-11）是指，股價在上漲途中突然出現一根大陰線（長陰線），為股價的漲勢製造不確定性，使部分不堅定的獲利盤恐慌湧出，之後股市將延續前期走勢繼續抬升。這個舉動往往要藉助主力製造的反技術指標手段，進一步墊高跟風盤成本，減少高位獲利盤的湧出數量。

K 線實戰

圖3-12為北信源（300352）2019年7月10日至9月26日的日K線圖，可以看到圖中的大陰K線整理形態。從股價趨勢走向來看，後期多日股價上漲的同時，伴隨著成交量的萎縮。

結構分析

大陰K線整理時，一般所處上漲位置不會過高，但也可能接近前期高位。它經常以縮量的形式整理，但也有放量整理的手法。在放量整理的成交量分布中，主賣大單往往會占較大的比重，投資者應注意觀察。

圖3-11　大陰K線整理示意圖

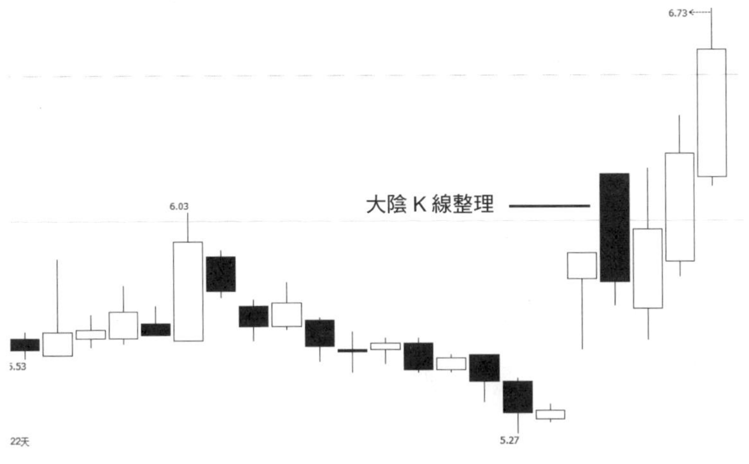

圖3-12　北信源日K線圖

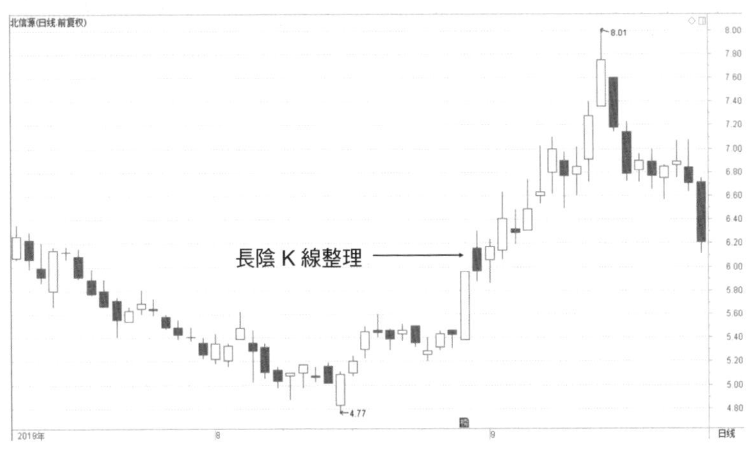

大陰K線出現在漲勢時，投資者應觀察股價前期走勢，如果前期陽線密集度高，整理的機率偏大；如果急速拉漲的大陽K線過多，整理的機率偏小，此時整理階段股價上漲的角度不會有很大的變化，但出貨階段容易出現角度較大的快漲行情。

圖3-13 小 K 線整理示意圖

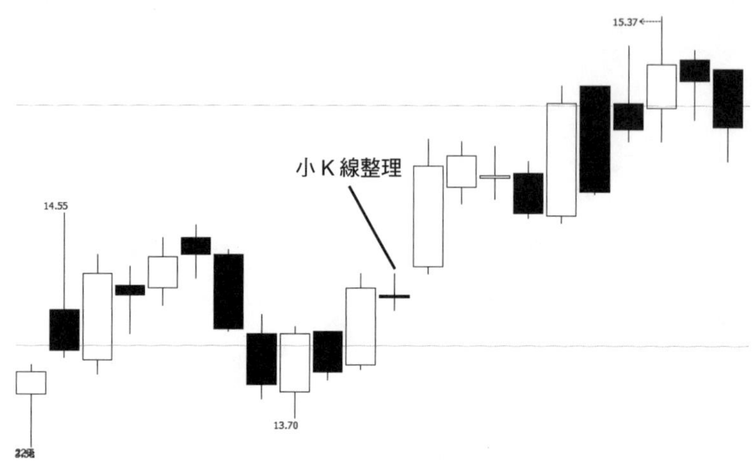

買點 2：小 K 線出現在漲勢時，可大膽參與

形態概述

小K線整理通常是以極陽線、極陰線或星線，在趨勢上漲途中作為調整手法，而採取的短暫整理，容易被誤認為是上漲趨勢減緩的特徵（見圖3-13），但因為所處股價位置與成交量的微小差異，可以被技術派發現。股價後期趨勢將延續前期漲勢，投資者遇到時應大膽參與。

K 線實戰

圖3-14為華凱創意（300592）2019年7月19日至10月17日的日K線圖，可以看到小K線整理形態。在前期股價快速拉漲的行情中，出現小K線以重心持平的狀態立於高位，同時成交量極度萎縮，確定股價趨勢只是暫時的整理，後期股價行走趨勢將不改前期的上漲方式，進而確認小K線整理形態。投資者應注意觀察，並可以大膽參與。

圖3-14 華凱創意日 K 線圖

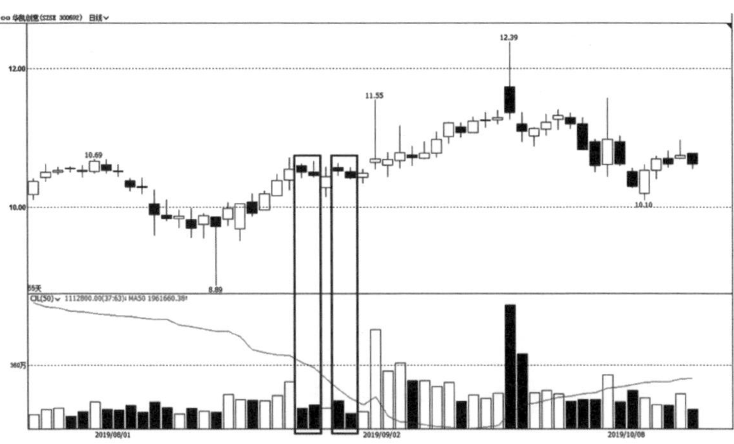

結構分析

小K線整理通常出現在股價急速拉漲的行情當中，一般是作為大陽K線的中轉站。成交量在整理過程中是不可忽視的指標。當成交量萎縮，主賣小單占很大比重時，更傾向是暫時整理。當成交量過分放大，主賣大單比重顯著提高時，主力整理的可能性較強。

3-4 「突破位」透露主力資訊，你要掌握的 2 個買點

K線突破股價關鍵位時，通常會透露出主力的資訊，但過分放大的成交量和大K線的含義極有可能與之相反。針對這個環節，我將幫助投資者認識主力在上漲突破時的心理狀態，引導投資者準確判斷。

買點 1：積極關注資金密集區之後出現的突破 K 線

形態概述

資金密集區突破K線（見圖3-15）是指前期股價趨勢下跌的過程中，有一段長時間橫盤的K線形態，之後股價繼續下跌，在股價實現反轉之後，開始以前期橫盤區的資金密集區為突破對象，當該區域的K線被突破之後，大量資金解套，成交量放大，將有效配合後期上漲行情的持續。

圖3-15 資金密集區突破 K 線的買點示意圖

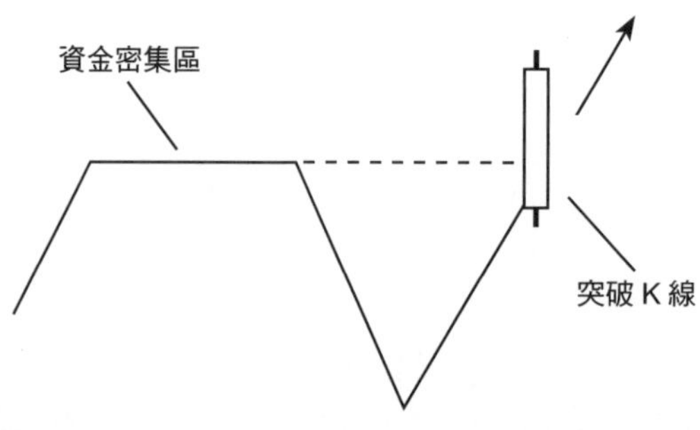

圖3-16　萬興科技日 K 線圖

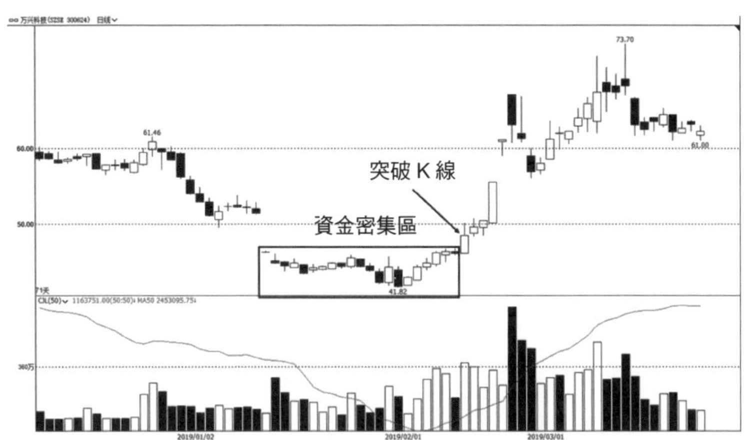

K 線實戰

圖3-16為萬興科技（300624）2018年12月21日至2019年3月15日的日K線圖，可以看到資金密集區突破K線的買點。前期股價以弱勢下跌整理，在建構多個資金密集區的整理平台後，空方力量被逐漸釋放。

之後，在反轉行情中出現的大陽線，有效突破整理平台。股價在高位繼續構築平台，為突破下一個壓力平台做準備。出現這種突破K線形態時，投資者應積極關注。

結構分析

完全突破資金密集平台是股價實現上升突破的確認形式，也是一個好的買點。在突破資金密集平台時，往往需要配合充足的成交量，才能提升股價上漲的可信度，投資者在觀察股價行進時應謹慎。

買點 2：脊位後出現突破 K 線，可短線獲利

形態概述

脊位突破K線（見下頁圖3-17）是指，在前期趨勢出現短期高點後的快

圖3-17　脊位突破 K 線的買點示意圖

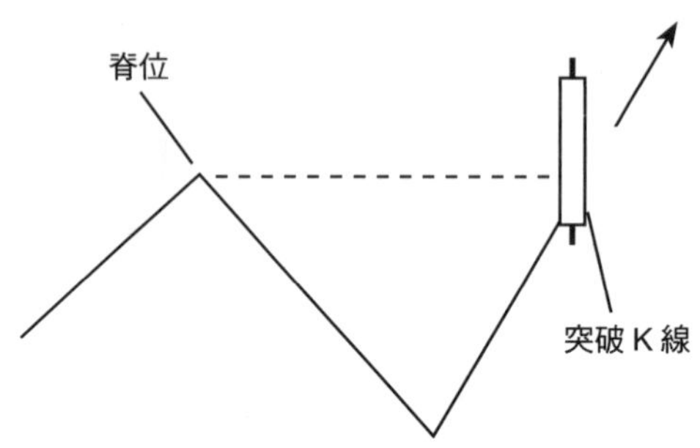

速下跌，這個短期高點稱為脊位。後期股價在探底反轉之後，需要突破這個短期高點，這根突破的K線便是脊位突破K線的買點。

K 線實戰

圖3-18顯示中國寶安（000009）2020年1月23日至3月10日的日K線圖，可以看到圖中的脊位突破K線的買點。當日在成交量的配合下，股價快速突破脊位，成交量極度放大。

從主力心理來看，其後的K線通常意味著主力想要吸引更多買家，希望市場跟風盤不斷增大。但從買賣盤的結構來看，主賣大單占很大比重，表明主力是想藉助突破的機會大量出貨，因此即使股價有短暫的突破上漲，長期來看依然有很大的下跌風險，投資者可選擇短線獲利。

結構分析

陰K線作為突破位的K線，表明主力可能有意為之，可以繼續觀察其買賣盤結構，當有大量賣單時，表示主力刻意做出大量出貨的跡象，因此這個突破位的脊線可理解為震盪進貨，後期上漲將不可避免。

突破脊位時出現的大陽K線一改前期小陽K線的密集形態，顯示主力之前在小陽K線進貨的真實性。

圖3-18 中國寶安日 K 線圖

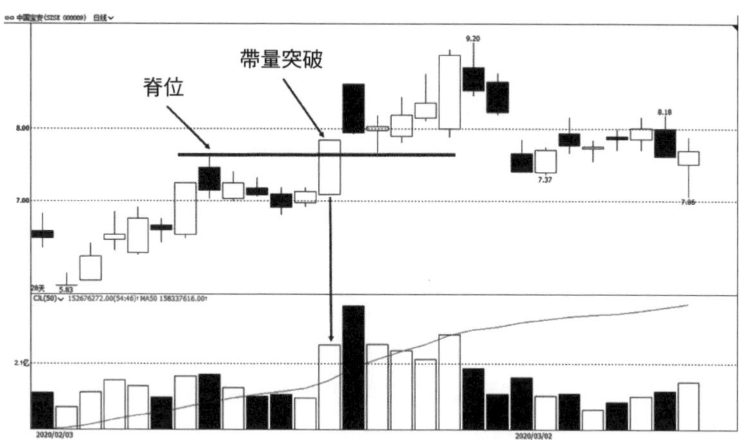

3-5 「趨勢頂部」的 3 個賣點，包括流星線、上吊線……

趨勢頂部通常在趨勢走完後才會顯得清晰。要準確判斷趨勢的頂部，可以利用廣為人知的K線資訊。舉例來說，在趨勢頂部的K線，通常會呈現趨勢逐漸弱化，且各類指標開始鈍化的特徵。本節將總結趨勢頂部常出現的K線形態，幫助投資者透徹理解股市的資訊。

賣點 1：頂部出現十字星，預示趨勢將反轉

形態概述

頂部十字星是指出現在趨勢頂部，表示趨勢可能出現反轉的十字星，見圖3-19。十字星一般象徵著前期趨勢放緩，表示趨勢有可能發生轉變，因此出現在趨勢頂部的十字星，經常被認為是賣出的絕佳選擇。

K 線實戰

圖3-20為*ST博信（600083）2019年1月22日至7月8日的日K線圖，可以看到圖中的頂部十字星。股價在之前一波短暫上衝後，出現一個小型頂部形態，此時股價接近歷史高位，成交量進一步放大，此時頂部十字星對趨勢反轉的預示特別明顯。

幾個交易日後出現中陰K線，股價重心明顯下移，後期股價開始一波長時段的下跌行情，證實頂部十字星的實戰意義。

結構分析

出現頂部十字星通常意味著前期股價上漲的趨勢放緩，隨時有反轉的可

圖3-19 頂部十字星示意圖

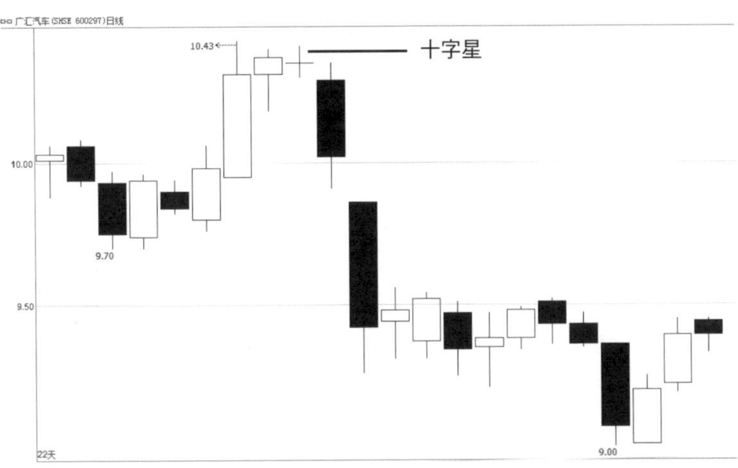

圖3-20 *ST 博信股份日 K 線圖

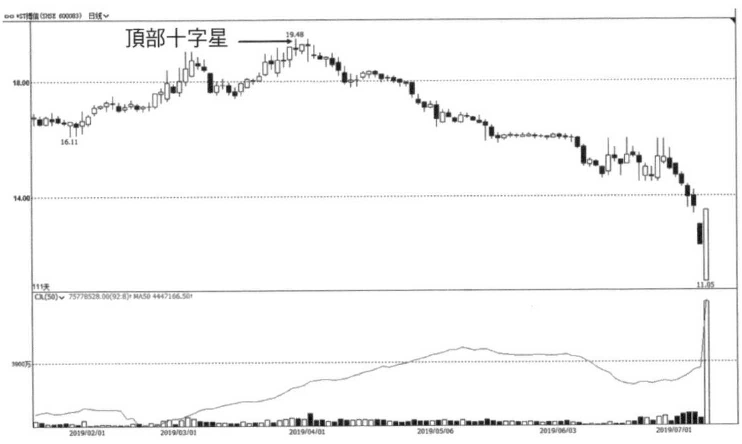

能。頂部十字星的上影線越長，對反轉的預示作用越強。頂部十字星伴隨的成交量越高，其反轉的可能性越大。

圖3-21 流星線示意圖

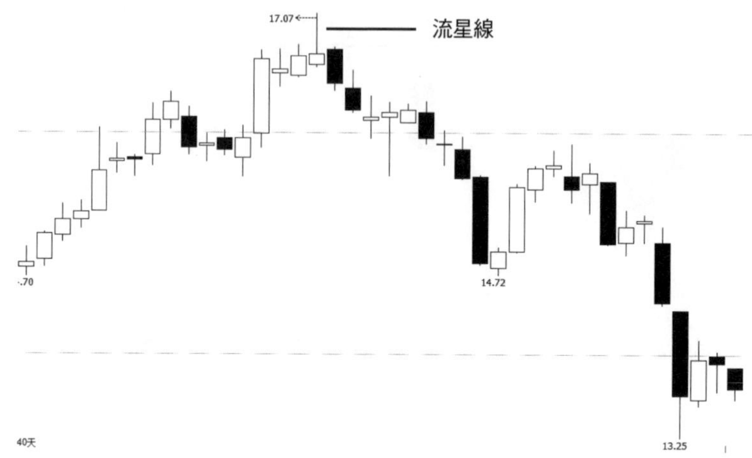

賣點 2：流星線的上影線越長，趨勢反轉訊號越強

形態概述

流星線是實體較小，而上影線超過實體長度兩倍，且幾乎沒有下影線的K線形態，經常出現在上升趨勢的末端，表示趨勢可能出現反轉，見圖3-21。根據陰陽漲跌，流星線分為陰線流星線和陽線流星線，陰線流星線在頂部產生的反轉作用力強於陽線流星線。

K 線實戰

圖3-22為同仁堂（600085）2019年5月31日至8月9日的日K線圖，可以看到圖中的流星線。前期市場行情快速上漲，出現流星線後創下最高價格31.49元，之後回落。接下來的交易日出現大陰K線，趨勢重心下跌，意味著股價上漲趨勢結束，流星線成功預示趨勢反轉。

結構分析

流星線以多次上探賣壓後，在後期陰K線重心下移的確認之下，具備表明趨勢反轉的功能，而且期間反轉訊號會加強。流星線上影線越長，賣壓越

圖3-22 同仁堂日 K 線圖

重，趨勢反轉的訊號越強。陰線流星線對上漲趨勢的反轉實力強於陽線流星線。流星線對上漲趨勢的反轉實力弱於黃昏之星（請見第4-3節）。

賣點 3：漲勢末端出現上吊線，表示趨勢將下跌

形態概述

上吊線是實體較小，而下影線超過實體長度兩倍，且幾乎沒有上影線的K線形態，經常出現在上漲趨勢的末端，表明趨勢可能出現反轉，見下頁圖3-23。上吊線根據陰陽漲跌，分為陽線上吊線和陰線上吊線，陰線上吊線在頂部的作用力強於陽線上吊線。

K 線實戰

下頁圖3-24為哈高科（600095）2019年8月7日至11月1日的日K線圖，可以看到圖中的上吊線。形成該K線之前，市場趨勢呈現上升狀態，一路上漲到高點。出現上吊線後，股價創下近期最高價，但後期市場趨勢因此轉變。市場在短暫下跌震盪後不改下跌趨勢，上吊線成功預示趨勢反轉。

圖3-23　上吊線示意圖

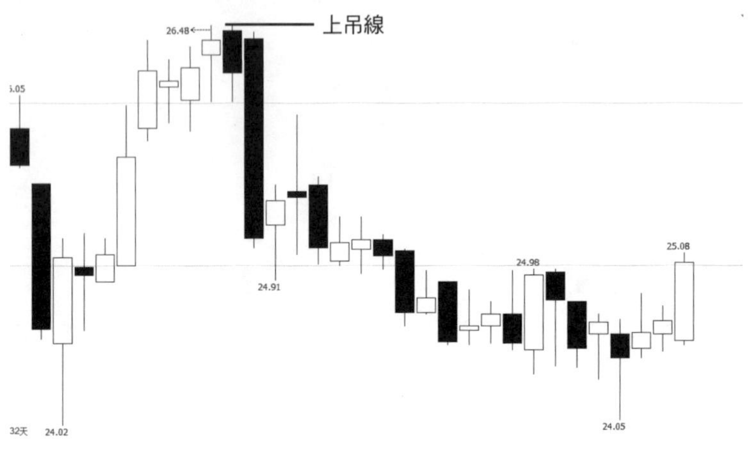

圖3-24　哈高科日 K 線圖

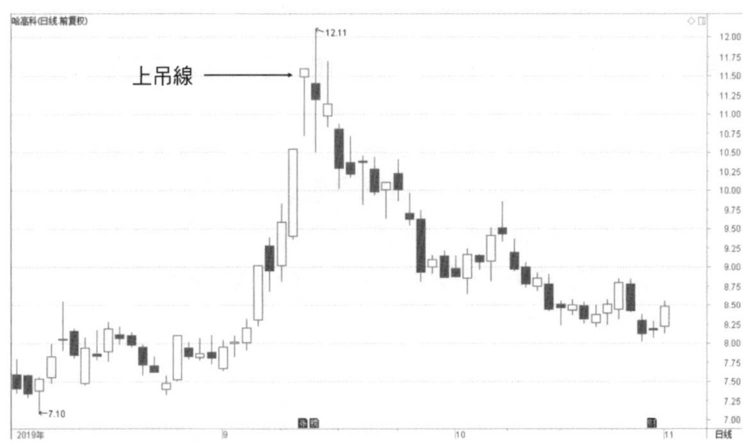

結構分析

陰線上吊線對上漲趨勢的反轉預示強於陽線上吊線。在圖3-24中，隔日形成的陰線有效覆蓋上吊線的下探範圍，並創造更低價，反轉趨勢因此得到確認。

「出貨位」的 2 個賣點，就在高成交量和高股價

當股價處於高位時，如何規避風險是個重要問題。本節將歸納、分析市場中常見的技術手段，幫助投資者認識市場訊息。主力出貨的思路圍繞著高成交量和高股價，而具體的操作手法往往會有細微差異，本節將予以探究。

賣點 1：出現大陰 K 線出貨形態，應及時離場

形態概述

大陰K線出貨是指股價在上漲末端突然出現一根大陰線，為股價的漲勢製造恐慌氛圍，使大量獲利盤湧出，之後股市將反轉，股價走勢開始下跌，見下頁圖3-25。這個舉動通常出現在主力已大量出貨的後期，其籌碼所剩不多，因此不遮不掩。在此同時，股價被集體看空，各方獲利盤爭相湧出，因此股價快速下跌，同時成交量快速放大。

K 線實戰

下頁圖3-26為同方股份（600100）2019年1月18日至8月15日的日K線圖，可以看到大陰K線出貨形態。該股股價在前期一路上漲，直到出現這根大陰K線，成交量急劇放大，期間以主賣小單為主，盤中分時走勢長期下跌在均線之下，顯示股價的弱勢形態。

隔日出現的陰K線重心下移，股價下跌趨勢就此開始，證實大陰K線預示出貨形態的作用。

圖3-25　大陰 K 線出貨示意圖

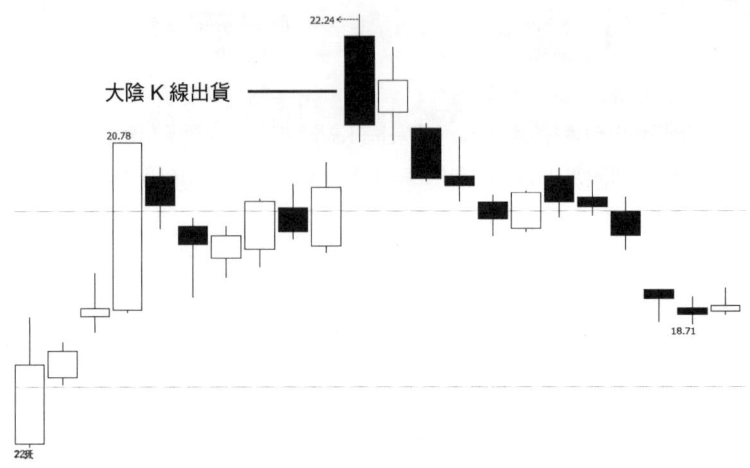

圖3-26　同方股份日 K 線圖

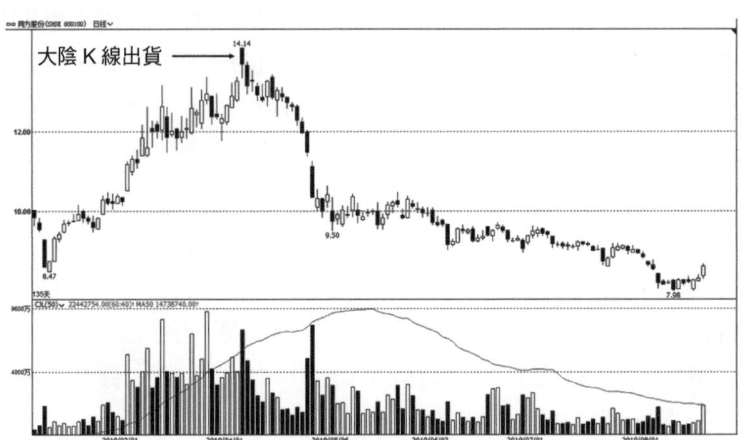

結構分析

大陰K線出貨時，一般所處位置應是近期或歷史高位，經常以放量的形式出貨，成交量的放大不可避免，通常主賣小單會占較大比重，投資者應注意觀察。

在大陰K線出現之前的漲勢中，投資者應該觀察股價走勢，如果陰K線的密度小，則整理的機率偏大；如果陰K線的密度逐漸加大，則臨近出貨或已進入出貨階段，股價上漲角度容易快速增大，而角度保持不變的出貨形態屬於隱蔽的出貨手法。

賣點 2：出現小 K 線出貨形態，投資者應盡量迴避

形態概述

小K線建構頂部一般是以極陽線、極陰線，或者在上漲的最後階段，以類似調整的角度緩慢震盪下跌，或橫盤在高位但成交量依舊很大，容易被投資者誤認為上漲趨勢中的暫時整理（見圖3-27），但因所處股價位置不同和成交量的差異，會被技術派發現。構築這類形態後，股價後期趨勢將發生轉變，投資者遇到時應盡量迴避。

圖3-27　小 K 線出貨示意圖

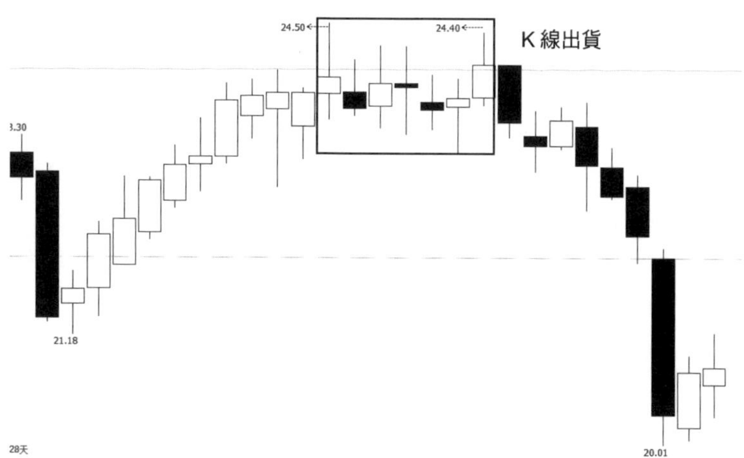

圖3-28 海聯訊日 K 線圖

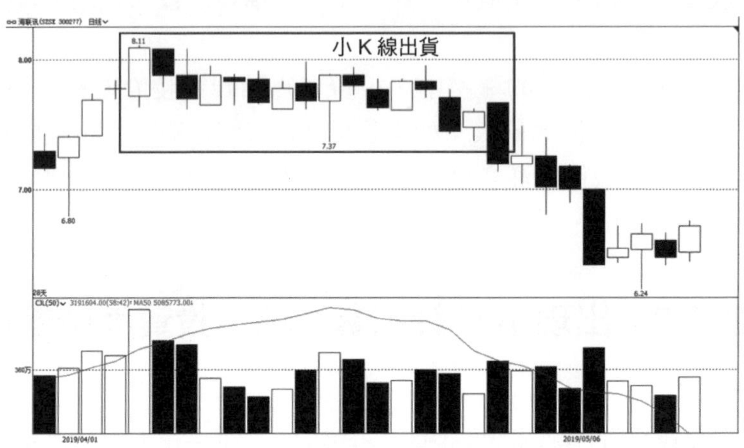

K 線實戰

圖3-28為海聯訊（300277）2019年3月22日至5月14日的日K線圖，可以看到圖中的小K線出貨形態。該股股價前期不斷攀升，創下階段高點。在股價上漲途中，資金密集度開始不斷增加，直到出現小K線出貨形態，成交量都保持在放量階段。但小K線出貨形態出現時，成交量開始萎縮，說明主力出貨已接近尾聲，主力所控籌碼已大量減少且成交量多以主賣小單為主，後期股價不斷下跌，趨勢出現反轉。

結構分析

小K線出貨通常出現在股價拉漲速度趨緩的行情中，小K線以高位橫盤調整的手法，掩飾主力在高價位大肆出貨，成交量很大。在出貨過程中，成交量是不可忽視的指標，當成交量萎縮，主賣小單占很大比重時，更多是主力出貨的尾聲；當成交量過分放大且持續一段時間時，說明主賣大單比重偏大，是主力出貨的特徵。

3-7 「突破位」有 2 個賣點，當向下突破資金密集區或……

沒有主力參與的股票，股價總會缺乏在關鍵位的支撐。熊市時，任何技術有效位都顯得異常薄弱，當主力仍願意花費時間和精力在關鍵技術位時，往往意味著主力對這檔股票還有耐心和信心。本節將介紹股價在突破下跌時透露的主力資訊，幫助投資者在絕佳位置撤出資金，規避風險。

賣點 1：資金密集區之後的突破 K 線，是離場訊號

形態概述

資金密集區向下突破K線（見圖3-29）是指，前期股價趨勢上漲的過程中，有一段長時間橫盤的K線形態，之後股價繼續上漲，在股價實現反轉後，開始以前期橫盤區的資金密集區為向下突破對象，該區域K線被突破後，大量資金被套，成交量放大將加速後期的下跌行情。

圖3-29　資金密集區向下突破 K 線的賣點示意圖

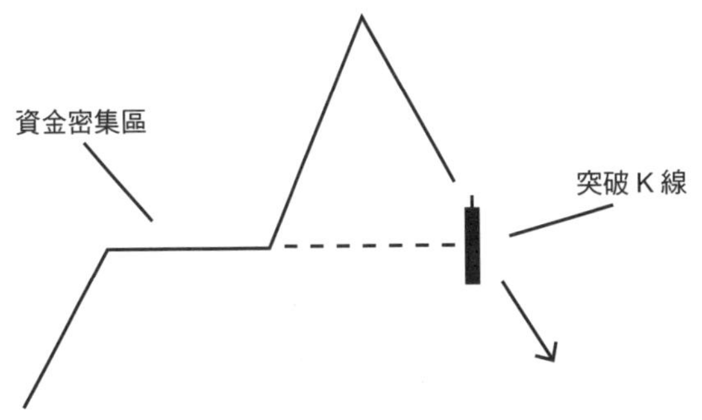

圖3-30 華能國際日 K 線圖

K線實戰

圖3-30顯示華能國際（600011）日K線圖中，資金密集區向下突破K線的賣點。前期股價在上漲途中的調整過程中，建構多個資金密集區的整理平台，之後多方力量短暫上衝後，反轉行情開始向下突破前期的整理平台。

隨後重心下移的陰K線擊穿整理平台，確認突破形態，短期內股價的下跌趨勢沒有有效的支撐點，投資者此時應該快速離場，規避繼續下跌帶來的風險。

結構分析

完全突破資金密集平台是股價下跌突破的確認標誌，也是一個有效的賣點。在突破資金密集平台時，成交量容易失去可信度，投資者在觀察股價行進時應小心謹慎。

賣點 2：看見前期底部後的突破 K 線，應及時賣出

形態概述

前期底部向下突破K線（見圖3-31）是指，在前期趨勢出現短期低點之

圖3-31　前期底部突破 K 線的賣點示意圖

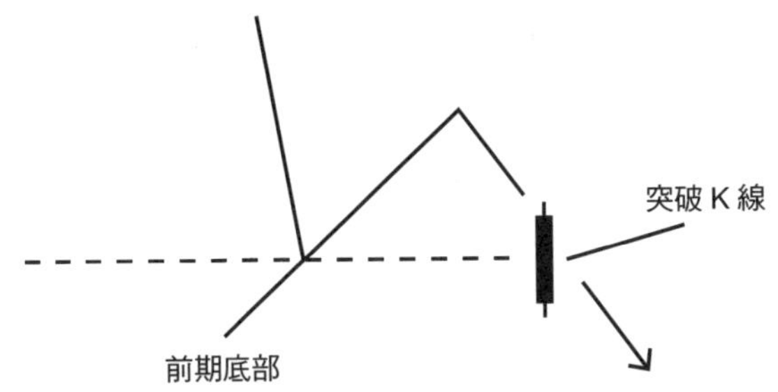

圖3-32　上港集團日 K 線圖

後，股價有一個短期反彈，之後不改下跌趨勢，進一步下探，並向下突破前期的底部，進而創下近期最低股價。這根向下突破的K線也是前期底部突破K線的賣點。

K 線實戰

圖3-32顯示上港集團（600018）2019年4月5日至6月12日的日K線圖，

可以看到圖中的前期底部向下突破K線的賣點。前期股價在短期底部建構完成後，出現一個短暫的小反彈，之後股價趨勢繼續向下，開始調整前期底部低價位。圖中的中陰K線向下有效突破後，股價進一步下跌，因此投資者在這根中陰K線突破前期底部最低價位時，應及時賣出。

結構分析

陰K線作為向下突破位的K線，表明股價有繼續看空的氛圍。若繼續觀察陰K線時的買賣盤結構，當有大量賣出大單時，表示這是主力刻意做出的短期向下突破行為。當有大量的賣出小單時，可以確認是市場大量釋放看空情緒。前期底部的突破速度越快，意味著市場看空氛圍越濃。

第 4 章

多根 K 線進階，有 14 個買點與 16 個賣點

4-1 「底部反轉」組合的買點，包括早晨之星、看漲孕線……

隨著股市的發展，股民在技術層面上的水準不斷提高，基礎技術分析也面臨新的考驗，越來越多突破反轉使指標的有效性越來越差。指標需要共振，也需要訊號不斷加強和確認。第4章將全面補充單根K線在技術領域的不足，幫助投資者提升技術能力，成功掌握投資契機。

本節將圍繞趨勢底部的K線所建構的形態組合，分析市場行情中具備可信度的8種反轉資訊，包括早晨之星、看漲吞沒形態、看漲孕線、看漲待入形態、看漲切入形態、看漲插入形態、看漲刺透形態和看漲反撲形態，其共同特點是以K線實體的大小和陰陽，來看待趨勢強弱的轉換。

買點 1：出現早晨之星時，預告跌勢即將結束

形態概述

早晨之星又稱啟明之星或希望之星，是由3個交易日共同組成的K線形態。第一天，是下跌行情趨勢中形成的一根實體較長的陰線（前一天為長陰線的孕線時忽略，以長陰線為第一天）。隔日，是一根開盤價下移的小陽線。第三天，是一根重心上移、K線實體部分包含於第一天陰線的K線實體內部的陽線。

早晨之星一般出現在下跌趨勢的末端，意味著下跌趨勢放緩，上漲趨勢將逐漸轉強，是典型的反轉訊號。圖4-1是早晨之星的理想形態。在實際股市中，有許多相似的變體，其會根據陰陽線的大小、小陽線的高低、K線組合的數量進行些微調整，但其形態的意義與早晨之星相同。

圖4-1　早晨之星示意圖

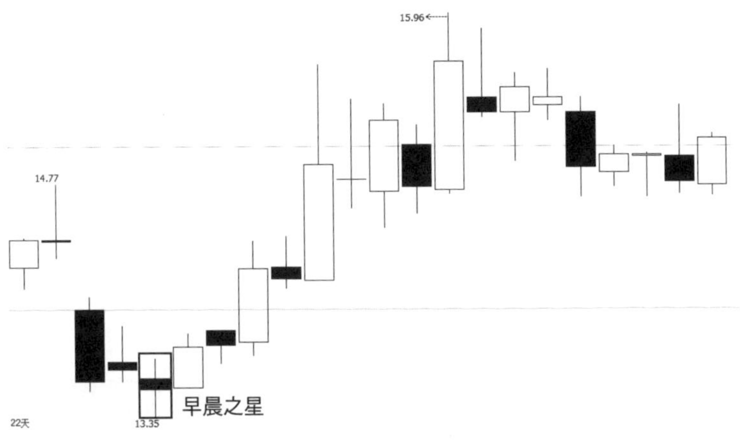

圖4-2　中信證券日 K 線圖

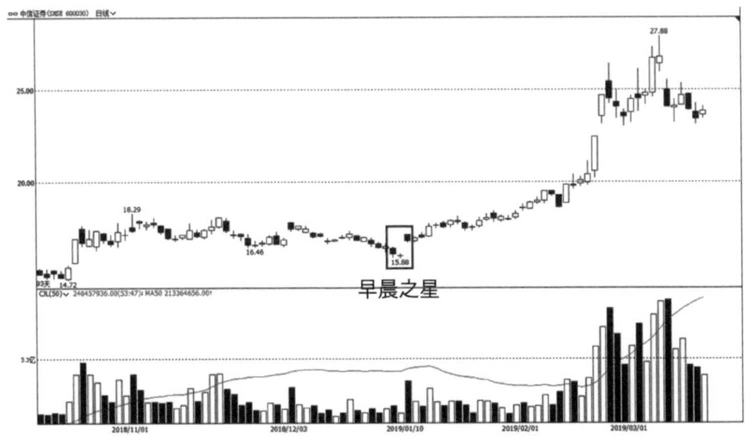

K 線實戰

圖4-2為中信證券（600030）2018年10月24日至2019年3月11日的日K線圖，可以看到一個底部反轉的早晨之星。前期在連續震盪下跌的弱勢行情中，股價接連下跌，出現小十字星時，下探低點15.53元，成為趨勢的轉捩

點。早晨之星構築完成後，該股成功擺脫弱勢。

結構分析

早晨之星第一天的陰線意味著下跌動力部分釋放。隔日的小K線意味著股價繼續釋放，下探低點後，空頭實力衰竭，而承接盤轉強的多頭幫助價格回升。第三天重心上移的陽線加大反攻的基調，因此多頭重舉上攻大旗，趨勢成功反轉。

早晨之星出現的前期，多根陰線實體的重心快速下移，說明空頭主力出貨急切，之後出現的陽線使價格重心緩慢上移，顯示主力為了增強多方實力，在重拾市場信心，壯大多方力量。

買點 2：發現看漲吞沒形態時，可大膽買進

形態概述

在市場處於下跌趨勢並接近低價末端時，下跌動力減弱的陰K線被隔日出現的陽K線包住，即前者的K線實體完全在後者的實體內部，這種K線組合就是「看漲吞沒形態」，見圖4-3，它的出現意味著下跌行情結束。

圖4-3 看漲吞沒形態示意圖

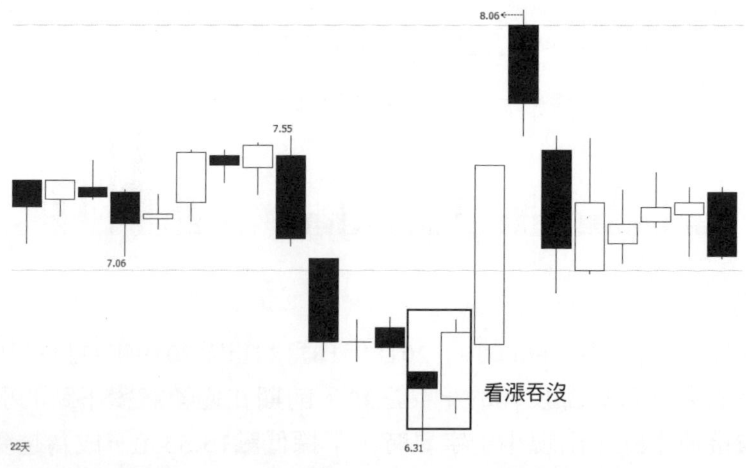

圖4-4　華潤雙鶴日K線圖

K線實戰

圖4-4為華潤雙鶴（600062）2019年4月4日至8月29日的日K線圖，可以看到圖中的看漲吞沒形態。在前期市場的下跌行情末端出現看漲吞沒形態，代表之前的市場趨勢結束，並在短時間內出現反轉，之後股價不斷攀升，表現出看漲吞沒形態在下跌趨勢末端的指導意義。投資者發現個股具有這類K線形態特徵時，應大膽買進。

結構分析

在看漲吞沒形態當中，前者K線實體越小，後者K線實體越大，該形態的反轉預示作用就越強。在看漲吞沒形態出現之前，單邊下跌的行情所花時間越長，跌至的價格越低，該形態的反轉預示作用就越強。

在形成看漲吞沒形態的第二根陽線時，成交量越大，說明承接盤的實力越強，該形態的反轉預示作用就越強。在看漲吞沒形態的變體中，後者的陽線實體吞沒的陰線實體越多，該形態的反轉預示作用就越強。

圖4-5　看漲孕線示意圖

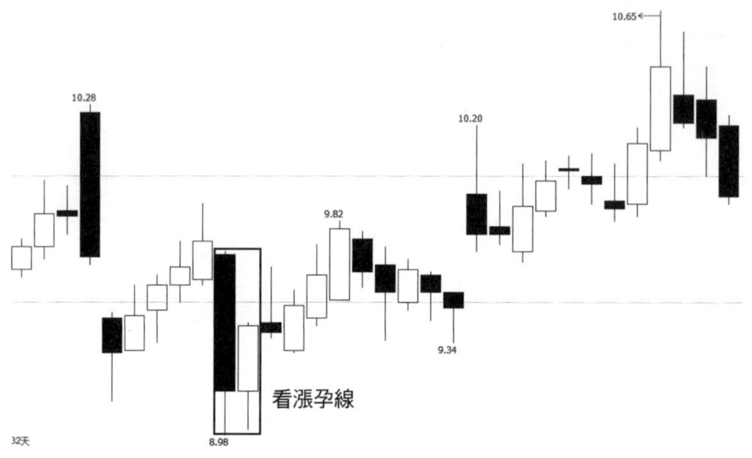

買點 3：我用看漲孕線，預測上漲趨勢開始轉強

形態概述

看漲孕線的K線組合形態與看漲吞沒形態相反，看漲孕線後者的K線實體被完全包在前者的實體內部，因為其形似孕婦而被稱為孕線，見圖4-5。

前者為陽K線、後者為陰K線的孕線稱為陰孕線，常出現在上漲行情的高價區。前者為陰K線、後者為陽K線的孕線稱為陽孕線，一般出現在下跌行情的低價區。前者為陽K線或陰K線、後者為十字星組合的孕線，稱作十字星孕線，意義與前面兩者孕線形態相同。

看漲孕線和看漲吞沒形態在作用上相近，都預示趨勢的反轉。看漲孕線的兩根K線可以同為陽線或陰線。

K 線實戰

圖4-6為退市銀鴿投資（600069）2019年6月19日至8月7日的日K線圖，可以看到圖中的看漲孕線。前期市場趨勢在下跌至低價區時，出現看漲孕線，使跌勢終止，上漲趨勢開始由弱轉強，各方買盤湧入，後市逐漸明朗，展現看漲孕線對下跌趨勢的反轉預示作用。

圖4-6　退市銀鴿投資日 K 線圖

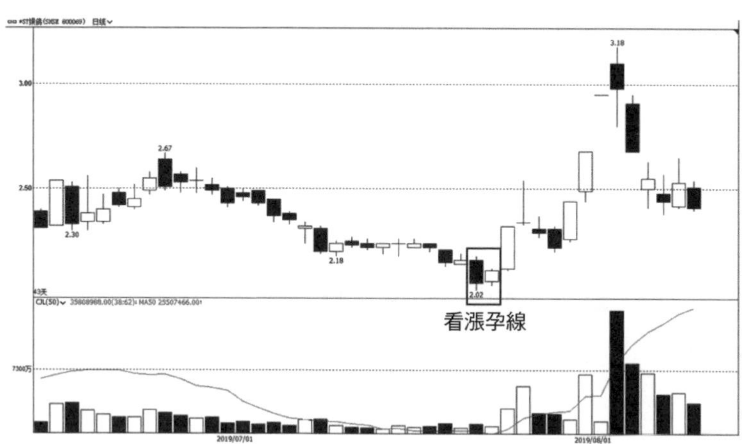

結構分析

看漲孕線2根K線的影線越短，反轉訊號越可靠。第二根K線是陽線的看漲孕線，與第二根K線是陰線的看漲孕線相比，其傳遞的反轉訊號更強。

買點 4：出現看漲待入形態，趨勢有機會上漲

形態概述

看漲待入形態是指，第一根陰線的收盤價高於第二根陽線的收盤價（忽略長陰線的孕線），兩者的收盤價（K線實體）之間有一個距離，見下頁圖4-7。看漲待入形態出現在下跌趨勢底部時，指導意義明顯，主要表明趨勢反轉的可能。

K 線實戰

下頁圖4-8為杭鋼股份（600126）2019年7月15日至11月1日的日K線圖，可以見到看漲待入形態。在之前市場趨勢下跌的途中，股價接連下跌，看漲待入形態對前日陰K線形成一個下跌缺口後，自身內部也有一個下跌缺口，整個過程對空頭能量產生巨大消耗，因此帶動前期下跌趨勢出現反轉。

圖4-7　看漲待入形態示意圖

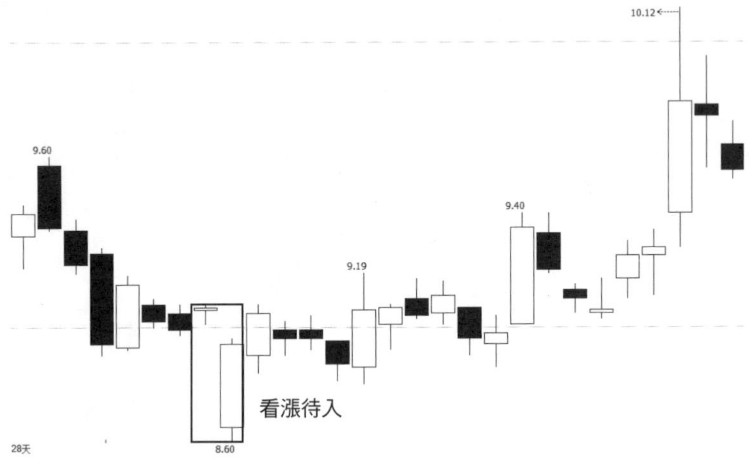

圖4-8　杭鋼股份日 K 線圖

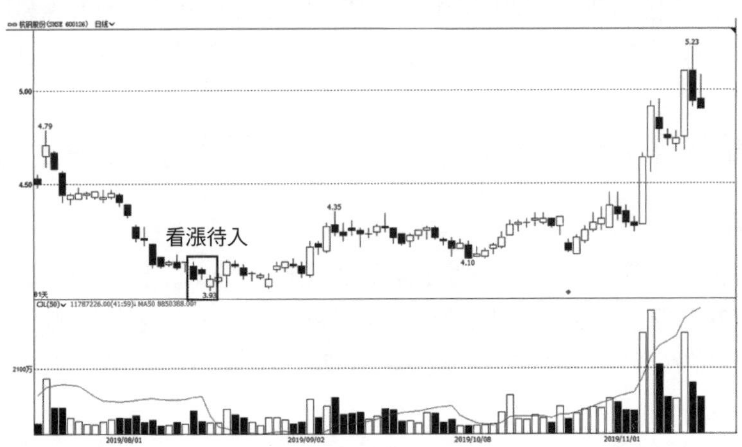

隔日出現的小陽K線對趨勢予以確認，後期市場趨勢在震盪中上漲，顯示該形態表明的反轉程度，與隔日確認的K線實體大小及形態有關。

結構分析

看漲待入形態的前一根陰線越短，後一根陽線越長，或者兩K線之間的

圖4-9　看漲切入形態示意圖

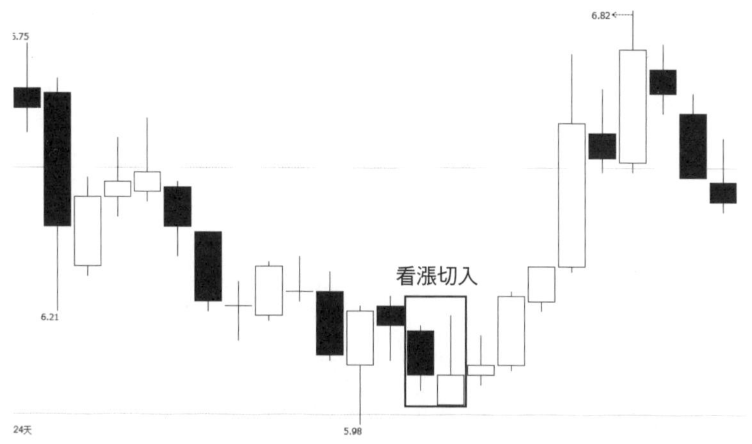

距離越大，其反轉預示作用越強。前期市場下跌的時間越長，價格跌得越低，該形態的反轉預示作用就越強。隔日K線的大小及形態，對趨勢的確認會影響看漲待入形態的反轉預示效果。

買點5：出現看漲切入形態，趨勢即將反轉

形態概述

看漲切入形態是指，前一根陰線的收盤價和後一根陽線的收盤價相等，兩者收盤價齊平呈現切入狀，見圖4-9。該形態出現在下跌趨勢底部時，指導意義明顯，意味著趨勢即將反轉。

K線實戰

下頁圖4-10為樂凱膠片（600135）2019年7月23日至9月16日的日K線圖，可以見到圖中的看漲切入形態。前期市場震盪下跌，出現看漲切入形態代表下跌行情結束。隔日出現小陽K線，並沒有給看漲切入K線進一步的確認，直至第三日的中陽線，出現多頭反擊，對前期的看漲切入形態進行最終確認，因此趨勢反轉成立，看漲切入形態也成功發揮其預示反轉的作用。

圖4-10 樂凱膠片日 K 線圖

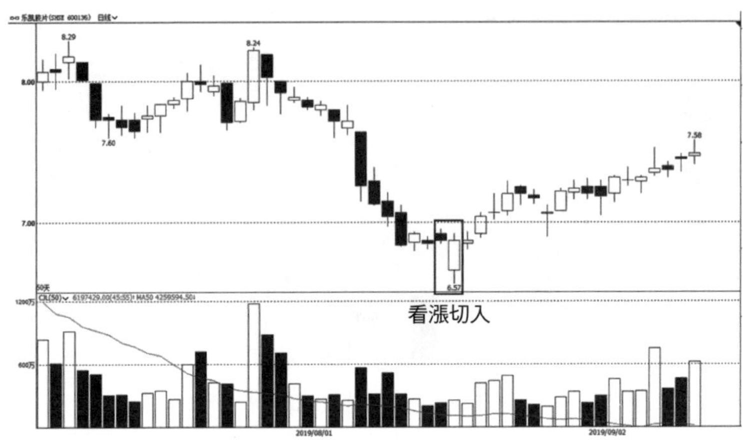

結構分析

前期下跌趨勢持續時間越長，跌至的價格越低，看漲切入形態的反轉預示作用就越強。看漲切入形態前一根陰K線的下影線越長，後一根陽K線的上影線越長，該形態的反轉預示作用就越強。後期只要出現確認趨勢的中陽K線形態，反轉趨勢就得到確認。

買點 6：出現看漲插入形態，預示趨勢將轉好

形態概述

看漲插入形態是指，隔日陽K線的實體和上影線插入前日陰K線的實體內部，但不超過前日陰K線實體1/2的K線組合形態，見圖4-11。該形態出現在下跌趨勢底部時具有反轉意義，出現在其他位置則意義不大。

K 線實戰

圖4-12為白雲山（600332）2019年6月26日至8月27日的日K線圖，可以看到圖中的看漲插入形態。前期市場趨勢下跌，一路震盪下跌，空頭實力較強，看漲插入形態在長期下跌後的底部形成，表明下跌趨勢結束。之後市場

圖4-11 看漲插入形態示意圖

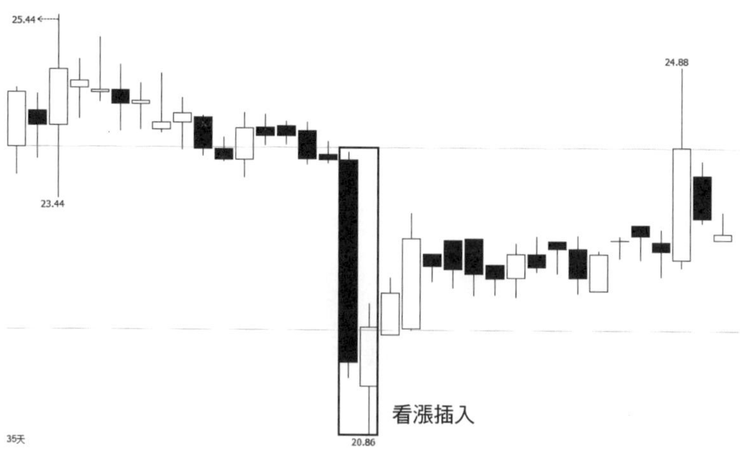

圖4-12 白雲山日K線圖

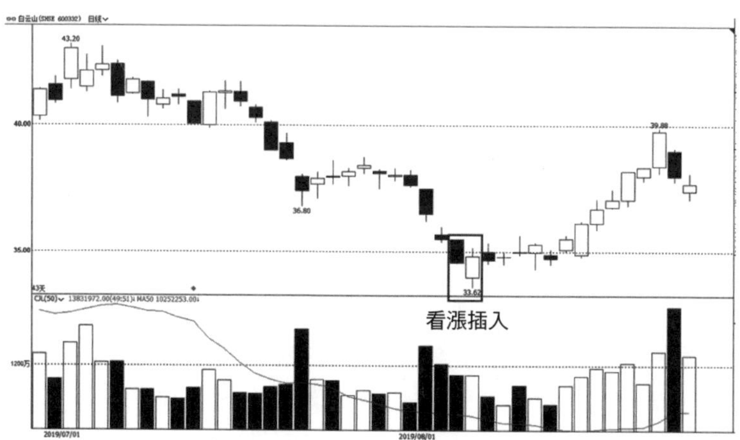

趨勢逐漸轉好，在震盪中上漲，由於後期大多出現小K線形態，因此對趨勢的確認性不強，反轉實力稍顯弱勢。

圖4-13 看漲刺透形態示意圖

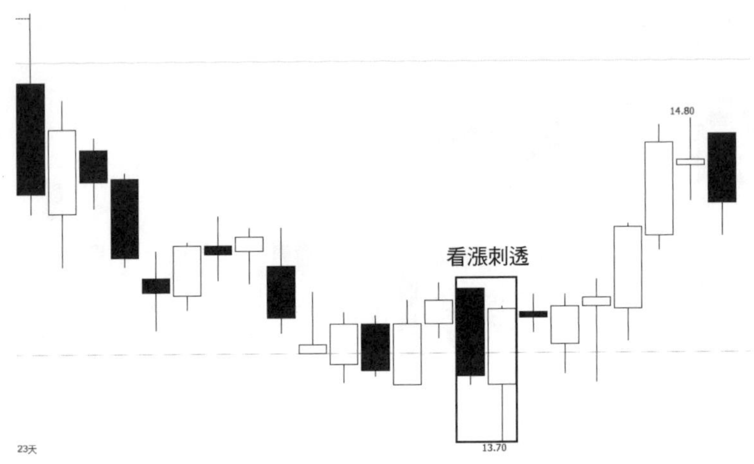

結構分析

前期下跌趨勢持續時間越長，股價下跌坡度越陡，跌至價格越低，看漲插入形態的反轉預示作用越強。看漲插入形態形成後，對趨勢反轉進行確認的陽K線越大，等待確認的時間越短，反轉預示作用越強。看漲插入形態的前一根陰K線越短，後一根陽K線越長，該形態的反轉預示作用越強。

買點 7：看到看漲刺透形態，表明跌勢將結束

形態概述

隔日是一根陽K線，並且插入前日的陰K線實體內，且隔日陽K線的收盤價高於前日陰K線實體1/2處的價位，同時後日陽K線的開盤價低於前日陰K線的收盤價，這樣的K線組合形態是看漲刺透形態，見圖4-13。看漲刺透形態出現在下跌趨勢底部時，意味著趨勢即將反轉。

K 線實戰

圖4-14為香梨股份（600506）2019年6月18日至9月11日的日K線圖，可以看到圖中的看漲刺透形態。此前市場趨勢長期下跌，股價進入低價區間，

圖4-14 香梨股份日 K 線圖

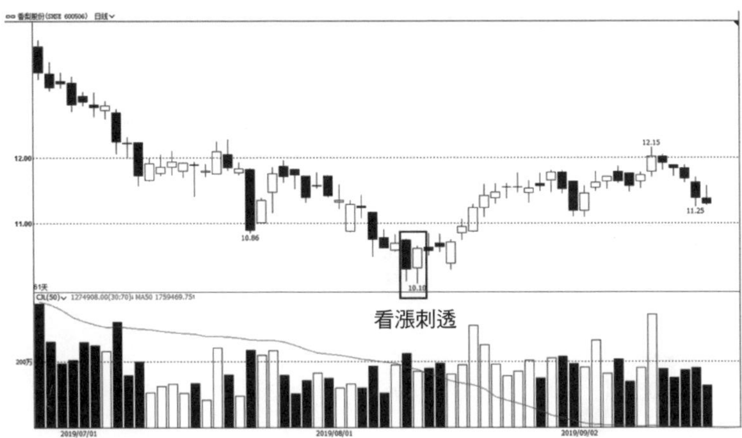

看漲刺透形態的出現，表明下跌趨勢結束。2天後出現的中心上移中陽K線快速確認反轉趨勢，加快反轉強度，後期不斷上漲，成功實現反轉。

結構分析

前期趨勢持續時間越長，股價下跌坡度越陡，跌至價格越低，看漲刺透形態的反轉預示作用就越強。看漲刺透形態形成之後，確認趨勢反轉的陽K線的實體越大，等待確認的時間越短，該形態的反轉預示作用就越強。看漲刺透形態的前一根陰K線越短，後一根陽K線越長，且插入前一根陰K線實體內部越深，該形態的反轉預示作用就越強。

買點 8：出現看漲反撲形態，趨勢有望節節攀升

形態概述

隔日陽K線的開盤價高於前日陰K線的開盤價，兩者之間形成價格差距，這種K線形態組合是看漲反撲形態，見下頁圖4-15。這種形態一般出現在下跌趨勢的末端，意味著趨勢反轉。

圖4-15　看漲反撲形態示意圖

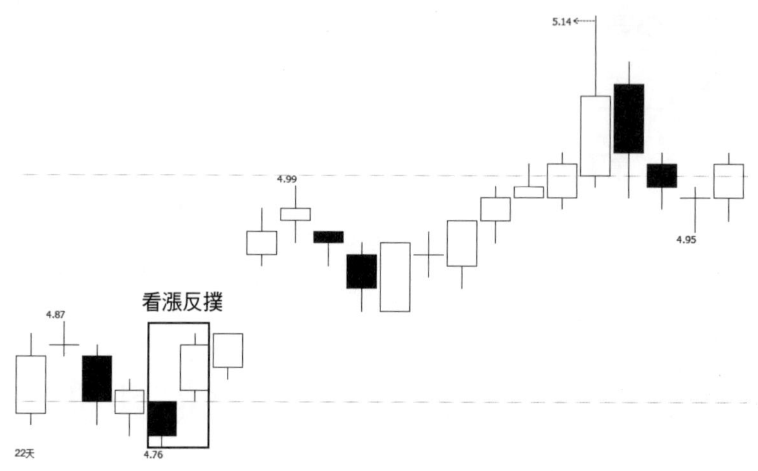

K線實戰

圖4-16為天下秀（600556）2019年5月15日至8月5日的日K線圖，可以看到圖中的看漲反撲形態。前期市場持續下跌，而且一度顯現疲態，在近期六連陰（包括一根開盤價與收盤價相等的星線）下跌釋放空頭力量後，看漲反撲形態在隨後幾個交易日形成。

因為底部小K線數量增加，該形態可視為看漲反撲形態的變體，由於近日多個小K線底部疊加，加強市場等待訊號，該形態以調控的中陽線結合小陰線，屬於強勢的看漲反撲形態。隔日出現的大陽K線確認趨勢，反轉訊號急劇放大，後期該股市場趨勢必將節節攀升，在高度和漲速上都將有搶眼的表現。

結構分析

看漲反撲形態前一根陰K線的實體越小，後一根陽K線的實體越大，該形態對趨勢的反轉預示作用就越強。看漲反撲形態中，前後兩根K線之間的價格間距越大，該形態對趨勢的反轉預示作用就越強。

出現看漲反撲形態之後，後期出現的K線對反轉趨勢的確認越快，該形

圖4-16 天下秀日 K 線圖

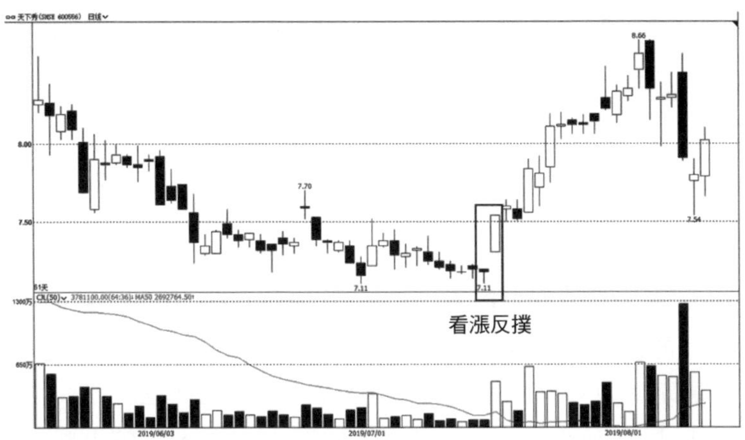

態對趨勢的反轉預示作用就越強。市場前期下跌持續的時間越長，股價下跌坡度越陡，股價跌至越低，看漲反撲形態對趨勢反轉的預示作用就越強，之後的市場趨勢上漲將越急促，股價將升至越高的位置。

小節分析

K線實體不斷縮小，意味著趨勢轉弱。在下跌行情的末端，陰K線的實體不斷縮小，意味著下跌趨勢不斷弱化。陰K線的實體轉為陽K線的實體，也意味著下跌趨勢弱化。

K線實體不斷放大，意味著趨勢轉強。在上漲行情的前端，陽K線的實體不斷放大，意味著上漲趨勢不斷強化。陰K線的實體轉為陽K線的實體，也意味著上升趨勢不斷強化。K線重心下移速度減緩，意味著下跌趨勢減緩。K線重心上移速度加快，意味著上升趨勢加速。

趨勢傾斜的角度越陡，該趨勢攻擊的力道就越大，主力也就越雄厚。小K線聚集的時間越長，後期趨勢的加速度就越大。

4-2 「上升途中」組合會反覆凝結，形成 7 個買點

在趨勢上升途中，會出現多根K線在一段時期內反覆凝結而形成的組合形態。較典型的K線組合為三個白兵，它是主力在多方進攻的途中高舉進攻大旗的實力展示。更多常見的形態有上升三角形、對稱三角形、矩形整理形態、下傾楔形和上升旗形5種，它們都是眾人追捧、可信度較高的股市法則，各自在趨勢當中有著相似卻獨到的意義。

本節將簡明且深刻地分析這些常見的組合形態，幫助投資者充分掌握基礎技術，並了解股市的通用法則。

買點 9：看到三個白兵形態，可積極買進

形態概述

三個白兵形態是指3根連續出現的中陽K線組合形態，見圖4-17，它們的重心節節攀升，嚴格來說，三個白兵形態要求後兩根陽K線的開盤價，位於第一根陽K線的實體內部，但其實差別不大。該形態是多頭在趨勢轉強或強盛時的實力展現，目的是吸引買盤以壯大力量。

K 線實戰

圖4-18為衛士通（002268）2019年6月21日至9月10日的日K線圖，可以看到三個白兵形態。前期市場趨勢保持下跌，股價跌至低價位。在前日小K線出現空方力量弱化之後，三個白兵形態登場，各方買盤、抄底盤湧入，推動價格回升。這個形態對上漲趨勢的認同尤為突出，投資者見到這種情形應積極買進。

圖4-17 三個白兵形態示意圖

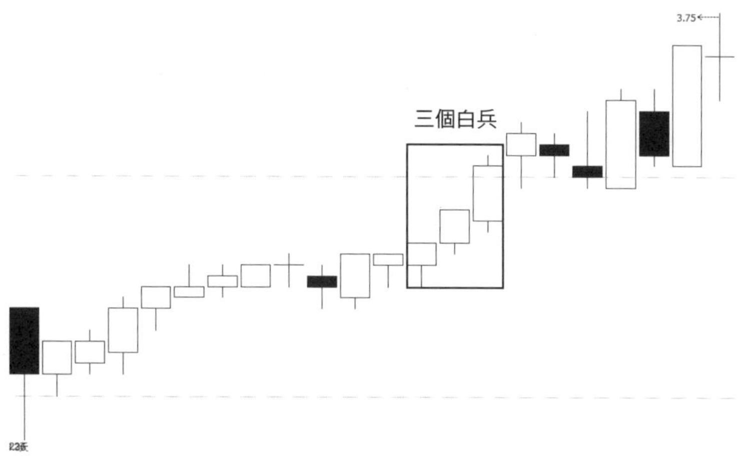

圖4-18 衛士通日 K 線圖

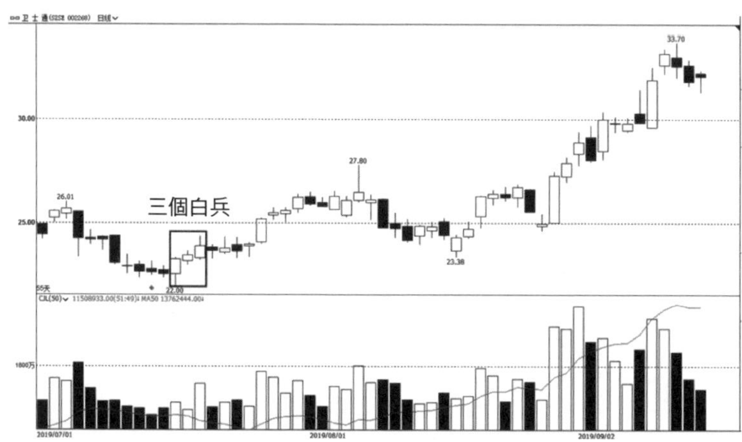

結構分析

三個白兵形態表現多頭上攻的強烈欲望，是多頭展示實力、吸引買盤的表現。這個形態內部的陽K線實體越長，上攻實力就越強，股價的上漲速度和高度也越可觀。前期市場下跌趨勢持續時間越長，下跌的坡度越陡，這個形態的反攻意義就越顯著。

買點 10：突破上升三角形，漲勢將節節向上

形態概述

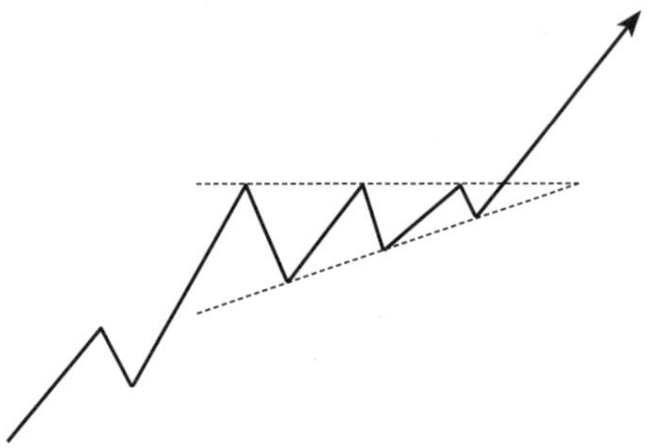

上升三角形（見右圖）是指，股價在上漲途中多次觸碰到某個價位後，會出現一定的回落，而且回落的幅度會逐漸縮小，上方價格壓力逐漸形成一條水平的壓力線，和下方回落的低點連成的支撐線，共同形成一個三角形狀的形態圖。

圖4-19　上升三角形示意圖

上升三角形顯示多空雙方在實力較量中，多方已逐漸占據優勢，空方每次在同一價位出貨卻不急於一時，說明空方力量完結。同時多方每次在價位短暫回落後搶先反攻，來不及等價位回落到前期低點，顯示多方力量雄厚。

K 線實戰

圖4-20為白雲機場（600004）2019年7月5日至10月14日的日K線圖，可以看到上升三角形。前期趨勢在結束下跌成功反轉後，上漲趨勢逐漸明朗，但股價在前期資金密集處多次上攻遭阻，多空膠著，股價選擇壓力最小的方向運行。在上升三角形運行近一個月後，配合成交量放大，上升三角形成功突破，上漲趨勢大旗節節向上，上升三角形的意義得到驗證。

結構分析

上升三角形建構的後期，配合成交量逐漸放大，是趨勢即將向上突破的訊號。上升三角形大多出現在多頭行情的整理階段，即主力在調整部位整理的階段，後期趨勢不會改變。

股價未來上漲的最小幅度，等於上升三角形構築初期形成的第一個低點與上升三角形上沿的垂直距離。上升三角形在突破後的有效回測，是對上升趨勢的有效確認。

圖4-20　白雲機場日K線圖

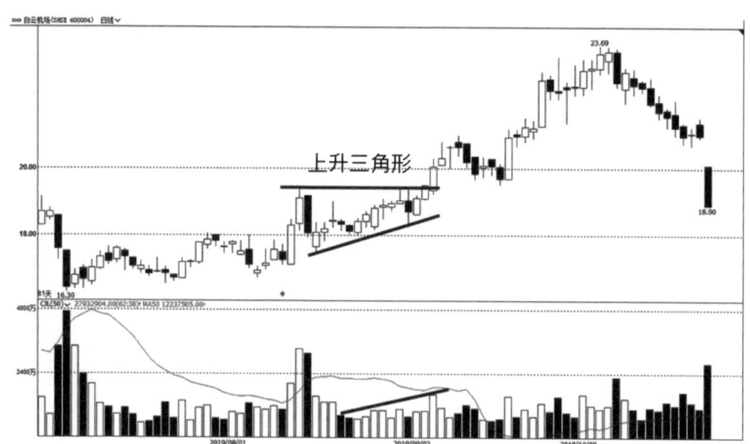

買點11：突破對稱三角形，有個好買點

形態概述

對稱三角形（見右圖）代表一段時間內，股價因為多空主力實力相當，而在某個價位附近漲跌震盪。其表現形態是震盪區上方高價位的連線，是一條向下傾斜的斜線，而震盪區下方低價位的連線，是一條向上傾斜的斜線。對稱三角形顯示多空主力在各自陣營的爭奪，而短暫的分歧結束後，股價將延續前期趨勢。

圖4-21　對稱三角形示意圖

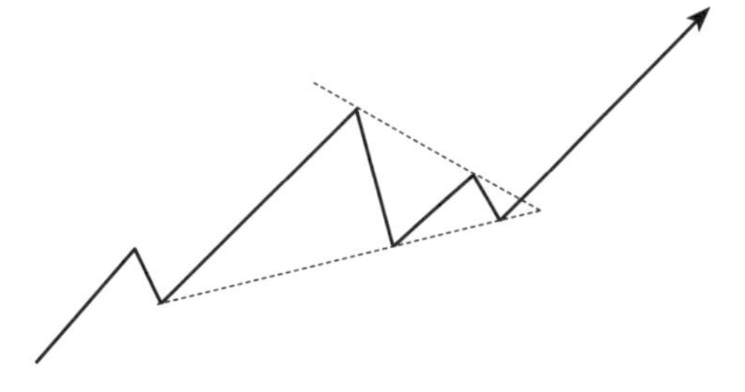

K線實戰

下頁圖4-22為立思辰（300010）2019年1月18日至4月15日的日K線圖，可以看到圖中的對稱三角形。該股前期在長期的低價運行後，開始一個反轉

圖4-22 立思辰日 K 線圖

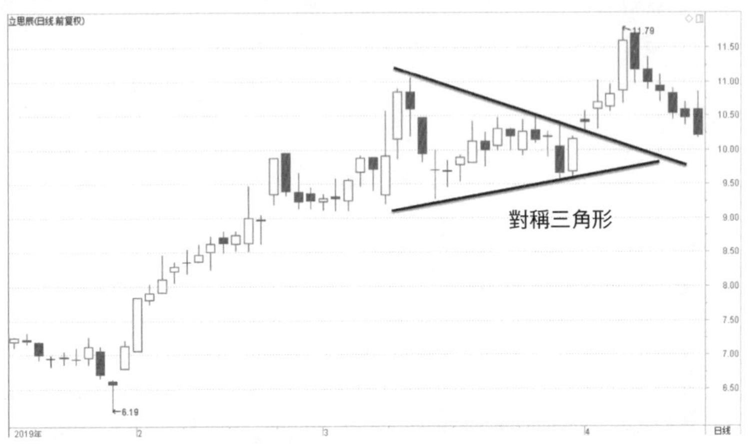

行情，趨勢逐漸向上。短期上漲後出現的對稱三角形經過近一個月的有力爭奪，形態建構結束。期間主力透過震盪手段，不斷縮小價位震盪區間，獲利盤逐漸湧出，主力重新建構堅實的上攻班底。在對稱三角形構築的末期，三角形上沿壓力線的突破位是一個好買點，投資者可以積極買進。

結構分析

建構對稱三角形的末期，需要足夠的成交量配合上漲的突破。建構對稱三角形前期出現的第一個高點，以及與三角形低點連線的傾斜線，將是股價未來可能遭遇的壓力線，在此之前不會有明顯壓力位。對稱三角形的構築過程中，上升斜線的斜率與未來趨勢上漲的斜率將保持一致。

買點 12：突破矩形整理形態，加上成交量配合更好

形態概述

矩形整理形態（見圖4-23）是指股價在一段區間上下反覆震盪，震盪區域股價的高點連線和低點連線都是水平直線，形似矩形。矩形整理是常見的趨勢整理形態，因為多空主力實力相當，因此在區域爭奪不相上下。矩形整理後期的突破，決定未來趨勢的走向，向上有效突破後，後期趨勢將上漲。

圖4-23　矩形整理形態示意圖

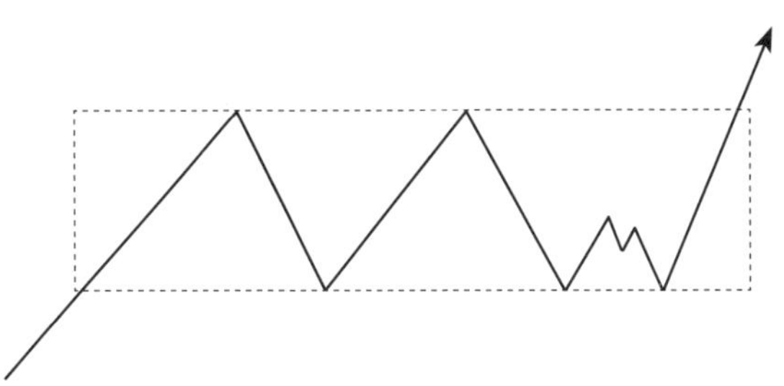

圖4-24　中視傳媒日K線圖

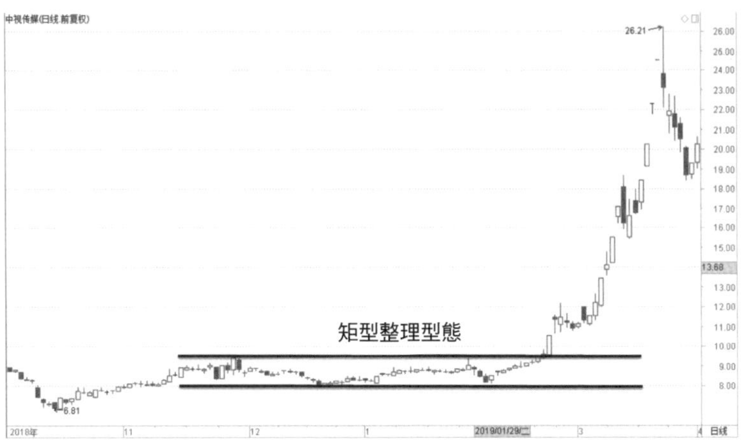

K線實戰

圖4-24為中視傳媒（600088）2018年9月27日至2019年4月1日的日K線圖，可以看到圖中的矩形整理形態。該形態出現之前，股價呈現緩慢的上漲趨勢，開始矩形整理後，股價區間反覆震盪，窄幅震盪近4個月後，股價在多方主力作用之下，上漲突破矩形的上沿線，取得多空持久戰的勝利。多方對矩形整體形態上沿的有效突破位，就是有效的買點。

結構分析

矩形整理形態耗費的時間越長，損耗多空雙方的力量越大，後期趨勢上漲的高度有限。有效突破矩形整理形態上沿後，成交量也完美配合，是良好的買點。矩形整理形態出現前的股價漲幅，等於矩形整理形態被突破後的股價漲幅。

買點 13：下傾楔形在漲勢中，股價繼續保持上漲

形態概述

下傾楔形是由股價在一段時間內窄幅震盪所形成的形態（如右圖）。

震盪區域的高點連線向下傾斜，低點連線則沒有具體要求。下傾楔形出現在上漲趨勢中，意味著股價短暫回落，後期將繼續保持上漲態勢。下傾楔形出現在下跌趨勢中，意味著股價跌勢接近尾聲，後期很可能反轉。

圖4-25 下傾楔形示意圖

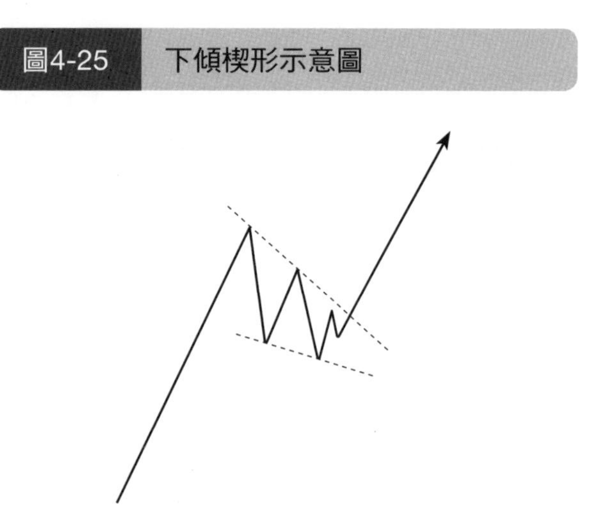

K 線實戰

圖4-26為特變電工（600089）2018年9月28日至2019年3月20日的日K線圖，從圖中可以看到下傾楔形。該股前期趨勢節節向上，股價走得意氣風發。下傾楔形出現在趨勢途中，扮演著中繼角色，股價在之後的行情中一如前期，大勢邁步。

在下傾楔形的形成過程中，股價反覆震盪，曾2次上攻楔形上沿，窄幅震盪中成交量逐漸萎縮。下傾楔形建構的末期，成交量極度萎縮，之後的行情一發而不可收，多方高舉上攻大旗。

結構分析

下傾楔形和對稱三角形的不同之處在於對下沿線的定義，兩者形似，但

圖4-26 特變電工日 K 線圖

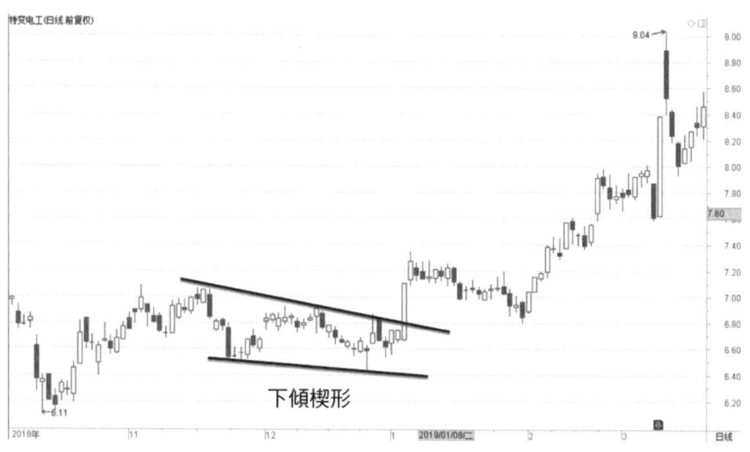

意義有所差別。下傾楔形建構前的漲幅，等於下傾楔形建構結束後的未來漲幅。在下傾楔形建構的過程中，成交量不斷萎縮，楔形突破後將伴隨巨量。下傾楔形建構前的漲勢斜率，等於下傾楔形建構結束後的未來漲勢斜率。

買點 14：出現上升旗形，上漲趨勢得以延續

形態概述

圖4-27 上升旗形示意圖

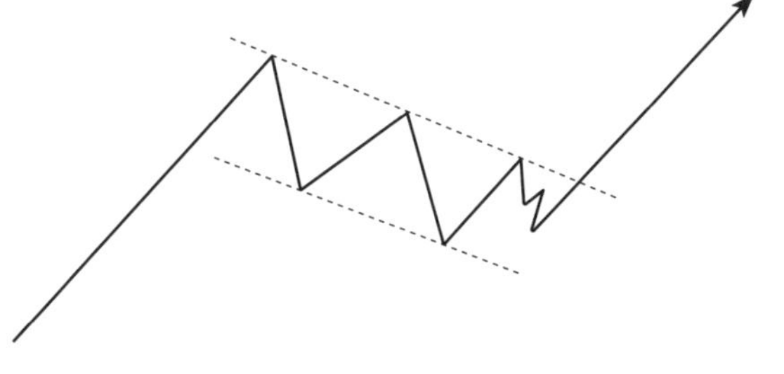

股價在上漲趨勢途中進行一段時間的震盪整理，使震盪區域內高價位的連線與低價位的連線平行，且兩條直線都向下傾斜，因為形狀像一面冉冉升起的旗，而稱作上升旗形（如右圖）。出現這個形態，意味著後期趨勢將不改前期趨勢的勁頭，上漲趨勢得以延續。

圖4-28 特變電工日 K 線圖

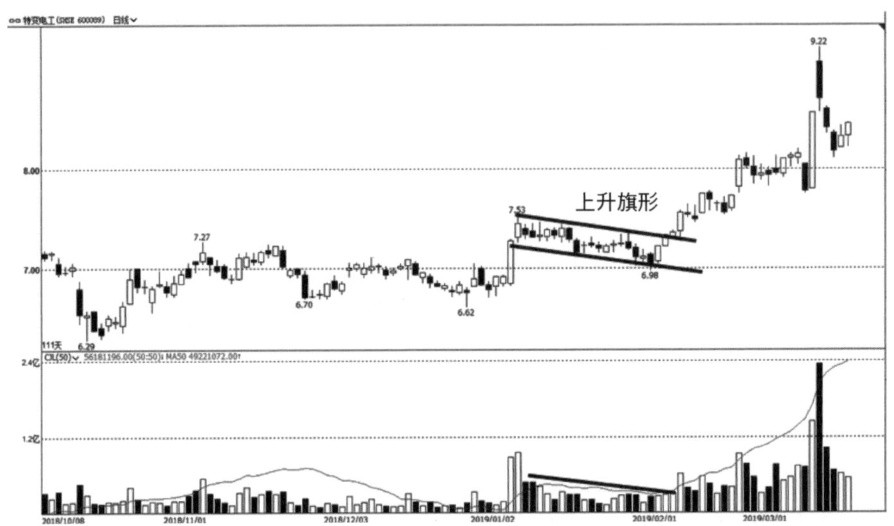

K 線實戰

圖4-28為特變電工（600089）2018年9月28日至2019年3月20日的日K線圖，可以看到圖中的上升旗形。該股在前期走勢中順風順水，走上階段性高價位，並形成在調整趨勢中常見的上升旗形，這個形態維持長達一個月的時間。

上升旗形建構後，股價震盪幅度保持一定的平衡，但震盪重心不斷下移，期間成交量也有一個不斷萎縮的形態。後期趨勢在旗形整理形態得到有效突破後，繼續保持高調的上漲態勢。

結構分析

上升旗形出現在上漲趨勢途中，是對漲勢的短暫調整，後期將延續漲勢。在上升旗形建構的過程中，成交量會保持不斷萎縮的狀態。上升旗形出現前的股價漲幅，會等於上升旗形被突破後的股價漲幅。

小節分析

上升趨勢在進行到漲勢的50%後，市場會或大或小地整頓一次資金，在K線形態中表現為整理。整理過程的特點是成交量不斷萎縮，萎縮的速度越快，表明整理行情越趨近尾聲。

整理形態的突破有一個共同特徵，就是前期縮量，但在突破的一刻卻急劇放量。出現整理形態前，上漲趨勢保持的傾斜度，將和整理形態結束後，上漲趨勢將要維持的傾斜度保持一致。

4-3 「頂部反轉」組合的 8 個賣點：黃昏之星、看跌反撲等

本節圍繞趨勢頂部的多K線所建構的形態組合，分析市場行情中具備可信度的8種反轉資訊，包括黃昏之星、看跌吞沒形態、看跌孕線、看跌待入形態、看跌切入形態、看跌插入形態、看跌刺透形態和看跌反撲形態，其共同點是以K線實體的大小和陰陽，來看待趨勢強弱的轉換。

賣點 1：出現黃昏之星時，上漲趨勢被終結

形態概述

黃昏之星與早晨之星一樣，是由3個交易日的K線組成。第一天，股價上漲途中，出現一根K線實體較長的陽線。第二天，出現一根開盤價上移的星線；第三天，出現一根重心下移的陰線，而且陰線實體較長，下跌時深入第一根陽線實體的價格區間內。這3根K線形態構成了典型的黃昏之星K線組合。

黃昏之星一般出現在上升趨勢的末端，象徵著多頭實力衰竭，趨勢將發生反轉。圖4-29是黃昏之星的理想形態，而在現實股市中有許多相似的變體，其會根據陰陽線的大小、星線的高低和K線組合的數量，發生微小變化，但其形態的意義與黃昏之星的理想形態相同。

K線實戰

圖4-30為大龍地產（600159）2019年8月2日至9月30日的日K線圖，可以看到一個頂部反轉的黃昏之星。前期在震盪上漲的過程中，股價被推至高點，一根K線實體較長的中陽線創出價格新高，隔日出現的小陰線成為趨勢

圖4-29　黃昏之星示意圖

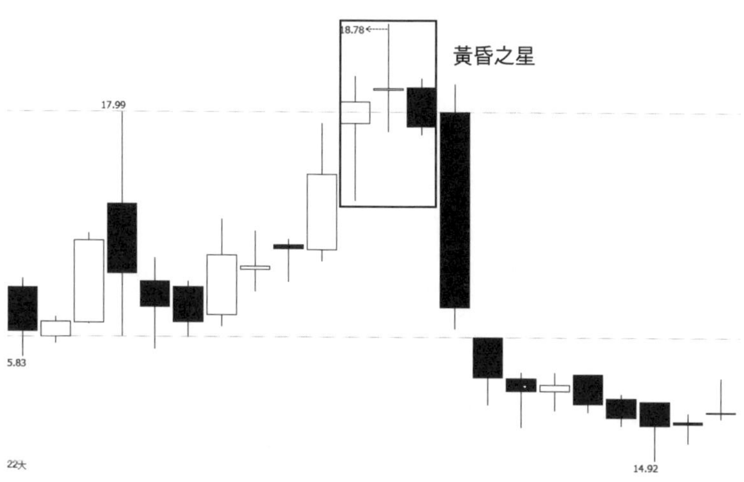

圖4-30　大龍地產日 K 線圖

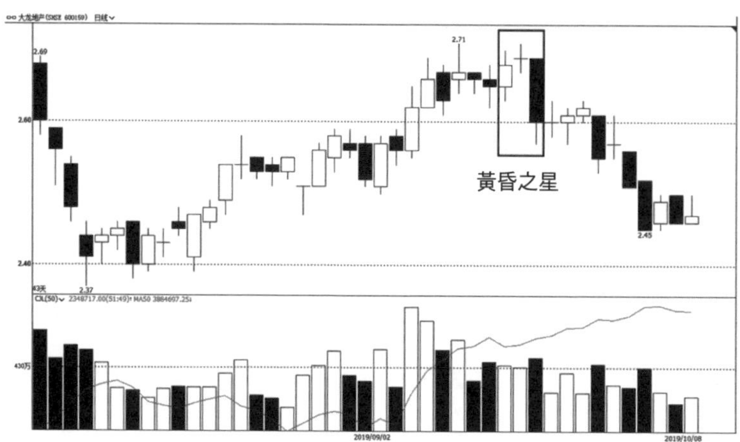

的轉捩點。黃昏之星建構完成後，漲勢終止，震盪行情維持一段時間之後，股價最終下跌，上漲趨勢被終結。

結構分析

黃昏之星第一天的陽線意味著上漲動力部分釋放。隔日的十字星意味著股價在繼續上探高點後，多方實力衰竭，獲利盤逐漸湧出，空頭實力初步顯現。第三天重心下移的陰線為上攻趨勢畫上句號，空頭力量在凝結數日後選擇下跌突破，趨勢成功反轉。

黃昏之星出現的前期，多根陽線摻雜陰線震盪上漲，說明多頭主力拉高出貨的意圖。黃昏之星出現後的震盪行情，為主力高位出貨提供足夠的時間，一般是主力還有大量的貨沒有出盡，才會選擇用時間交換成交量。等到空方逐漸強大，主力出貨殆盡時，就會不惜成本拋售，因此趨勢最終將得到反轉。

賣點 2：發現看跌吞沒形態時，上漲行情將結束

形態概述

在市場處於上漲趨勢並接近高價末端時，上漲動力減弱的陽K線被隔日出現的陰K線包住，即前者的K線實體完全在後者的實體內部，這種K線組合就是「看跌吞沒形態」，見圖4-31，它的出現意味著上漲行情結束。

K 線實戰

圖4-32為上海建工（600170）2019年3月22日至4月30日的日K線圖，可以看到看跌吞沒形態。在前期市場處於上漲趨勢，股價不斷攀升時，獲利盤不斷累積，在看跌吞沒形態形成時瘋狂賣出，扮演強大的空頭主力。該陰線吞沒前一根K線實體，因此下跌動力十足。後期股價不斷下跌，趨勢反轉。

結構分析

在看跌吞沒形態中，前者K線實體越小，後者K線實體越大，該形態的反轉預示作用越強。在看跌吞沒形態出現前，上漲行情所花的時間越長，上漲的價格越高，該形態的反轉預示作用越強。

當看跌吞沒形態的陰K線形成，成交量急劇放大，顯示空頭實力越強，該形態的反轉預示作用就越強。在這個形態的變體中，後者的陰K線實體吞沒的短小K線實體越多，該形態的反轉預示作用越強。

圖4-31　看跌吞沒形態示意圖

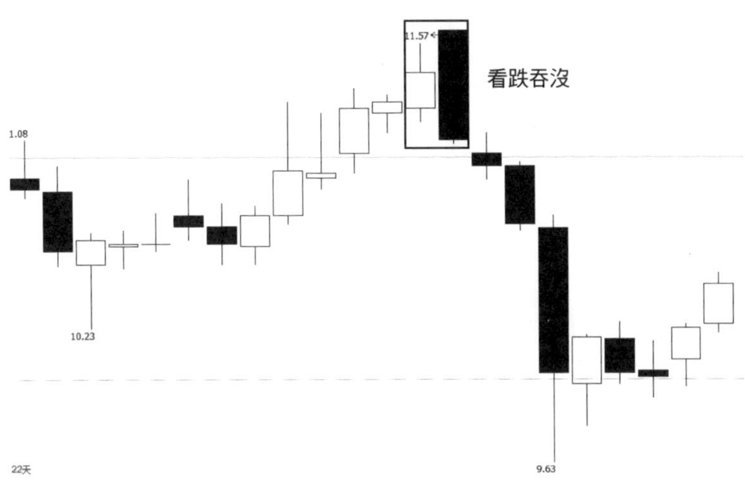

圖4-32　上海建工日 K 線圖

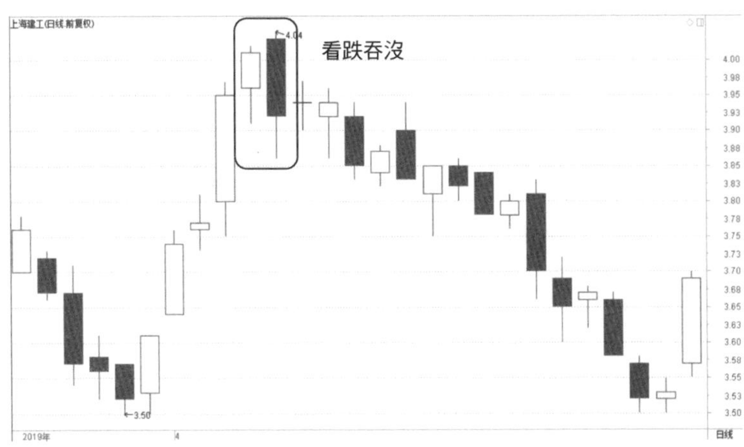

圖4-33　看跌孕線示意圖

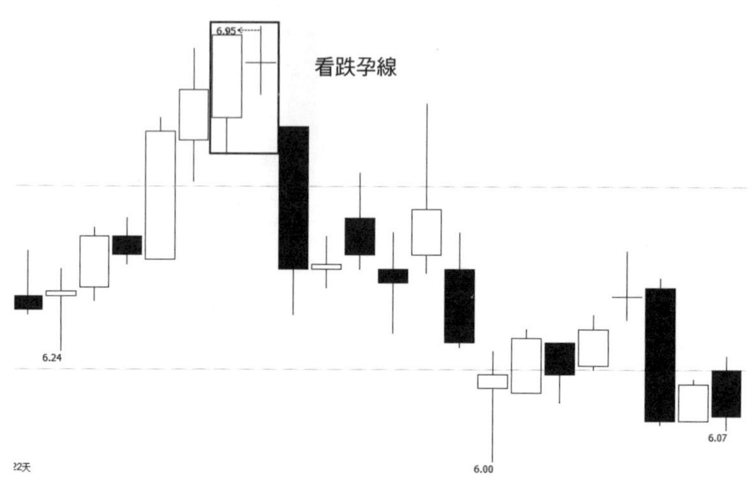

賣點 3：我用看跌孕線，預測上漲趨勢開始反轉

形態概述

前文已介紹孕線的相關知識，這裡我們關注看跌孕線，圖4-33為看跌孕線示意圖。

K 線實戰

圖4-34為江泉實業（600212）2019年8月12日至11月1日的日K線圖，可以看到圖中的看跌孕線。前期市場以充足的動力推動上漲行情，但看跌孕線形成之後，顯示主力做多動力的疲態。行情結束前，後期在高價區的震盪有利於主力出貨，之後下跌趨勢得以顯現，看跌孕線成功預示上漲行情的趨勢反轉。

結構分析

看跌孕線兩根K線的影線越短，它的反轉訊號越可靠。第二根K線是陰線的看跌孕線，比起第二根K線是陽線的看跌孕線，其反轉訊號更強。

圖4-34　江泉實業日 K 線圖

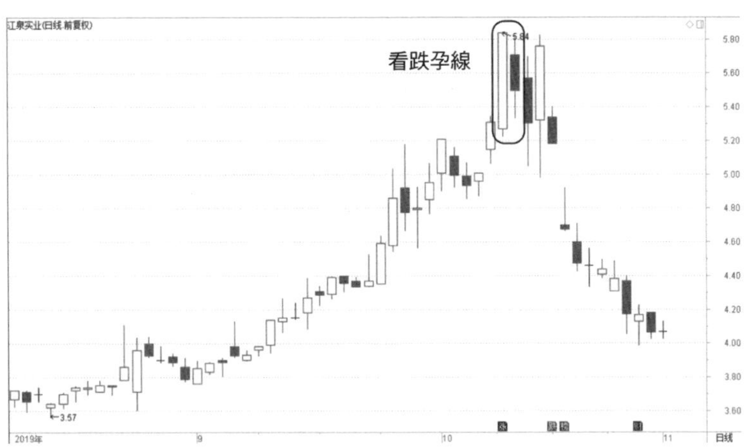

賣點 4：出現看跌待入形態時，趨勢可能下跌

形態概述

看跌待入形態（見下頁圖4-35）是指，第一根陽線的收盤價低於第二根陰線的收盤價，兩者的收盤價（K線實體）有一個間距的形態。看跌待入形態出現在上漲趨勢的頂部時意義明顯，主要表明趨勢有可能反轉。

K 線實戰

圖4-36為萬華化學（600309）2019年3月6日至5月22日的日K線圖，可以看到圖中的看跌待入形態。前期市場趨勢在成交量逐漸放大的配合下節節攀升，看跌待入形態形成時，只是觸及近期最高價50.16元，之後的第三個交易日，用大陰線徹底回補跳空缺口，確認反轉趨勢並加強該形態的反轉實力。後期市場趨勢不斷下跌，股價成功實現反轉。

結構分析

看跌待入形態的前一根陽線越短，後一根陰線越長，其反轉預示作用就越強。這個形態中兩根K線實體的間距越大，其反轉預示作用越強。前期市場上漲時間越長，價格升至越高，這個形態的反轉預示作用越強。在看跌形

圖4-35 看跌待入形態示意圖

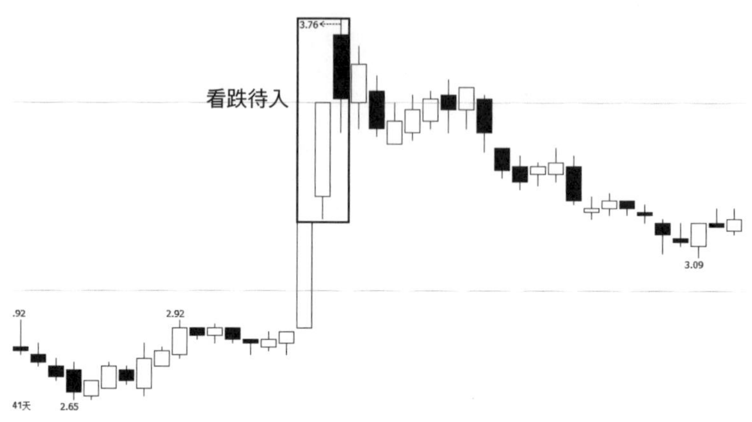

圖4-36 萬華化學日 K 線圖

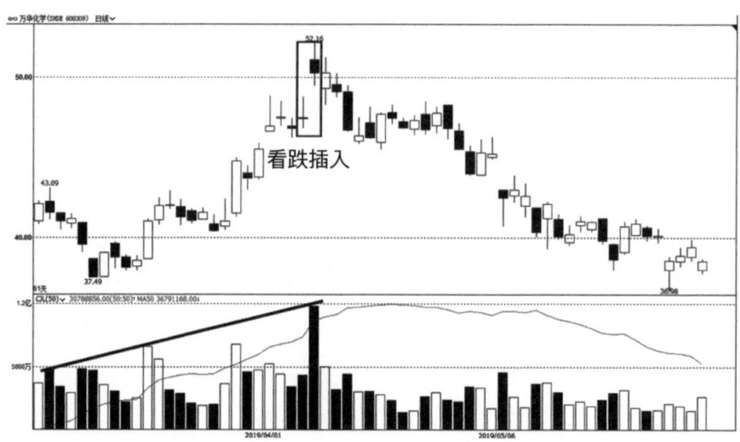

態出現後，隔日K線的大小和形態對趨勢的確認，會影響看跌形態的反轉實力。

圖4-37 看跌切入形態示意圖

賣點5：出現看跌切入形態時，趨勢即將反轉

形態概述

看跌切入形態（見圖4-37）是指，前一根陽線的收盤價和後一根陰線的收盤價相等，兩者收盤價齊平呈現切入狀的形態。這個形態出現在上漲趨勢的頂部時意義明顯，意味著趨勢即將反轉。

K線實戰

下頁圖4-38為北巴傳媒（600386）2019年6月4日至8月12日的日K線圖，可以看到看跌切入形態。在前期市場價格持續上漲的行情中，看跌切入形態的出現將為該上漲趨勢畫上句號。隔日出現的下跌中陰線成功確認反轉趨勢。後期市場一路下跌，實現趨勢反轉。

結構分析

前期上漲趨勢持續時間越長，上漲的價格越高，看跌切入形態的反轉預示作用就越強。看跌切入形態前一根陽K線的上影線越長，後一根陰K線的下影線越長，該形態的反轉預示作用就越強。後期只要出現確認趨勢的中陰K線形態，反轉趨勢就得到確認。

圖4-38　北巴傳媒日 K 線圖

賣點 6：看跌插入形態表示，上升趨勢將結束

形態概述

看跌插入形態（見圖4-39）是指，隔日陰K線的實體插入前日陽K線的實體內部，但不超過前日陽K線實體的1/2，而形成的K線組合形態。該形態出現在上升趨勢的頂部時，具有反轉意義，若出現在其他位置則意義不大。

K 線實戰

圖4-40為華微電子（600360）2019年4月25日至8月14日的日K線圖，可以看到看跌插入形態。前期趨勢在短暫上漲後出現看跌插入形態，表明之前的上升趨勢結束，隨後的陰K線很快確認反轉趨勢。

結構分析

前期趨勢持續的時間越長，股價上漲坡度越陡，上漲價格越高，看跌插入形態的反轉預示作用就越強。看跌插入形態形成後，確認趨勢反轉的陰K線實體越大，等待確認的時間越短，該形態的反轉預示作用就越強。看跌插入形態的前一根陽K線越短，後一根陰K線越長，該形態的反轉實力越強。

圖4-39 看跌插入形態示意圖

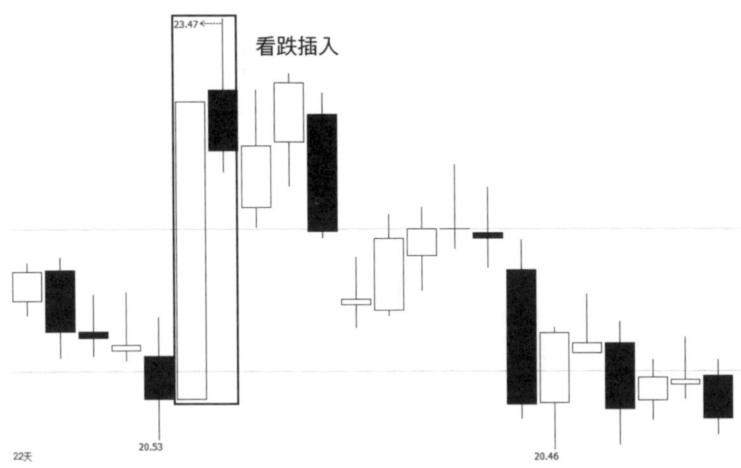

圖4-40 華微電子日 K 線圖

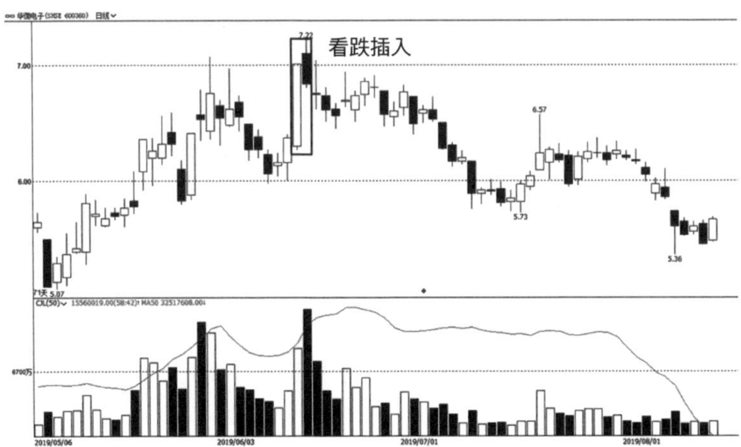

圖4-41 看跌刺透形態示意圖

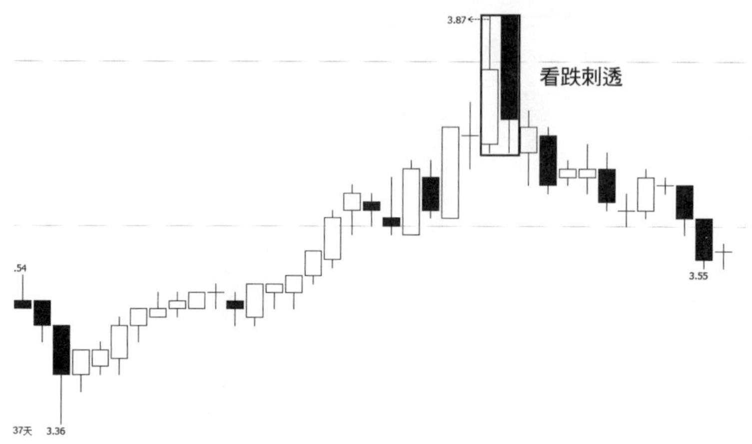

賣點 7：看跌刺透形態，位在上升趨勢頂部

形態概述

見圖4-41，隔日是一根陰K線，並且K線實體插入前日的陽K線實體內，且隔日陰K線的收盤價低於前日陽K線實體1/2處的價位，同時隔日陰K線的開盤價高於前日陽K線的收盤價，這樣的K線組合形態是看跌刺透形態。看跌刺透形態一般出現在上升趨勢的頂部，意味著趨勢即將反轉。

K 線實戰

圖4-42為盤江股份（600395）2019年3月7日至6月11日的日K線圖，可以看到圖中的看跌刺透形態。在前期市場迅速拉起，股價上漲的末端出現看跌刺透形態，預示上漲趨勢反轉。2個交易日後，股價下探近日低價。趨勢在後幾個交易日得以確認後，市場不斷下跌，漲勢不再。

結構分析

前期趨勢持續的時間越長，股價上漲坡度越陡，升至價格越高，看跌刺透形態的反轉預示作用就越強。

圖4-42 盤江股份日K線圖

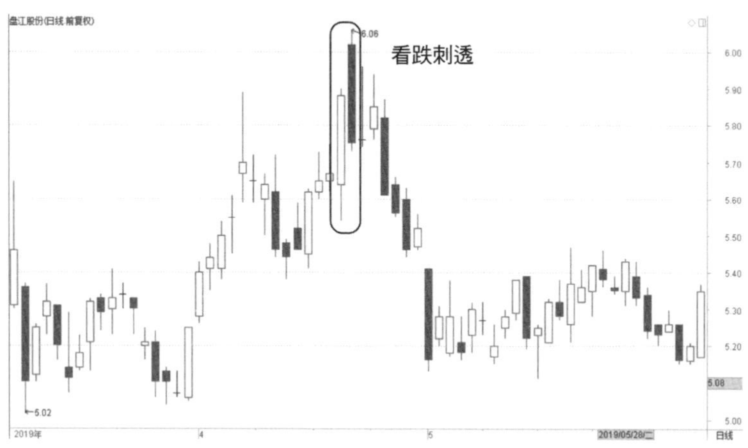

看跌刺透形態形成後，確認趨勢反轉的陰K線實體越大，等待確認的時間越短，這個形態的反轉預示作用越強。看跌刺透形態的前一根陽K線實體越短，後一根陰K線實體越長，插入前一根陽K線的實體內部越深，該形態的反轉預示作用就越強。

賣點8：看跌反撲形態，暗示日後股價快速下跌

形態概述

見下頁圖4-43，隔日陰K線的開盤價低於前日陽K線的開盤價，兩者之間形成價格間距，這種K線形態組合就是看跌反撲形態。這個形態一般出現在上升趨勢的末端，意味著趨勢反轉。

K線實戰

下頁圖4-44為紅豆股份（600400）2019年1月21日至9月5日的日K線圖，可以看到圖中的看跌反撲形態。前期市場在短期快速上漲後，在高價區略顯疲態，看跌反撲形態的出現，預示上漲趨勢終結。隔日出現的大陰K線確認反轉趨勢，之後的股價快速下跌，市場成功實現反轉。

圖4-43 看跌反撲形態示意圖

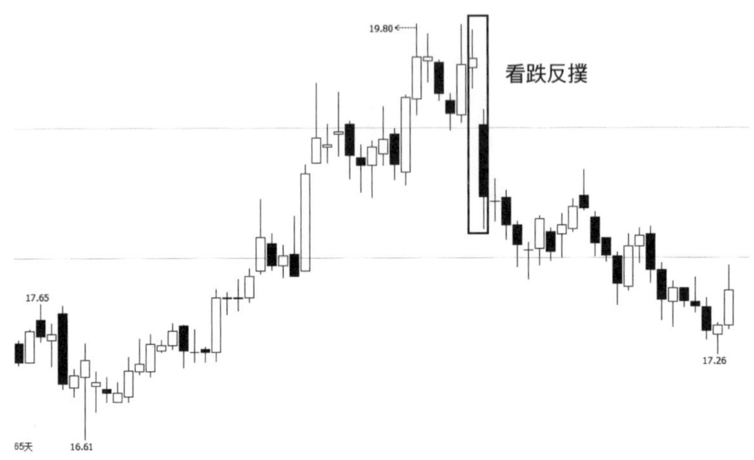

圖4-44 紅豆股份日 K 線圖

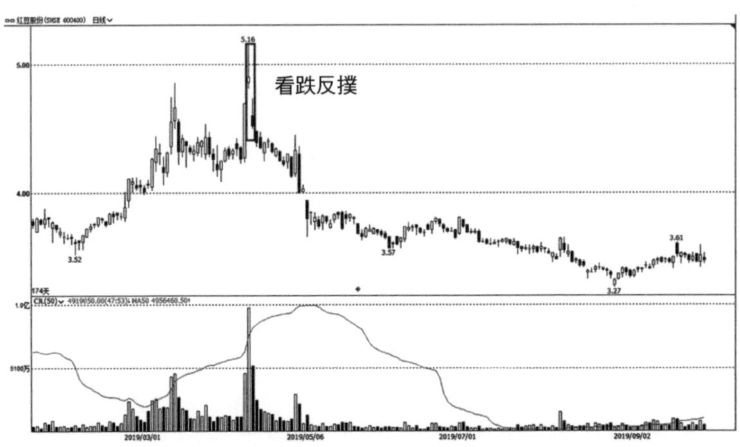

結構分析

看跌反撲形態前一根陽K線實體越小，後一根陰K線實體越大，該形態對趨勢的反轉預示作用就越強。看跌反撲形態中，前後兩根K線之間的價格間距越大，該形態對趨勢反轉的預示作用越強。

出現看跌反撲形態後，後期出現的K線對反轉趨勢的確認越快，該形態對趨勢反轉的預示作用越強。

市場前期上漲持續時間越長，股價升至越高，看跌反撲形態對趨勢反轉的預示作用就越強，之後的市場下跌趨勢將越急促，股價將跌得越低。

4-4 「下跌途中」組合的賣點除了三隻烏鴉，還有菱形整理……

在趨勢下跌途中，會出現多根K線或更多K線在一段時間內反覆凝結，而形成組合形態。較典型的K線組合為三隻烏鴉，它是主力在空方進攻途中高舉進攻大旗的實力展示。

更多常見的K線形態有7種，包括了下跌三角形、擴散三角形、對稱三角形、菱形整理形態、矩形整理形態、上傾楔形以及下跌旗形。它們在股市中都是眾人追捧、可信度較高的股市法則，各自在趨勢中有著相似卻獨到的意義。

賣點 9：我用三隻烏鴉形態，預測後勢即將下跌

形態概述

三隻烏鴉形態（見圖4-45）與三個白兵形態相反，是指3根連續出現的中陰K線組合形態。它們三者重心不斷低移，嚴格來說，三隻烏鴉形態要求，後兩根陰K線的開盤價位於第一根陰K線的實體內部，但實際差別不大。該形態是空頭在上漲趨勢轉弱或壯大時的實力展現，各方獲利盤湧出。

K 線實戰

圖4-46為華紡股份（600448）2019年8月19日至11月1日的日K線圖，可以看到圖中的三隻烏鴉形態。前期市場呈現短暫上漲趨勢，在三隻烏鴉形態出現後，市場趨勢一路下跌，股價不斷創出新低。可見三隻烏鴉形態在高位透露的空方意願和看空意義十分強烈，投資者遇到這類K線形態時，不可盲目買進。

圖4-45 三隻烏鴉形態示意圖

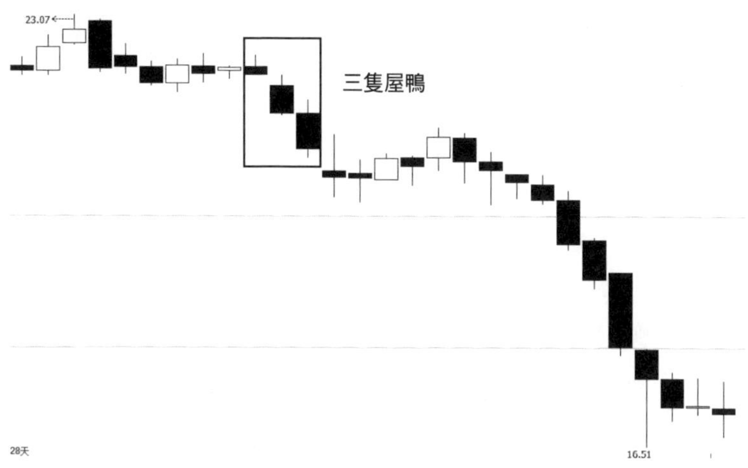

圖4-46 華紡股份日 K 線圖

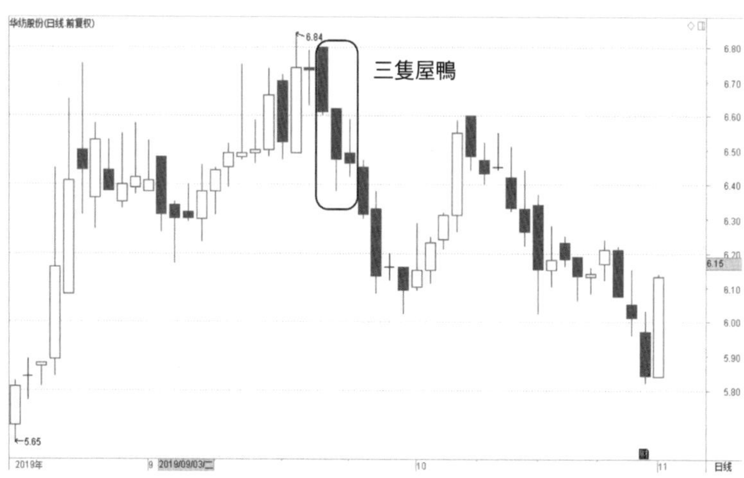

結構分析

三隻烏鴉形態顯現空頭下跌的強烈欲望，是空頭擊潰多頭展示實力的表現。這個形態內部的陰K線實體越長，股價下跌的速度越快、深度越深。前期市場上漲趨勢持續時間越長，上漲坡度越陡，此形態的反攻意義越突出。

賣點 10：下跌三角形表示，空方已逐漸占優勢

形態概述

下跌三角形（見右圖）是指，股價在下跌途中多次觸碰到某個價位後，會出現一定的回升，而且每次股價回升的幅度逐漸縮小，上方價格壓力形成一條傾斜向下的壓力線，與下方支撐的低點連成的水平線，共同形成一個三角形。

圖4-47 下跌三角形示意圖

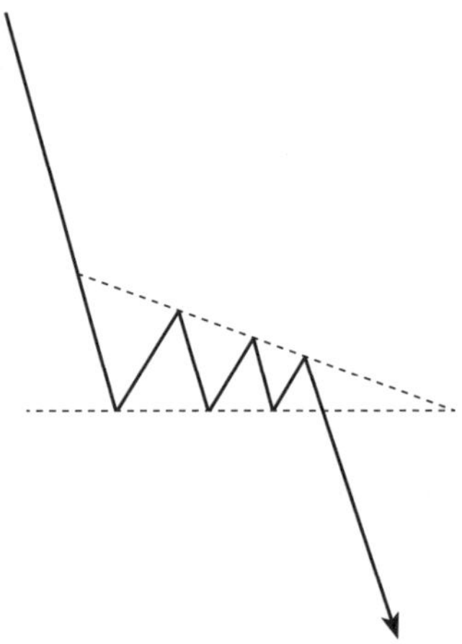

下跌三角形顯示，在多空的實力較量中，空方逐漸占據優勢。多方每次在同一價位進貨，卻不推動漲勢，表示多方力量完結。空方每次在價位短暫回升後搶先反攻，來不及等價位回升到前期高點，表示空方力量雄厚。

K 線實戰

圖4-48為精工鋼構（600496）2019年4月3日至8月26日的日K線圖，可以看到圖中的下跌三角形。前期股價有一段上漲行情抵達近期的高位3.77元處，由於此段上升態勢缺乏足夠的成交量配合，股價開始逐漸下跌。

下跌途中成交量一度萎縮，沒有明顯的規律特性，但股價多次下探，同時後階段的反彈也逐漸收窄。後期股票價格繼續下跌。遇到這類K線形態時，應盡量避免買進，以減少損失。

結構分析

建構下跌三角形的後期，配合成交量逐漸放大，是趨勢將突破向下的訊

圖4-48 精工鋼構日 K 線圖

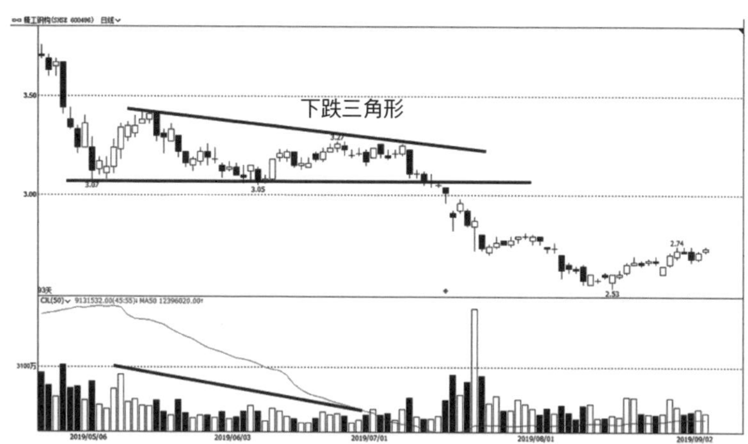

號。下跌三角形大多出現在弱勢格局，是空方頑強拋售的結果，後期趨勢不會改變。股價未來下跌的最小幅度，等於下跌三角形建構初期形成的第一個高點與下沿的垂直距離。此形態在突破後的有效回測，可確認下跌趨勢。

賣點 11：擴散三角形是過度投資導致，風險極大

形態概述

擴散三角形（見右圖）是指股價在下跌途中，上下波動幅度逐漸增大，上沿高點的連線是向上傾斜的直線，下沿低點的連線是向下傾斜的直線。擴散三角形出現在股價下跌途中，對前期下跌趨勢具有中繼作用。

圖4-49 擴散三角形示意圖

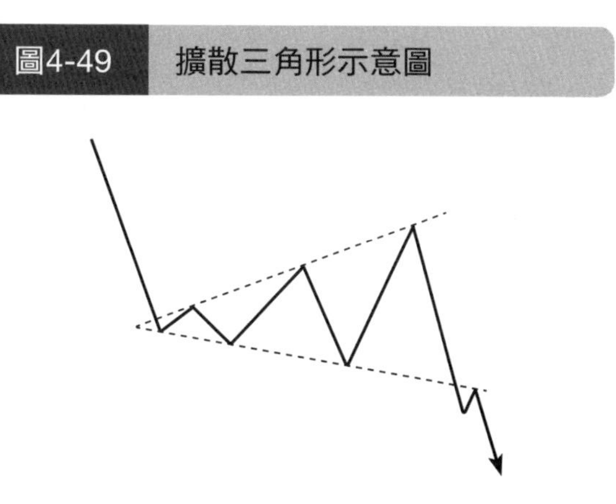

圖4-50 華麗家族日 K 線圖

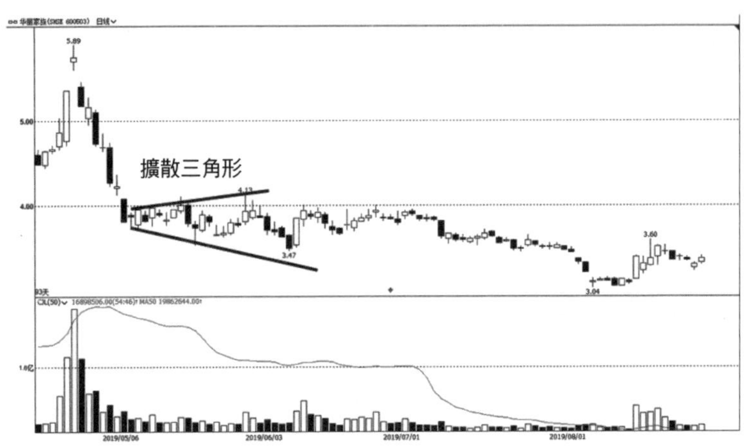

K 線實戰

圖4-50為華麗家族（600503）2019年4月10日至8月20日的日K線圖，可以看到圖中的擴散三角形。前期股價在一段上漲行情之後，達到近期的歷史高位5.89元，但在沒有足夠成交量配合的情況下，股價開始轉勢下跌。

在下跌途中，股價以大幅波動的形態特徵建構擴散三角形，成交量在三角形建構的尾部不斷放大，使下跌的動力被市場氛圍強化。後期股價進一步下跌，延續前期的下跌趨勢，也證實擴散三角形對下跌趨勢的中繼作用。

結構分析

擴散三角形一般是過度投資導致，這個形態的股票風險很大，應盡量規避。這個形態對下跌趨勢的中繼作用，遠遠強於對上漲趨勢的中繼作用。

賣點 12：對稱三角形向下突破的 K 線，是好賣點

形態概述

對稱三角形（見圖4-51）是指一段時間內，股價因為多空主力實力相當，而在某個價位附近漲跌震盪。其表現形態是震盪區上方高價位的連線，

是一條向下傾斜的直線，而震盪區下方低價位的連線，是一條向上傾斜的直線。對稱三角形顯示，多空主力在各自陣營的戰略爭奪，短暫的分歧結束後，趨勢將延續前期趨勢。

圖4-51　對稱三角形示意圖

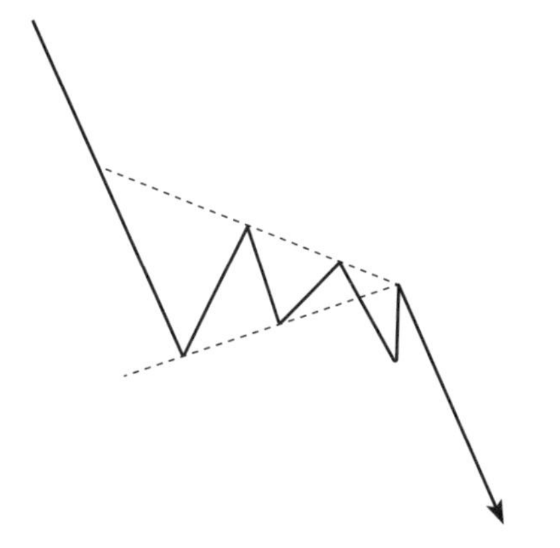

K線實戰

圖4-52為華建集團（600629）2019年2月27日至8月16日的日K線圖，可以看到圖中的對稱三角形。股價在階段下跌之後看似停損站穩，其實多空膠著，等待市場進一步選擇方向。之後股價下跌，對稱三角形在下跌途中扮演中繼角色，而其向下突破的K線通常是最佳賣點，應準確把握，及時規避風險。

圖4-52　華建集團日K線圖

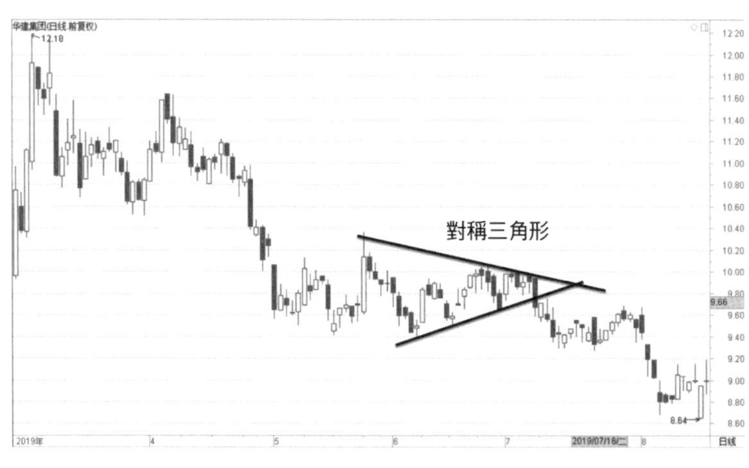

結構分析

對稱三角形建構的末期，需要足夠的成交量配合下跌突破。對稱三角形建構前期出現的第一個高點，與三角形低點連線的平行線，是股價在未來可能遭遇的壓力線，在此之前不會有明顯的壓力位。

建構對稱三角形的過程中，下跌的斜率與未來趨勢下跌的斜率將保持一致，而且成交量會不斷萎縮。

賣點 13：遇到菱形整理形態時，應果斷賣出

形態概述

菱形整理形態（見右圖）是指，將擴散三角形與收斂三角形合併後形成類似菱形的整理圖形。絕大多數時候，菱形是一種看跌的K線形態，通常出現在市場構築短期或中長期頂部時，偶爾也會在下跌過程中，以持續形態出現。

圖4-53 菱形整理形態示意圖

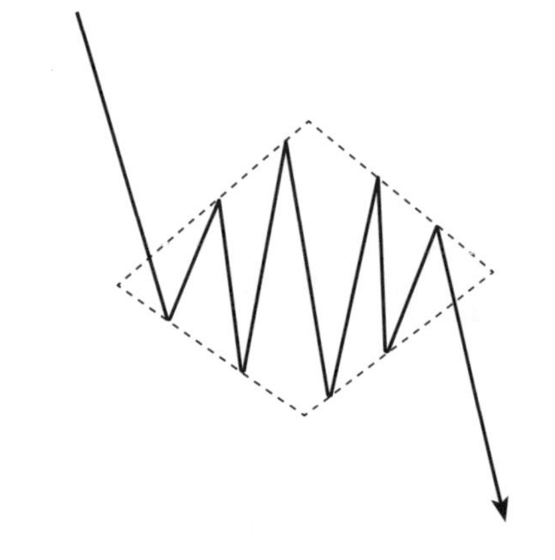

K 線實戰

圖4-54為浦東金橋（600639）2019年1月23日至5月15日的日K線圖，可以看到圖中的菱形整理形態。建構該形態的過程中，伴隨成交量先逐漸萎縮、再逐漸放大的特徵。同時，在建構的末期，向下突破的K線伴隨巨量，延續前期股價下跌的趨勢，也證實菱形整理形態在股價下跌途中具有中繼作用。投資者遇到這個形態時，應該盡量避免買進。

結構分析

菱形最高點與最低點的距離，是後期股價跌幅的最小幅度。菱形的兩對平行線，是後期趨勢的上壓力線和下支撐線。建構菱形整理形態的前期，成交量逐漸萎縮，後期逐漸放大，而且突破菱形整理形態會伴隨巨額成交量。

圖4-54　浦東金橋日 K 線圖

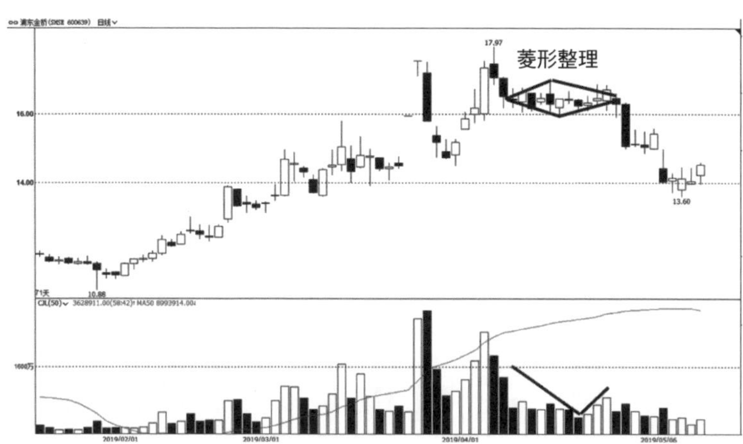

賣點 14：突破矩形整理形態下沿，有成交量配合

形態概述

矩形整理形態（見右圖）是指，股價在一段區間內上下反覆震盪，震盪區域內股價的高點連線和低點連線都是水平直線，形似矩形而得名。

圖4-55　矩形整理形態示意圖

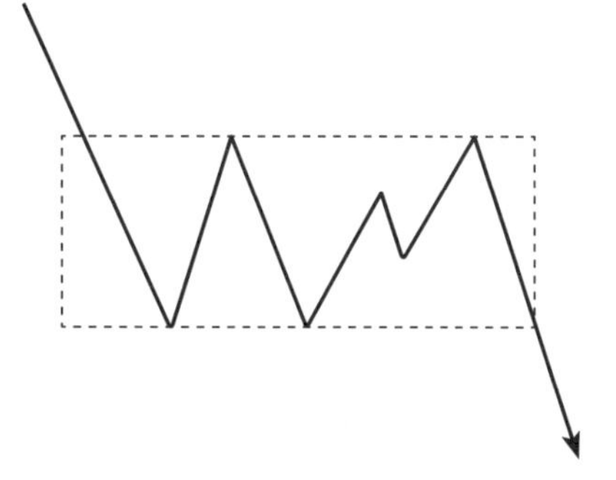

矩形整理形態是常見的趨勢整理形態，多空主力實力相當，因此在區域爭奪上不相上下。矩形整理後期的突破方向，決定未來趨勢的走向，有效地向下突破後，後期趨勢將下跌。

圖4-56　信達地產日 K 線圖

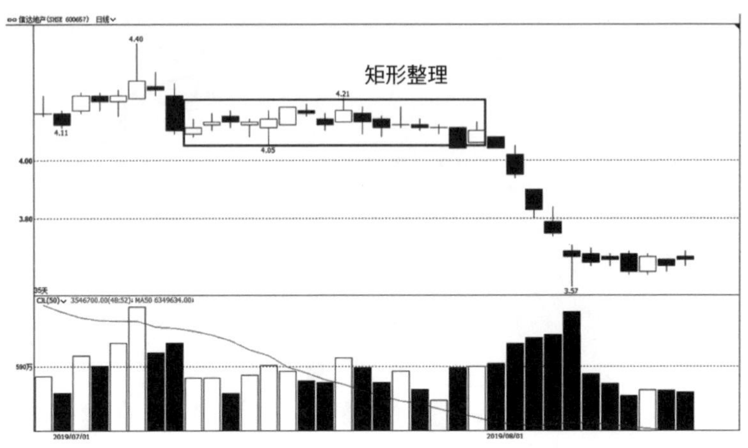

K 線實戰

圖4-56為信達地產（600657）2019年6月18日至8月20日的日K線圖，可以看到矩形整理形態。前期股價在短期探頂後，開始一路下跌，股價在資金密集處反覆震盪，並建構矩形整理形態，期間成交量保持適度萎縮。後期在矩形整理形態被向下突破時，有略微的成交量予以配合，因此證實矩形整理形態對趨勢的中繼作用。

結構分析

矩形整理形態耗費的時間越長，對多空雙方的力量損耗越大，後期趨勢上漲的高度越有限。矩形整理形態下沿得到有效突破，而且成交量也給予有效配合時，是明顯的賣點。矩形整理形態出現前的股價跌幅，等於矩形整理形態被突破後的股價跌幅。

賣點15：上傾楔形預示，後期趨勢反轉可能性大

形態概述

圖4-57　上傾楔形示意圖

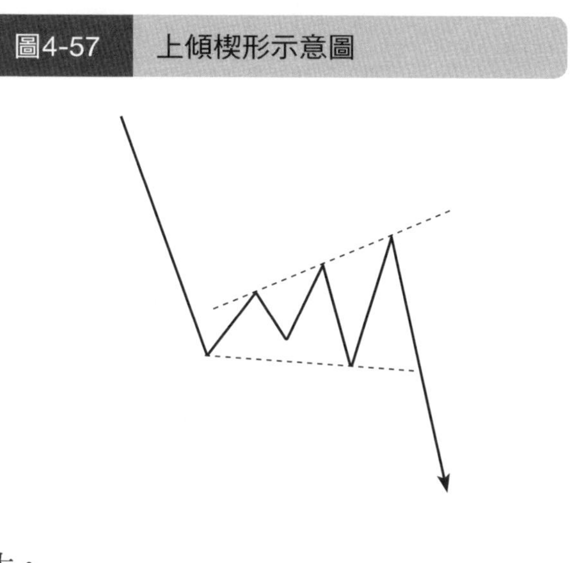

上傾楔形（如右圖）是指股價在一段時間內窄幅震盪，同時震盪區域的高價位連線向上傾斜，低價位連線則沒有具體要求的形態。

上傾楔形出現在下跌趨勢時，意味著股價會有短暫反彈，但後期股價將繼續保持下跌態勢。上傾楔形出現在上漲趨勢時，意味著股價漲勢接近尾聲，後期趨勢反轉的可能性很大。

K線實戰

下頁圖4-58為強生控股（600662）2019年5月7日至8月19日的日K線圖，可以看到圖中的上傾楔形。該股股價前期在建構雙頂形態完成後開始下跌。在上傾楔形建構初期，該股成交量明顯萎縮，隨著上傾楔形逐步建構，成交量逐漸放大。之後的大陰K線向下突破上傾楔形，使其結束整理行情，股價延續前期的下跌趨勢，因此證實上傾楔形只是下跌趨勢途中的一個短暫小反彈。

結構分析

上傾楔形和對稱三角形的不同之處，在於對上沿線的定義，兩者雖然形似，但意義有所差別。上傾楔形建構之前的跌幅，等於上傾楔形構建結束後的未來跌幅。在上傾楔形建構的過程中，成交量先萎縮後放大，楔形突破後也有巨量伴隨。上傾楔形建構前的跌勢斜率，等於上傾楔形建構結束後的未來跌勢斜率。

圖4-58　強生控股日 K 線圖

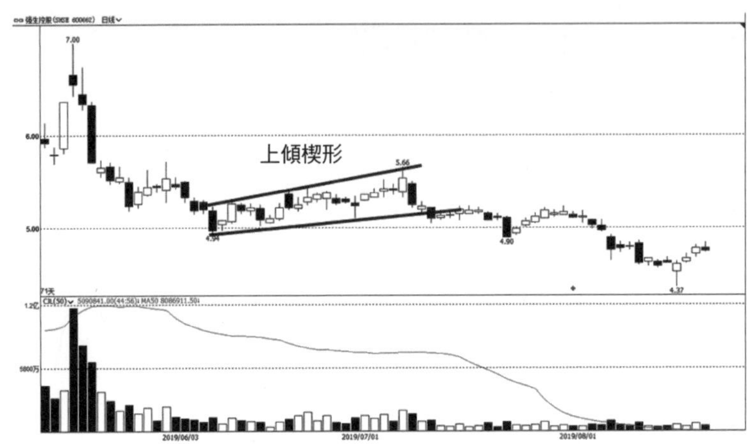

賣點 16：遇到下跌旗形應快速離場，以保障資金

形態概述

下跌旗形（見右圖）是指，股價在下跌趨勢途中進行一段時間的震盪整理，使震盪區域高價位的連線與低價位的連線平行，且兩條直線都向上傾斜，因為形狀像是一面旗而稱作下跌旗形。出現這個形態，意味著後期將不改前期的下跌趨勢，下跌趨勢將得以延續。

圖4-59　下跌旗形示意圖

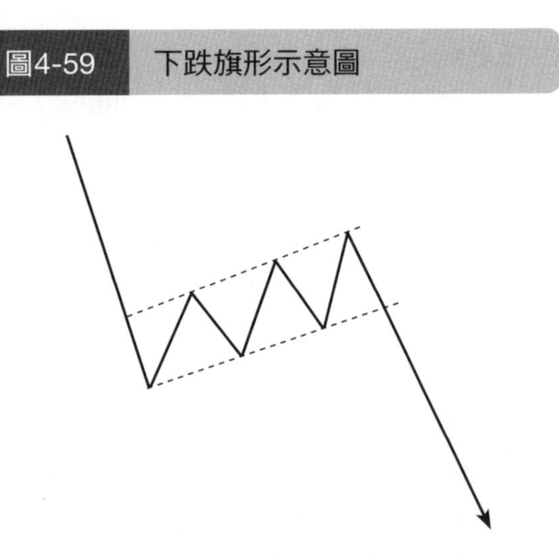

K 線實戰

圖4-60為杭蕭鋼構（600477）2019年3月28日至11月1日的日K線圖，可以看到圖中的下跌旗形整理。期間成交量先縮後增，與楔形類似，之後股價

圖4-60 杭蕭鋼構日 K 線圖

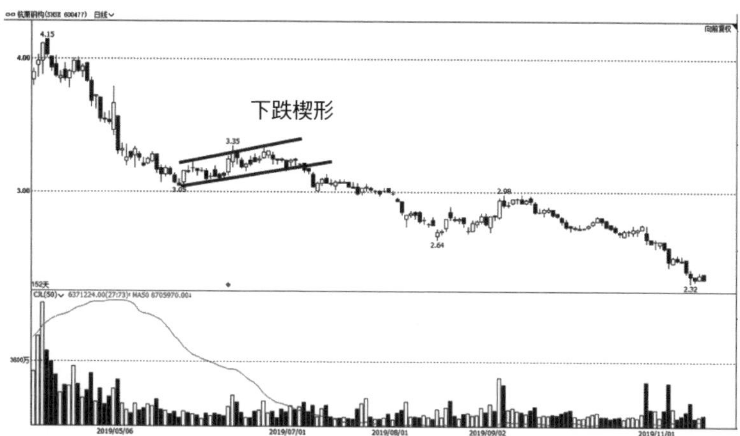

延續前期下跌趨勢。下跌旗形在整理形態中屬於小規模反彈，因此給予投資者充足的出貨空間。遇到此類K線整理形態，應快速離場，保障資金安全。

結構分析

下跌旗形出現在下跌趨勢途中，是對跌勢的短暫調整，後期將延續跌勢。建構下跌旗形的過程中，成交量會保持先萎縮後放大的狀態。出現下跌旗形前的股價跌幅，會小於或等於下跌旗形被突破後的股價跌幅。

小節分析

下跌趨勢在進行到跌勢的50%後，市場會或大或小地整頓一次資金，在K線形態中表現為整理。整理過程的特點是成交量先萎縮後放大，成交量越大，表明整理行情越趨近尾聲。突破整理形態有個共同特徵，就是前期縮量，但在突破時急劇放量。

出現整理形態前，下跌趨勢保持的傾斜度，將和整理形態結束後的下跌趨勢維持的傾斜度一致。

第 5 章

5 個買點的「底部反轉」K 線形態

5-1 「V 形底」是下挫中急速反轉形成，應盡量避開

底部反轉形態包含西方技術指標分析流派中，最為常見的V形底、雙重底、頭肩底、三重底和圓形底等。在股市投資中，這些經典的K線形態將成為投資者重要的夥伴，有助於在資本市場中不斷獲利。

本章將分析這些底部反轉的K線形態，幫助投資者抓住底部反轉的最佳買點。

形態概述

V形底是指股價在下跌過程中，以快速、激烈的方式建構底部，之後急速反轉形成的V字形態，如右圖。這類底部形態在所有底部形態中最凶悍也最難掌握，因此投資者在自身技術分析能力還不成熟時，應盡量避免出手。

圖5-1 V 形底示意圖

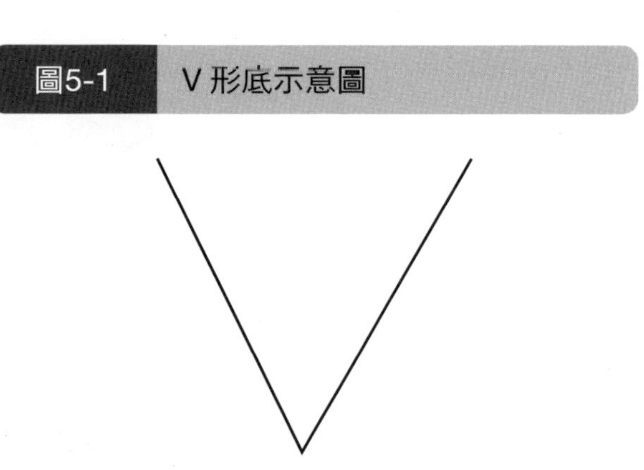

K 線實戰

圖5-2為哈藥股份（600664）2019年6月25日至9月9日的日K線圖，可以看到圖中的V形底。在V形底形成的前期，股價開始縮量下跌，V形底建構完成後，一根大陽線回補前期下跌造成的跳空。之後成交量不斷快速放大，股價連續上漲，建構出V形底反轉形態。

圖5-2　哈藥股份日 K 線圖

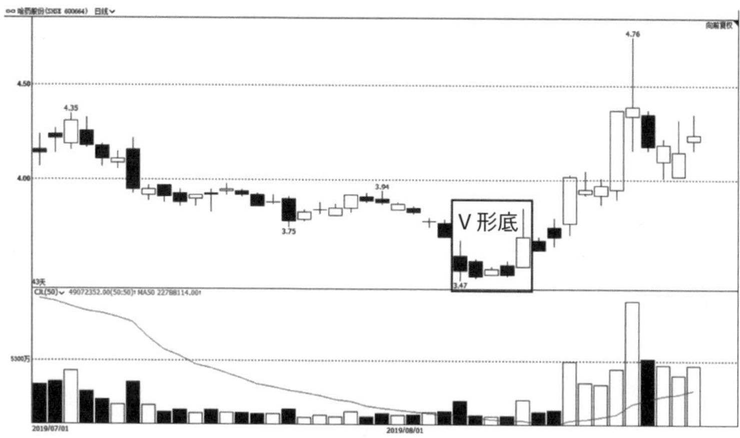

結構分析

V形底部的左半邊，在形成過程中，呈現快速下跌並不斷縮量的形態，其持續時間很短，常常令投資者措手不及。V形底部的右半邊，在形成過程中快速拉起，並伴隨不斷放大的成交量，持續時間也很短。

5-2 「雙重底」形成後，股價很可能一飛沖天

形態概述

雙重底（如右圖）又稱W底，是指股價在第一次下跌建構底部形態完成後，進行一個短暫的小反彈，之後股價繼續下跌，並在前期股價底部附近再次建構底部，構成雙底形態，之後股價實現徹底反轉，開啟向上攻擊形態。

圖5-3　雙重底示意圖

K 線實戰

圖5-4為尖峰集團（600668）2019年6月28日至11月1日的日K線圖，可以看到圖中的雙重底。在建構該形態之前，股價以長期的橫盤消耗空方力量，但在K線向下突破後，成交量依舊不斷放大，空方力量不減。**雙重底建構期間，成交量也形成W形**。雙重底形成後，股價一飛沖天。

結構分析

雙重底是低價底部形態，投資者遇到時應積極買進。雙重底的第二個底高於第一個底時，說明之後趨勢的反轉力道會很強勢，屬於強勢底。如果第二個底持平或低於第一個底，說明之後趨勢的反轉力道會很弱，屬於弱勢底。

圖5-4 尖峰集團日 K 線圖

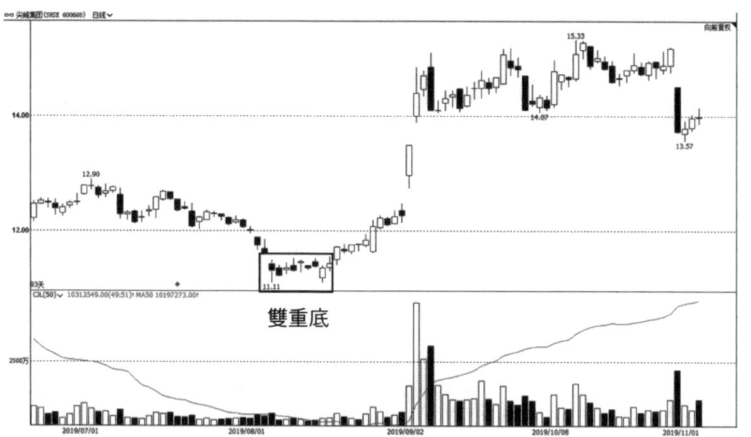

雙重底部在向上突破時，有成交量配合，而且在下跌時也有成交量配合，表示有新資金注入。

5-3 「頭肩底」顯示空方力量逐漸減弱

形態概述

頭肩底是指股價在下跌的過程中，多次下探底部而形成的3個底部形態（見右圖）。第一個底部形態的低點和第三個底部形態的低點很接近，而第二個底部形態的低點則是最低點。因為其左右兩個底的形狀像肩部，而第二個底的形狀像頭部，因此稱作頭肩底。

圖5-5　頭肩底示意圖

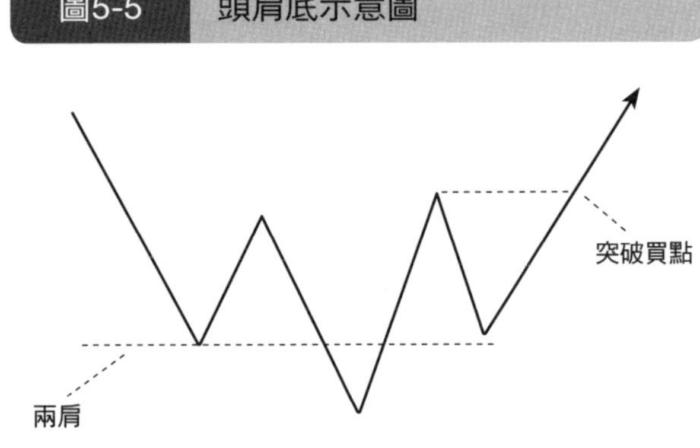

K線實戰

圖5-6為亞通股份（600692）2018年3月19日至2019年4月19日的日K線圖，可以看到頭肩底。前期股價一路下跌，成交量隨之不斷萎縮，進而快速建構第一個底部形態。之後股價疲勞反彈，但因為缺乏成交量的有效配合，股價開始再次下跌，並探至近期最低點5.20元處，此時成交量急劇萎縮。

在眾多小K線底部形態建構結束後，股價開始回升，但爬行速度趨緩，顯示做多的動力不足。在探到前期脊位附近後，股價再次掉頭下跌，建構出頭肩底的最後一部分。之後股價開始回升，成交量不斷放大，雖然上漲速度

圖5-6　亞通股份日 K 線圖

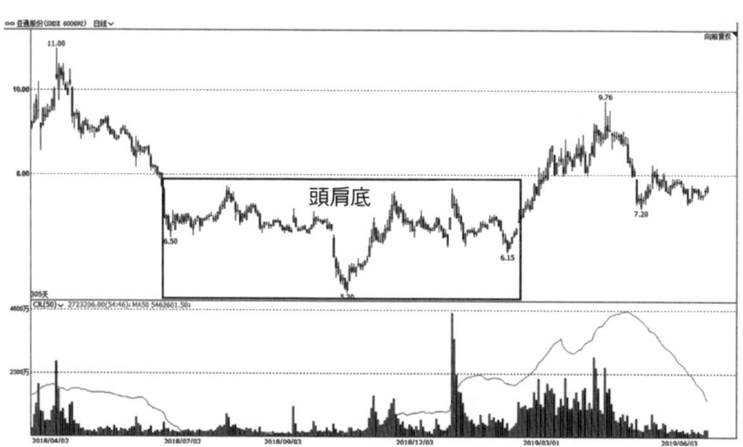

不夠快，但成交量的配合已說明拉升只是時間問題，至此頭肩底形態建構完成。

結構分析

頭肩底形態建構的底部都是縮量形態，說明空方力量逐漸弱化。

當頭肩底形態的第二個肩底高於第一個肩底時，顯示市場做多動力得到強化， 否則股價會依然處於弱勢。

頭肩底形態構建中的小反彈往往缺乏成交量的有效配合，但後期反轉時成交量會不斷放大，表示參與資金持續增加，市場看多氛圍不斷強化。

頭肩底形態中，第二個脊位高點往往位於第一個脊位高點附近。在頭肩底形態建構的尾聲，有效突破兩個脊位後，即可確認底部形態反轉。

5-4 「三重底」耗費時間較長，適合中長期投資

形態概述

三重底是指股價在前期下跌趨勢不斷減緩後，開始多次下探底部低位，而形成3個低點相近的底部形態（見右圖）。三重底在多次探底反彈時形成的脊位高點，往往是後期趨勢得到徹底反轉時的壓力線，在突破這個壓力位時，通常需要成交量的配合。

圖5-7 三重底示意圖

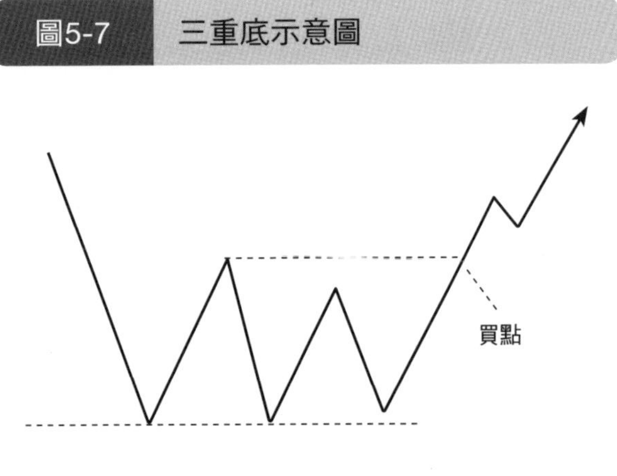

K線實戰

圖5-8為盛屯礦業（600711）2018年9月11日至2019年4月10日的日K線圖，可以看到圖中的三重底。前期股價一路下跌，並下探至4.42元附近，這是近期股價的最低點。之後股價反轉向上，但因為缺乏成交量的有效配合，於是繼續反轉而下，並下探至前期股價低點附近。在成交量極度萎縮後，股價開始反轉，但至前期脊位高點附近後，又因為缺乏足夠的成交量配合而下跌，並再次下探至前期股價低點附近。

可以看出，在整段底部形態建構的過程中，股價因為缺乏成交量而不能

圖5-8 盛屯礦業日 K 線圖

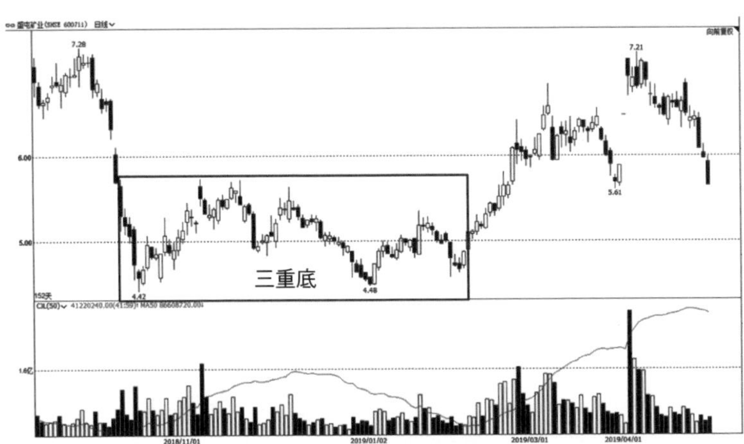

完全實現有效反轉。但在這個形態中，可以發現後兩個底部低點都高於第一個底部低點，這也說明股價在長期調整過程中，開始逐漸轉強，只是速度略慢。

結構分析

建構三重底所耗時間週期往往較長，這種形態常出現在弱勢的牛市格局中。在形成過程中，下跌至低點時縮量越厲害，之後的反彈高度就越大。在反彈過程中，成交量越放大，反彈時間就越長，高度也就越大。

三重底因為耗時很長，適合中長期投資者參與，而不是短線投資者。

5-5 「圓形底」代表主力在緩慢進貨，股價可能向上衝刺

形態概述

圓形底是股價在下跌過程中形成一個平滑的底部形態，因為整個底部形態沒有明顯的波動幅度，因此稱作圓形底（見右圖）。圓形底通常是主力耐心建構底部形態所形成的，表明主力在進貨過程中緩慢而確實，在充分消耗投資者耐心的同時不跌不漲，是主力後期有充分準備的表現。

圖5-9 圓形底示意圖

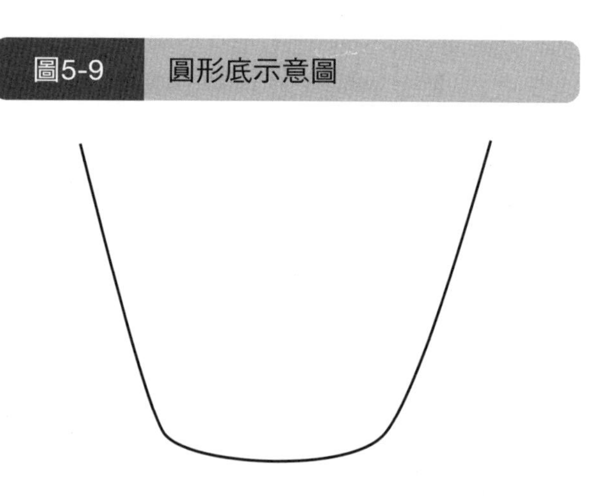

K 線實戰

圖5-10為金牛化工（600722）2018年11月至2019年7月日K線圖中的圓形底。從前期股價走勢可以看出，這檔股票一直在調整，且波動性不斷增大。在圓形底部形態中，左側股價不斷下跌，成交量不斷萎縮，且陰K線密度很高；右側股價節節攀升，陽K線密度很高，而且有相當大的成交量跟隨，促成之後股價一口氣向上衝刺，圓形底形態至此構建完成。

圖5-10　金牛化工日 K 線圖

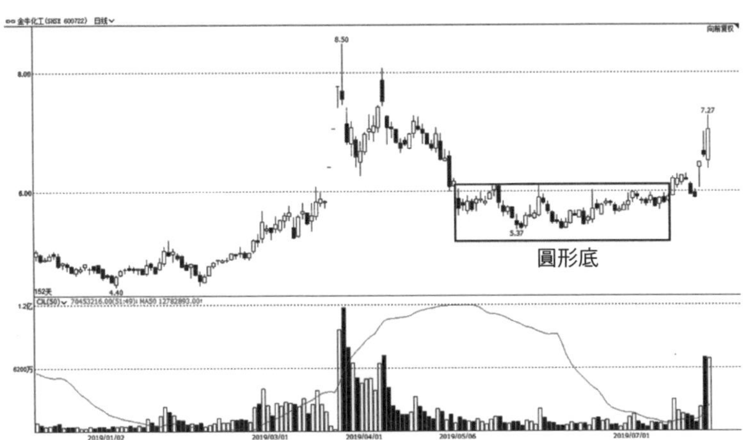

結構分析

圓形底的構成往往透露主力進貨的耐心，顯示主力後期做多的目的。圓形底部形態左側股價上漲，突破前期脊位通常是有效的買點。強勢的股價反轉，通常有密集的陽K線形態作為依託。

第 6 章

5 個賣點的「頂部反轉」K 線形態

6-1 「倒 V 形頂」最凶悍又難把握，應累積經驗才挑戰

第5章介紹底部反轉形態中的常見形態。本章與第5章具有明顯的反向對稱性，在股價趨勢中，兩者有很多相似之處，運行原理大致相同。因此，對投資者來說，本章介紹的頂部反轉形態會更容易理解。

接下來，我將逐一介紹5種形態，包括倒V形頂、雙重頂、頭肩頂、三重頂和圓形頂。

形態概述

倒V形頂是指股價在上漲過程中，以快速、激烈的方式建構頂部，之後急速反轉形成倒V字形態，如右圖。這在所有頂部形態中反轉最猛烈，也最難掌握，因此投資者在技術分析手段還不成熟時，應盡量避免出手。

圖6-1 倒 V 形頂示意圖

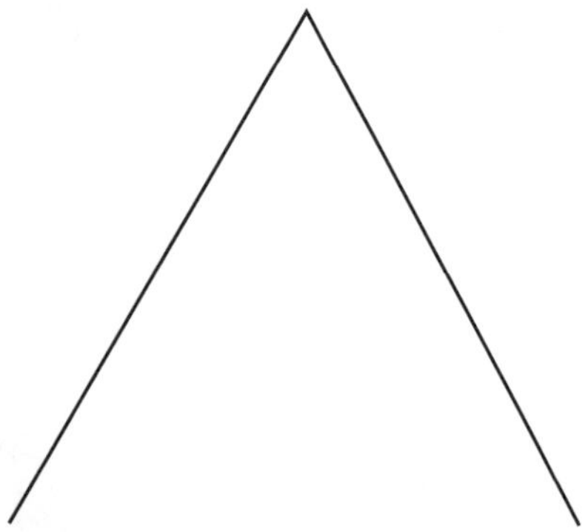

K 線實戰

圖6-2為ST雲維（600725）2018年12月20日至2019年9月9日的日K線圖，可以看到圖中的倒V形頂。在倒V形頂部形成的前期，股價在頂部快速建構一個複合的頂部看跌吞沒形態。之後股價連續下跌，倒V形頂部反轉形態建構成功。

圖6-2 ST雲維日K線圖

結構分析

倒V形頂的左半邊，在形成過程中，呈現股價快速上漲，並且不斷放量的形態，其持續時間很短，常常令投資者措手不及。倒V形頂的右半邊，在形成過程中快速下跌，並伴隨不斷萎縮的成交量，持續時間也很短。

6-2 「雙重頂」意味股價轉向弱勢，得謹慎因應

形態概述

雙重頂（見右圖）又稱M頂，是指股價在第一次上漲建構頂部形態完成後，進行一個短暫的回測，之後股價繼續上漲，並在前期股價頂部附近再次建構頂部，構成雙頂形態，之後股價實現徹底反轉，開啟向下攻擊形態。

圖6-3　雙重頂示意圖

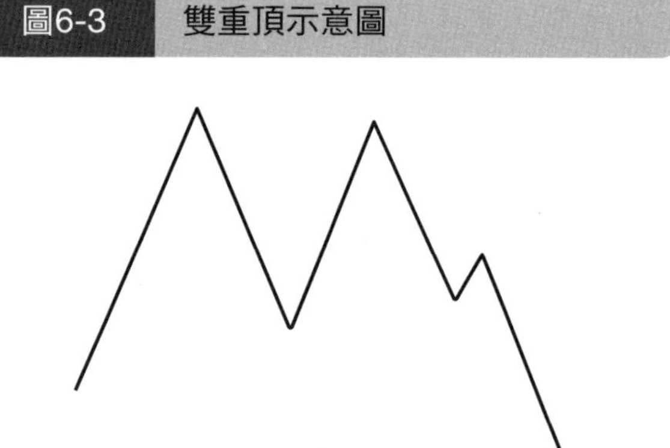

K線實戰

圖6-4為魯北化工（600727）2019年1月16日至6月13日的日K線圖，可以看到圖中的雙重頂。在該形態建構之前，股價長期緩慢爬升，消耗多方力量。但在K線向上快速進攻後，空方力量不斷增強。雙重頂部建構期間，該股股價的第二個頂低於第一個頂，顯示股價逐漸轉向弱勢，股價趨勢距離最終反轉將越來越近。

結構分析

雙重頂是高價頂部形態，投資者遇到時應謹慎。如果雙重頂的第二個頂高於第一個頂，說明之後趨勢的反轉力道會很弱。如果第二個頂持平或低於

圖6-4　魯北化工日 K 線圖

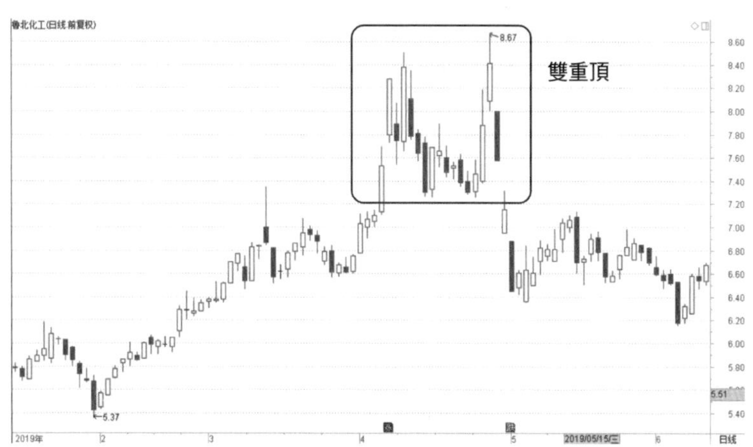

第一個頂，說明之後趨勢的反轉力道會很強。

在雙重頂部向下突破時，有成交量配合，並且在上漲時同樣有成交量配合，表示有大量獲利盤湧出。

6-3 「頭肩頂」顯示空方力量逐漸增強

形態概述

頭肩頂是指在股價上漲過程中，多次上探頂部而形成的3個頂部形態（見右圖）。第一個頂部形態的高點和第三個頂部形態的高點很接近，而第二個頂部形態的高點則是最高點。因為左右兩個頂的形狀像肩部，而第二個頂的形狀像頭部，所以稱作頭肩頂。

圖6-5 頭肩頂示意圖

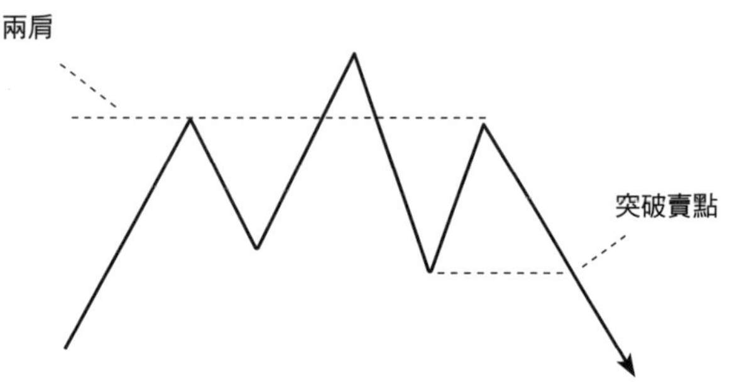

K線實戰

圖6-6為佳都科技（600728）2018年12月25日至2019年8月23日的日K線圖，可以看到頭肩頂。前期股價一路上升，成交量隨之不斷放大，進而快速建構第一個頂部形態。之後股價短暫回落，接著再次開始上攻，並探至近期最高點13.57元處。

在眾多陰陽K線頂部形態建構結束後，股價開始回檔，並且下跌速度很快，顯示做空的動力充足。在探至前期放量低價位附近後，股價再次掉頭上漲，建構出頭肩頂的最後一部分，之後股價開始反轉。

圖6-6　佳都科技日 K 線圖

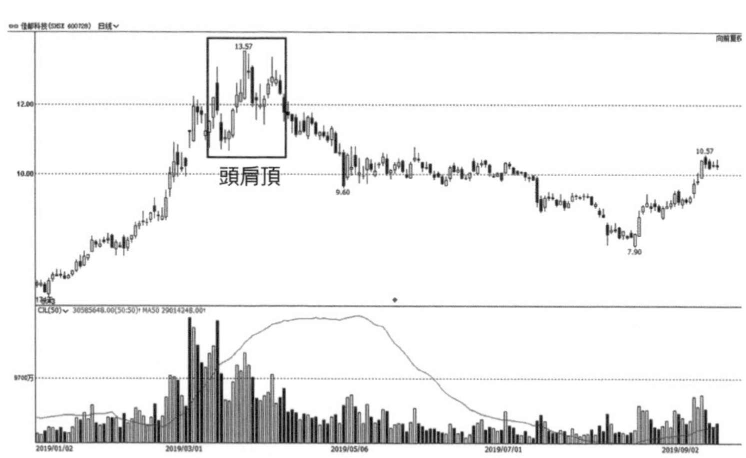

結構分析

頭肩頂形態建構的頂部都是放量形態，說明空方力量逐漸強化。

頭肩頂形態的第二個肩頂高於第一個肩頂時，顯示市場做空的動力弱化，否則股價依然會處於強勢。頭肩頂形態建構中的回落意味著成交量會萎縮，同時後期上攻時成交量也會萎縮，說明參與資金持續減少，市場看空氛圍不斷強化。

頭肩頂形態中，第二個回落低點往往位於第一個回落低點附近。在頭肩頂形態建構的尾聲，有效突破兩個低點後，即可確認頂部形態反轉。

6-4 「三重頂」適合短線操作，切記要規避風險

形態概述

三重頂是指股價在前期上升趨勢不斷減緩後，開始多次上探頂部高位，而形成3個高點相近的頂部形態（見右圖）。三重頂在多次探底反彈時形成的脊位高點，往往是後期趨勢得到徹底反轉的壓力線，在有效突破該壓力位時，往往需要成交量的配合。

圖6-7 三重頂示意圖

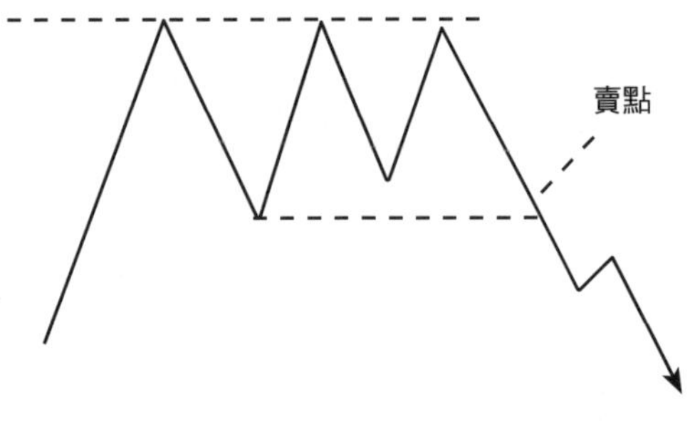

K 線實戰

圖6-8為遼寧成大（600739）2019年1月18日至6月14日的日K線圖，可以看到三重頂。前期股價一路上漲，並上探近期高位，轉而向下後，再次上探至前期高點附近。隨後股價轉而向下，至前期下跌低點附近止跌站穩，並再次上漲至前兩次的高點附近。三次上攻皆無功而返，「一鼓作氣，再而衰，三而竭」，股價走勢轉而下跌，形成三重頂形態。

圖6-8　遼寧成大日 K 線圖

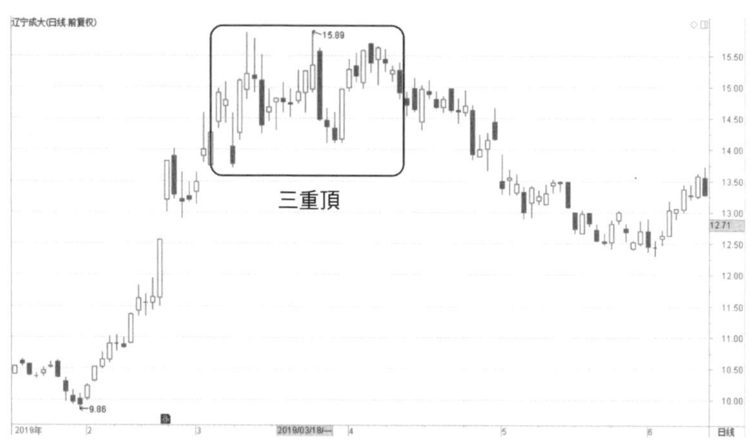

結構分析

建構三重頂所耗時間週期往往較長，這種形態常出現在弱勢的牛市格局中。三重頂在形成過程中，下跌至低點時縮量越厲害，之後的反彈高度就越大；反彈過程中成交量越放大，反彈時間就越長，高度也越大。

三重頂適合短線投資者參與，而不是中長期投資者，參與時應盡量規避風險。

6-5 「圓形頂」表明主力在緩慢出貨，買賣點分別是……

形態概述

圓形頂是股價在上漲過程中形成一個平滑的頂部形態，因為整個頂部形態沒有明顯的波動幅度，因此稱作圓形頂（見右圖）。圓形頂通常是主力耐心建構頂部形態所形成的，表明主力在出貨過程中緩慢而確實，在充分吸引投資者的同時不跌不漲，是主力在前期已充分出貨的表現。

圖6-9　圓形頂示意圖

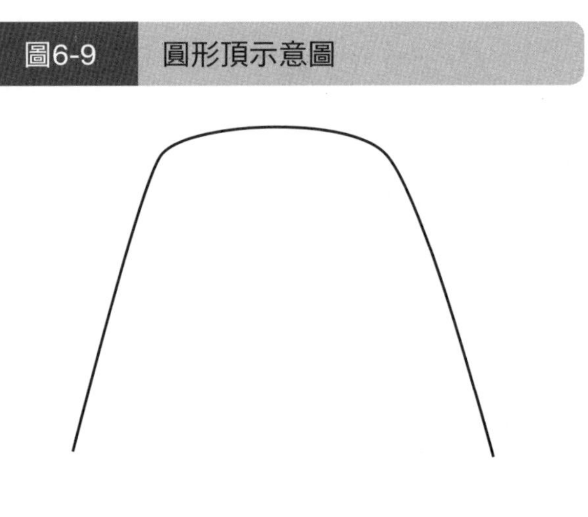

K線實戰

圖6-10為中航沈飛（600760）2018年12月20日至2019年6月19日的日K線圖，可以看到圖中的圓形頂。從前期股價走勢可以看出，股價暴漲必定是有特別的利多消息。在圓形頂部形態中，左側股價不斷快速上漲，但開始出現陰K線，右側股價緩慢下跌且陰K線密度很高，促成之後股價的疲乏態勢，圓形頂形態至此建構完成。

圖6-10 中航沈飛日K線圖

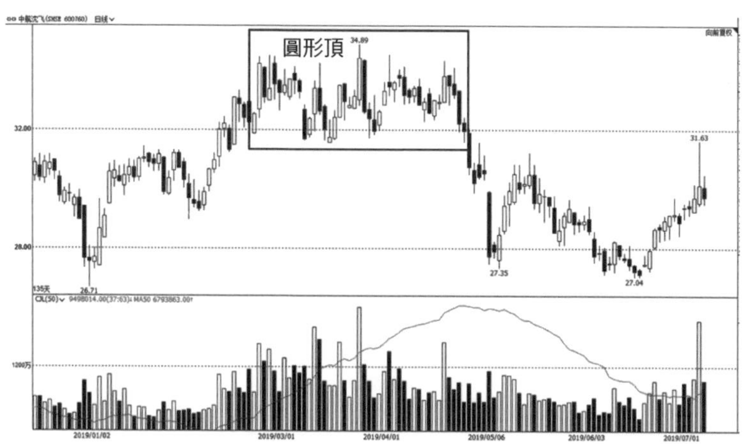

結構分析

圓形頂的構成往往透露出主力出貨的耐心，顯示主力前期已經大筆出貨。圓形頂部形態左側股價上漲的調整位置，通常是有效的買點，右側資金密集區則往往是賣出訊號。強勢的股價反轉，多半有密集的陽K線形態做為依託。

第7章

結合移動平均線與 K 線，抓準買賣時機

7-1 短期 vs. 中長期，短期找買賣點，中長期看趨勢

K線指標分為很多類，其中針對股價趨勢的移動平均線（簡稱「均線」），被投資者廣泛應用。大部分投資者利用這項指標中的黃金交叉和死亡交叉，買進和賣出，確保自己的獲利。本章將詳細分析移動平均線在股票技術領域的巧妙作用。

移動平均線是以不同週期為計算基礎的技術指標，其中短期均線因為靈敏性而深受短線投資者喜愛。中長期投資者往往追求穩健的投資手段，因此中長期均線也開始被大量投資者重視。

短期均線是短線投資的利器，但缺點是……

形態概述

短期移動平均線（見圖7-1）是指短期內股價平均價格的連線，由於週期偏短，對股價未來運行方向的反應靈敏，但也因為週期選擇偏短，對股價的支撐和壓力作用小於長期移動平均線。短線投資者常使用的是5日均線、10日均線、20日均線和30日均線。

K 線實戰

圖7-2為西藏城投（600773）2019年7月2日至8月21日的日K線圖，可以看到陰K線向下突破短期均線。正如前文所說，短期均線通常對趨勢有靈敏的反應，但對股價趨勢往往缺乏足夠的支撐力。股價向下快速突破之後，短期均線也快速調整角度，向下彎曲排列，進一步證實短期均線的靈敏特徵。

圖7-1 短期移動平均線示意圖

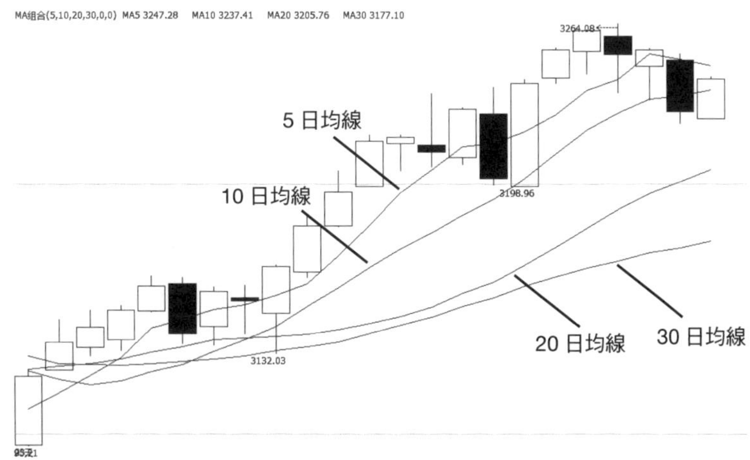

圖7-2 西藏城投日 K 線圖

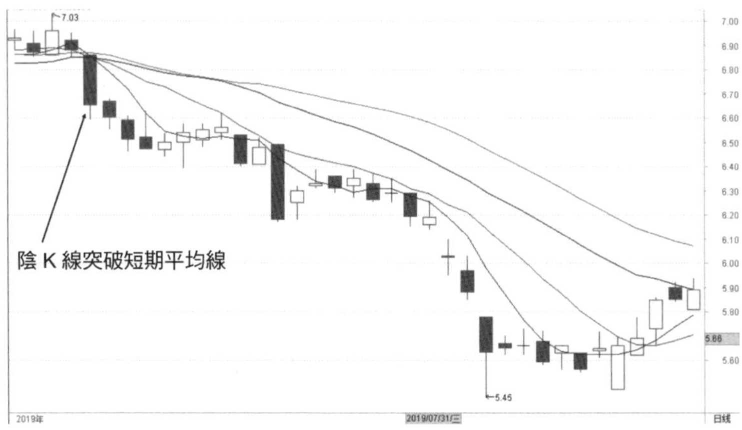

結構分析

短期均線反應靈敏，經常被當作短線投資的利器，但因為過於靈活，有時反而效果不佳。短期均線對股價的支撐和壓力作用較弱，若股價在接近短

圖7-3 中長期移動平均線示意圖

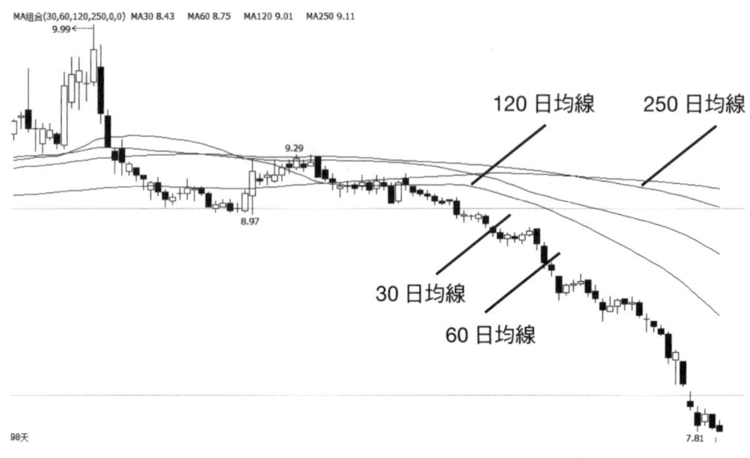

期均線支撐位或壓力位時反彈或回落，則顯示該股的強勁或疲乏。在觀察K線對短期均線的突破時，也應注意成交量的變化。

中長期均線對長期趨勢方向具有指導意義

形態概述

中長期移動平均線（見圖7-3）是指中長期時段的股價平均價格的連線，由於週期較長，對股價未來運作方向的反應稍顯遲鈍，但對股價的支撐和壓力作用，強於短期移動平均線。中長期投資者經常使用的是30日均線、60日均線、120日均線和250日均線。

K 線實戰

圖7-4為同大股份（300321）2016年10月31日至2019年2月12日的日K線圖，可以看到股價向下突破中長期均線。如果使用多根均線，不必糾結於哪根均線提供支撐或壓力作用，因為每張走勢圖都不一樣，在此圖中起作用的均線不一定在其他圖中發揮作用。

在本例中，儘管股價在第一段快速下跌後，反彈長達幾個月，並且使30

圖7-4　同大股份日K線圖

日、60日、120日均線纏繞，但250日均線始終籠罩在反彈走勢上。短期均線可以更靈活地跟隨股價走勢，而缺點是過於靈活。長期均線的缺點是反應慢，而反應慢也是其優點，即對長期趨勢方向具有指導意義。

結構分析

中長期均線因為反應遲鈍，經常被穩健的中長期投資者使用，相對於短期均線，它具備的技術意義更加重大。

中長期均線對股價的支撐和壓力作用較強。股價在接近中長期均線支撐位或壓力位時，往往會震盪整理一段時間，整理時間越長，說明該股的趨勢動力越弱。在觀察K線對中長期均線的突破時，也應注意成交量的變化。

7-2 用移動平均線找買點：黃金交叉、多頭排列及重疊收斂

技術指標對趨勢動向往往有很強的指向性。在移動平均線建構的技術指標中，均線的買點訊號是幫助投資者獲利的極佳工具。對於這類資訊，投資者需要充分了解移動平均線，才能徹底掌握其運行規律。本節將用具體實例，探討移動平均線的買點。

低位均線的黃金交叉，是股價上漲的訊號

形態概述

股價在前期下跌後會使移動平均線調整排列，之後趨勢開始反轉，短期均線開始掉頭上攻，會與反應遲鈍的長期均線產生交叉點，而這種短期均線向上與長期均線產生的交叉，稱為黃金交叉，見圖7-5。

K 線實戰

圖7-6為凱利泰（300326）2019年7月23日至10月21日的日K線圖，可以看到低位移動平均線的黃金交叉。在黃金交叉產生之後，股價明顯擺脫疲乏的底部不斷上漲，成交量也積極配合。

結構分析

黃金交叉的移動平均線若是短期均線，表示股價向上有短暫的衝力，若是中長期均線，表示股價向上有中長期的衝力。在股價出現黃金交叉的同時，若伴隨成交量的增加、放大，往往是股價上漲的穩健態勢。前期下跌趨勢越持久，股價跌至越低，後期均線向上的黃金交叉越強勁。

圖7-5　低位移動平均線的黃金交叉

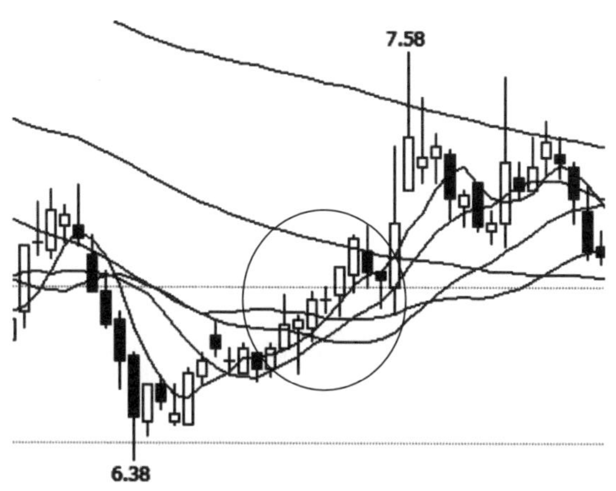

圖7-6　凱利泰日 K 線圖

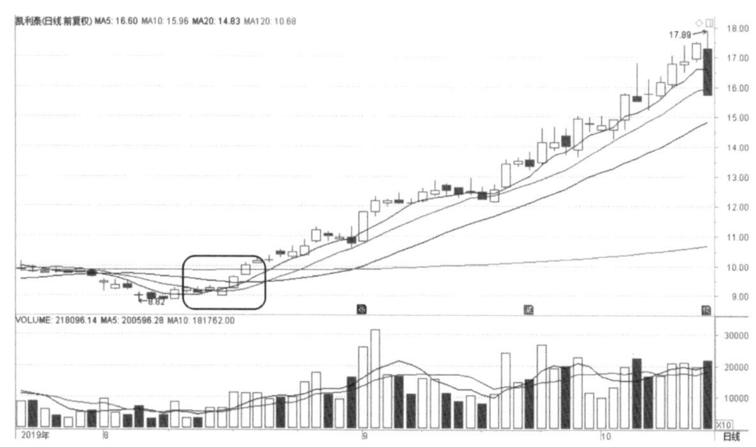

上漲途中均線的多頭排列，象徵股價有長期漲勢

形態概述

在股價上漲途中，多條移動平均線在呈現黃金交叉後，通常會開始向上

圖7-7　上漲途中移動平均線的多頭排列示意圖

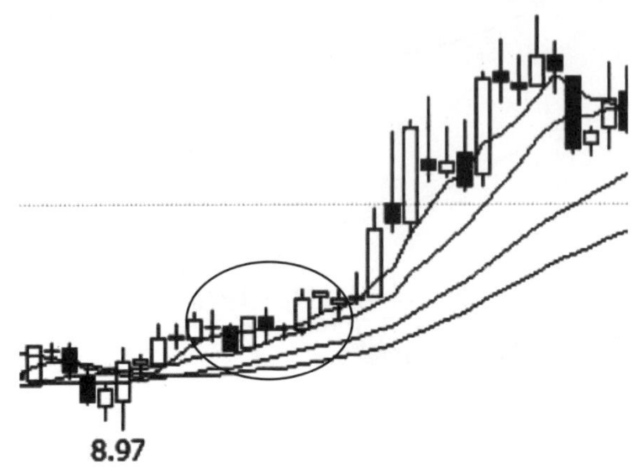

傾斜，並排列成平行的曲線，這就是上漲途中移動平均線的多頭排列，見圖7-7。均線的多頭排列往往象徵，之後股價有一個長期的上漲走勢，整個漲勢將平滑且暢達。

K 線實戰

圖7-8是蘇大維格（300331）2019年8月9日至9月10日的日K線圖，可以看到上漲途中移動平均線的多頭排列形態。整個上漲階段快速拉升，以10日均線作為支撐線向上攀升，同時成交量放大。但是，後期成交量停滯，阻礙股價繼續上漲，之後成交量萎縮，使股價開始進入整理形態，均線也開始走壞，上漲行情隨之告一段落。

結構分析

上漲途中移動平均線的多頭排列，意味著股價上漲趨勢強勢展開，均線的週期越短，向上傾斜的角度越陡。當均線趨緩且開始彎曲時，意味著股價將進入調整或反轉的弱勢形態，投資者應該避免出手。

成交量不斷放大，通常是對多頭排列的均線進行支撐的有力籌碼，當成交量增加的幅度逐漸收窄後，股價上漲的動力隨之減弱。

圖7-8　蘇大維格日 K 線圖

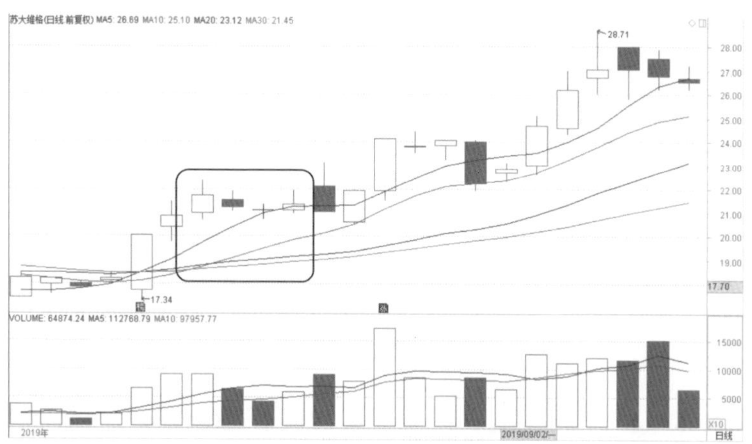

圖7-9　低位移動平均線的重疊收斂示意圖

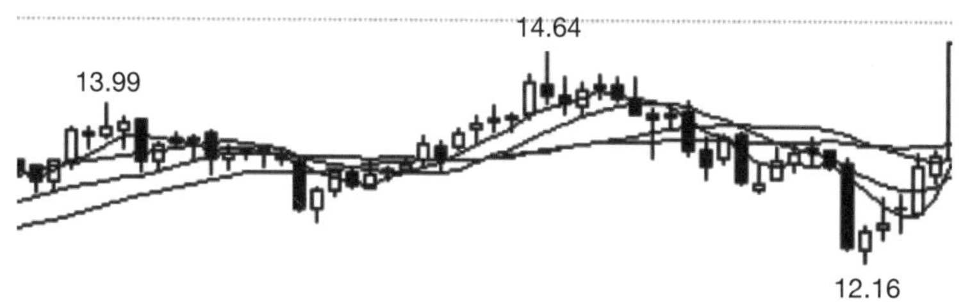

低位均線的重疊收斂，常意味後期行情強勢

形態概述

股價在進入長期的弱勢橫盤整理格局後，容易使移動平均線收窄纏繞並擰成一團，這類形態是移動平均線的重疊收斂。在之後的股價趨勢中，往往會出現向上發散的均線排列，或是短暫的下跌，之後同樣跟隨完美的多頭排列形態。圖7-9所示為低位移動平均線的重疊收斂。

圖7-10 滬電股份日 K 線圖

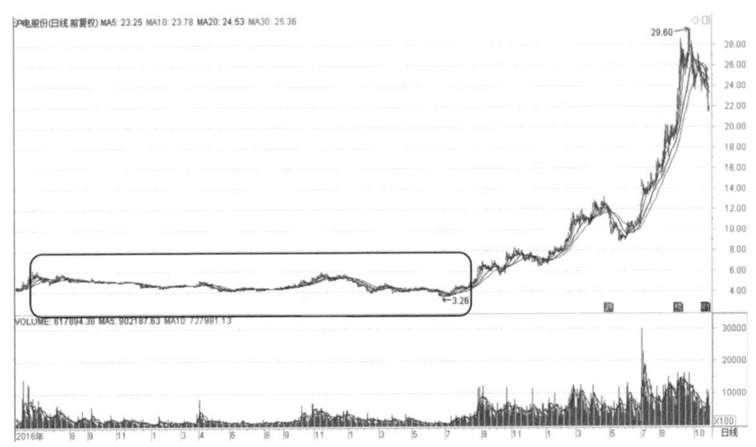

K 線實戰

圖7-10為滬電股份（002463）2016年4月26日至2019年11月1日的日K線圖，可以看到低位移動平均線的重疊收斂。前期股價在長期下跌之後，空頭力量得到釋放，股價開始進入漫長的調整週期。

在這幾年的橫盤整理中，股價形成重心近乎齊平的大量小K線，此時成交量不規則地縮放，均線開始逐漸重疊，並收斂得更加密集。隨著橫盤整理接近尾聲，股價開啟穩健的上漲行情，成交量也隨之放大，形成穩健的上升態勢。

結構分析

當股價跌至低位時，移動平均線的重疊收斂通常意味著後勢強勁，均線重疊區域的長度等於後期股價上漲的高度。

當均線重疊收斂時，往往會有一根小K線突發性地跳到所有均線之上，這意味著調整行情的結束和上漲行情的開啟。在此同時，成交量通常會出現不規則的縮放變化，這代表股價在橫盤期間依然有很大的活力，也代表股價並非長期疲乏無力。

7-3 大部分的投資人無法把握賣點，因為……

7-2節分析移動平均線在股價趨勢中透露的買點資訊，因此本節將分析移動平均線的賣點，幫助投資者在買股之後選擇好的賣出時機。

投資者往往可以很好地把握買點，卻無法很好地掌握賣點，因為這涉及是否遵守操作原則，還可能觸及投資者內心的貪婪。

高位均線的死亡交叉，幫助投資者規避損失

形態概述

股價在前期上漲後會使移動平均線調整排列，之後趨勢開始反轉，短期均線開始掉頭下攻，與反應遲鈍的長期均線產生交叉點，而這種短期均線向下與長期均線產生的交叉，稱為死亡交叉，見下頁圖7-11。

K 線實戰

下頁圖7-12為金正大（002470）2019年2月13日至9月2日的日K線圖，可以看到高位移動平均線的死亡交叉。前期股價在上漲動力衰竭，成交量逐漸萎縮之後，開始選擇下跌，短期均線也快速調轉勢頭開始下攻，並在短期內與下方的中長期均線形成死亡交叉。之後股價一路下跌，證實死亡交叉在幫助投資者規避風險上具有重要作用。

圖7-11 高位移動平均線的死亡交叉示意圖

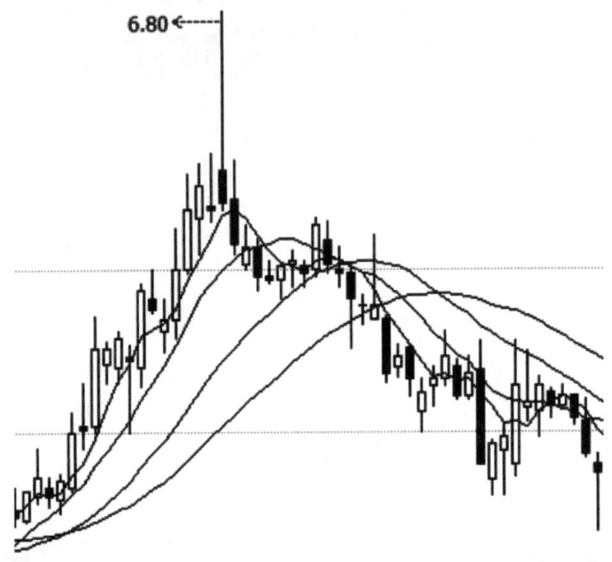

圖7-12 金正大日 K 線圖

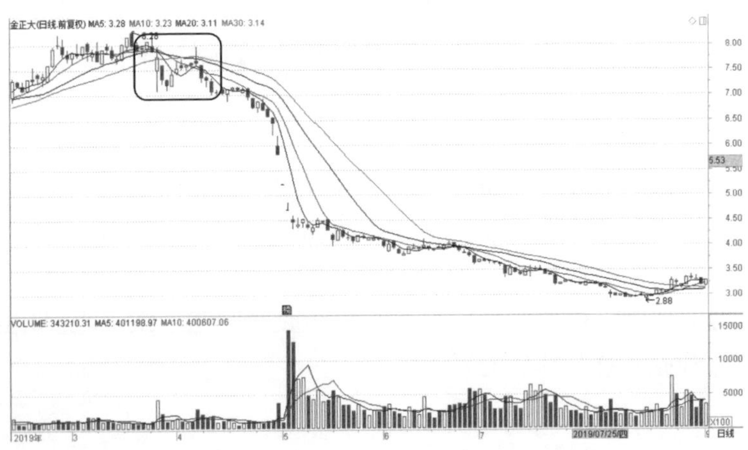

結構分析

死亡交叉的移動平均線若是短期均線，表示股價向下有短暫的衝力，若是中長期均線，表示股價向下有中長期的衝力。

在股價出現死亡交叉的同時，若伴隨成交量的增加、放大，會加強股價下跌的訊號。前期上漲趨勢越持久，股價升至越高，後期均線向下的死亡交叉越強勁。

下跌途中均線的空頭排列，象徵股價有長期跌勢

形態概述

在股價下跌途中，多條移動平均線在呈現死亡交叉後，通常會開始向下傾斜，並排列成平行的曲線，這就是下跌途中移動平均線的空頭排列，見圖7-13。均線的空頭排列經常象徵，之後股價有一個長期的下跌走勢，整個跌勢將猛烈且持久。

圖7-13　下跌途中移動平均線的空頭排列示意圖

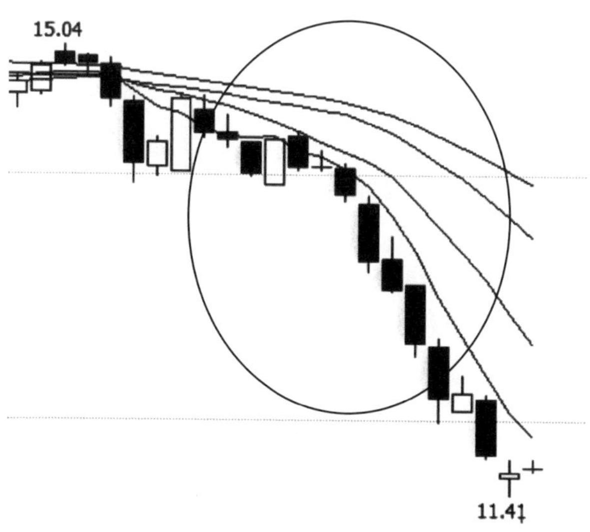

圖7-14　雙環傳動日 K 線圖

K 線實戰

圖7-14為雙環傳動（002472）2019年4月12日至11月1日的日K線圖，可以看到下跌途中移動平均線的空頭排列形態。前期股價在橫盤調整一段時間後，開始向下進攻，同時伴隨著眾多均線向下彎曲，並很快形成空頭排列形態。股價在長達兩個月的時間裡不斷下跌，甚至沒有出現略顯強勢的反彈。由此可見，均線空頭排列的出現，意味著股價趨勢的弱化，後期不容樂觀。

結構分析

下跌途中移動平均線的空頭排列，意味著股價下跌趨勢強勢展開，均線的週期越短，向下傾斜的角度越陡。當均線趨緩且開始彎曲時，意味著股價將進入調整或反轉的弱勢形態，投資者應該避免出手。

成交量不斷放大，往往是對空頭排列的均線進行支撐的有力籌碼，當成交量不斷收縮後，股價下跌的動力隨之萎縮。

圖7-15 高位移動平均線的過分發散示意圖

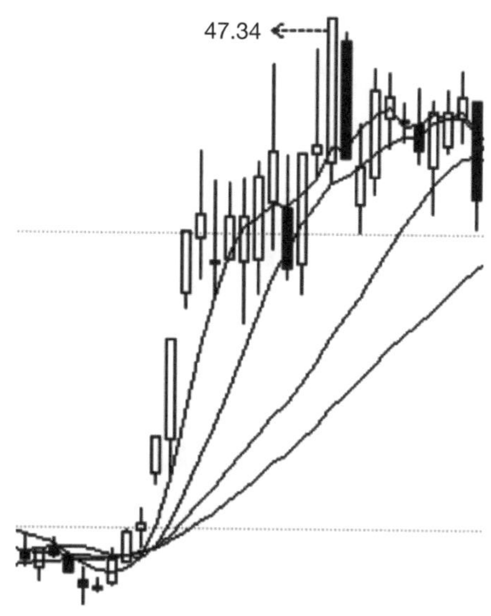

遇到高位均線過分發散，等態勢明朗再參與

形態概述

股價在形成多頭排列後，移動平均線的過分發散將使股價上漲的趨勢不夠持續，往往意味著股價上漲的動力開始趨於弱化，隨時都可能調整。投資者遇到這種均線形態時，應多加留意並觀望，待態勢明朗後再考慮參與。圖7-15所示為高位移動平均線的過分發散。

K線實戰

下頁圖7-16為希努爾（002485）2019年3月22日至6月12日的日K線圖，可以看到高位移動平均線的過分發散。從圖中可以看出，股價在整理後的上漲初期，均線已過分發散，股價上漲的動力不夠強勁。因此，這類情況只適合短暫參與，不能過分追高。

圖7-16 希努爾日K線圖

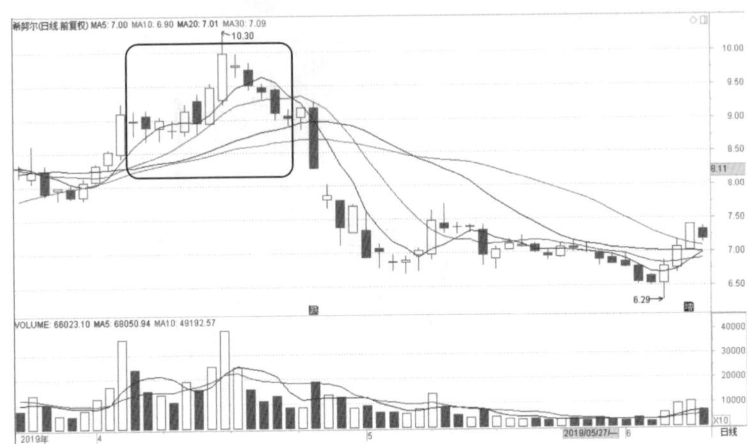

結構分析

移動平均線的多頭排列越發散，說明股價的漲勢越接近尾聲。過分發散的均線往往意味著，股價上漲的動力和高度有限。均線越發散，股價後期回檔的力道越大、所耗時間越長。

第 8 章

結合成交量與 K 線，讓勝率快速翻倍

8-1 在上漲與下跌趨勢中，縮量和放量分別代表什麼？

K線與成交量的配合經常被視為市場運行的根本，它們是各類指標分析的源頭，也是判斷股價趨勢的基本依據。許多投資者投入大量精力研究各類指標，殊不知K線與成交量的配合已透露股市動向。本章將分析K線與成交量的配合，幫助你掌握絕佳買賣點，認清股市運行的規律。

成交量的典型變化包括放量和縮量。傳統上，放量意味著推動趨勢，縮量意味著緩解趨勢，但隨著投資者的技術分析能力不斷提高，更多逆向邏輯滲入成交量的意義當中，伴隨而來的資訊也顯得更複雜。因此，對於基本的成交量資訊，應該結合當時的情境進行深度分析。

在漲勢中，縮量的個股常會有大漲行情

形態概述

圖8-1　縮量示意圖

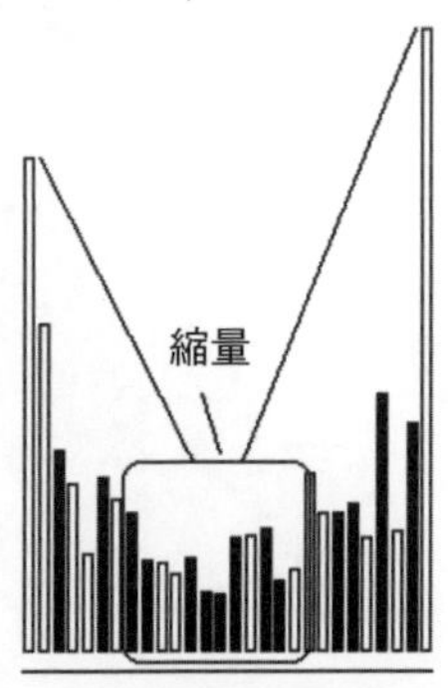

縮量（如右圖）是指市場在一段週期內的交易十分慘澹，因此成交量極度萎縮。從成因來看，縮量分為2類：一是股價大幅上漲，市場極度看好，因此主動性賣盤變少，導致成交量很小；二是股價大幅下跌，整個市場氛圍很弱，普遍不看好個股，

圖8-2 啟明信息日K線圖

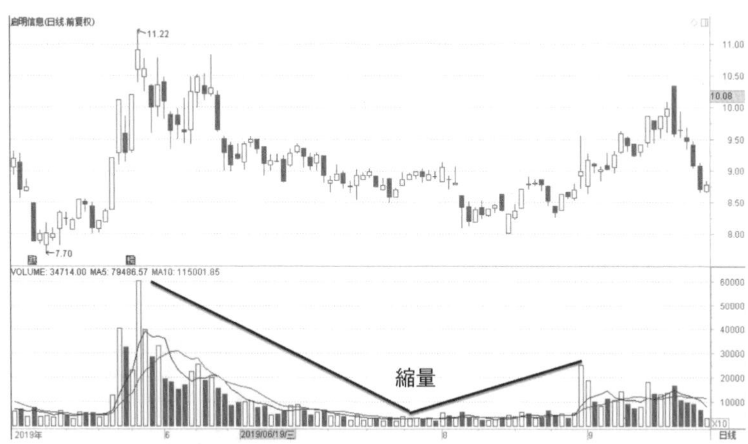

因此主動性買盤變少，導致成交量很低。

上漲中發生縮量，後期股價向上的趨勢在短期內不會改變，但放量後需要謹慎。下跌中發生縮量則沒有明顯的戰略意義。

K線實戰

圖8-2為啟明信息（002232）2019年4月26日至9月27日的日線走勢圖，在前期成交量放大，但在股價下跌後，成交量縮小。

結構分析

上漲趨勢中，縮量通常意味著主力高度控制籌碼，因此縮量是買點，放量是賣點。在股價趨勢上漲的過程中，回檔分為下跌回檔和橫盤回檔，兩者分別是以犧牲價格和時間為代價。縮量通常是確認回檔的手法，所以此類個股後期往往會爆發大漲行情。

放量時，需要結合更多的指標綜合觀察

形態概述

放量（如右圖）是指一段週期內的成交量急速放大，分為持續放量和相對放量。持續放量是指在一段時期內，股價不斷以高成交量的形態出現，成交量遠遠超過前期某段時期的成交量。相對放量是指一段時間內的成交量，與最近幾個成交量相比，呈現放大的特徵。

圖8-3 放量示意圖

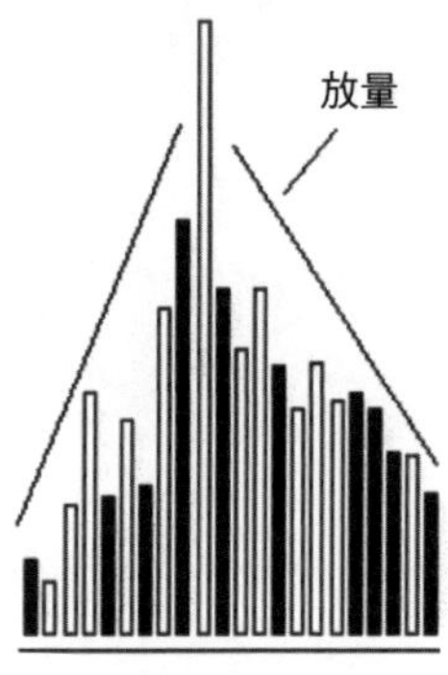

放量因為股價所處位置與後期預示作用不同，而分為3類：

1. **高位放量**：價格會呈現滯漲或快漲的特點，屬於不同手法的出貨行為。

2. **上漲途中的放量**：因為在所處趨勢中面臨的局限性，投資者經常被上漲趨勢中的震盪走勢影響，具體形態上通常與出貨行為相似。

3. **下跌放量**：顯示承接盤和抄底盤的力量強勁，或是下跌突破後的市場氛圍轉弱，因此出現大量空頭。

K 線實戰

圖8-4為衛士通（002268）2019年7月11日至10月25日的日K線圖，可以看到圖中的放量，前期成交量一直保持7、8萬手，而這段時期內成交量多次保持在17、18萬手以上。

結構分析

放量通常意味著大盤主動性買賣盤放大，而這項特性經常是由於市場氛圍過度看多或看空，具體需要結合更多指標來綜合觀察。

圖8-4　衛士通日 K 線圖

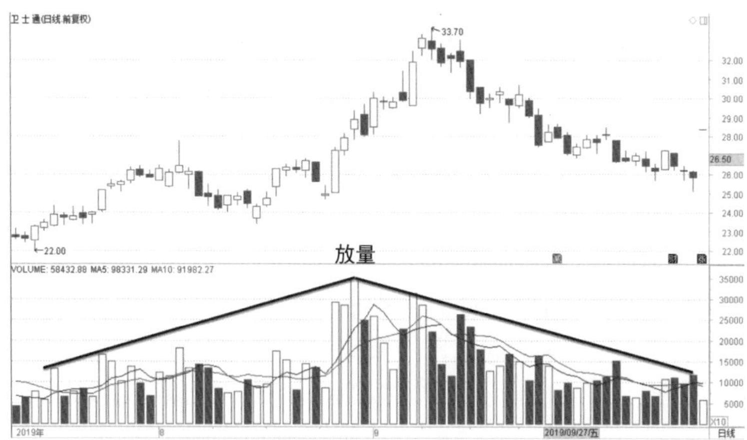

市場氛圍過分看多時，通常買盤會大量參與；市場氛圍過分看空時，也會有大量的賣壓盤湧出。

8-2 想買進，要看準低位量增價漲、上漲縮量回檔……

K線與成交量配合通常會透露較準確的資訊。針對K線與成交量配合所透露的買點訊號，我將分析低位量增價漲、上漲途中縮量回檔和上漲途中量縮價漲這3類形態，幫助投資者透過主力操作手法來判斷趨勢。

遇到低位量增價漲，投資者可大膽抄底

形態概述

低位量增價漲（見圖8-5）是指股價處在低位區域，在準備發動一波上漲行情時，不得不在成交量上有所表現，而這恰好是股價開始從底部向上拉升的起點，後期通常會帶來高額獲利。投資者遇到這類股票時，應積極參與，並且中長期持有。

K 線實戰

圖8-6為亞聯發展（002316）2019年5月21日至9月27日的日K線圖，可以看到低位量增價漲。這時候，亞聯發展已在近一個月內處於7.5元左右的低價位，成交量在短暫的極度萎縮後開始快速放量，而股價也不斷上漲，形成一個上升形態。

此時通常是一波上漲行情的開始，投資者若看到個股出現這類情況，可以大膽抄底，後期獲利必然可觀。

結構分析

股價處於低位時，通常伴隨著賣壓盤的逐漸釋放，如果此時成交量突然

圖8-5 低位量增價漲示意圖

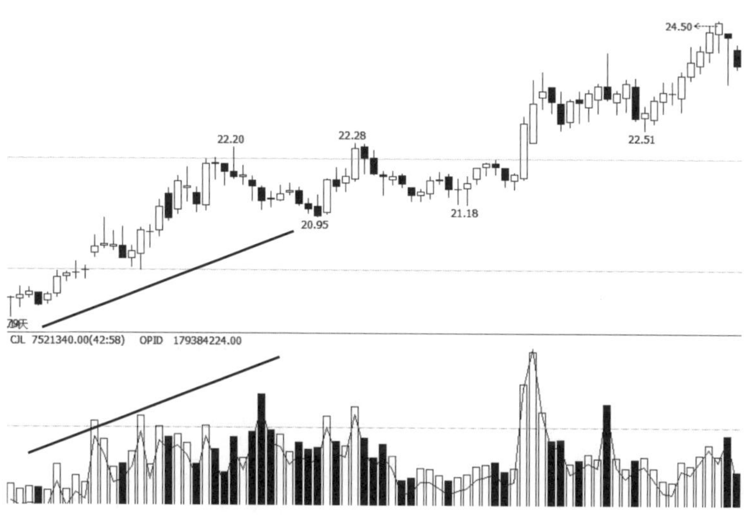

圖8-6 亞聯發展日 K 線圖

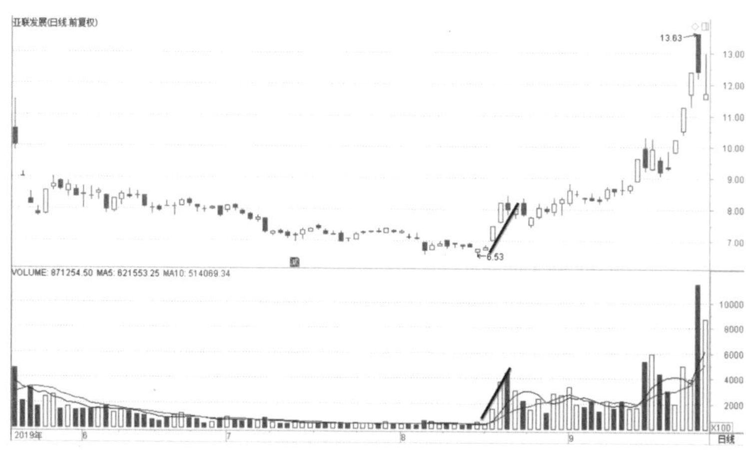

快速放大，投資者應該大膽進場。上漲形態通常伴隨股價不間斷的重心上移，同時成交量呈現持續溫和放大的狀態。

上漲途中的縮量回檔，要視情況操作

形態概述

在上漲途中發生縮量回檔（見圖8-7），短期不會改變後期股價向上的趨勢，但放量後需謹慎。上漲途中的縮量回檔，分為橫盤調整的縮量回檔和短期下跌的縮量回檔，兩者分別以犧牲時間和股價為代價。

K 線實戰

圖8-8為四維圖新（002405）2018年12月17日至2019年4月25日的日K線圖，可以看到兩次縮量回檔。從中可以發現，股價在上漲途中回檔時，成交量明顯萎縮，此時的調整週期和幅度也很小，表明當前只有少數浮動籌碼。在兩次短暫回檔後，股價快速拉漲，後期出現天量後，股價漲勢才逐漸反轉。

投資者明晰上述的主力手法之後，可以在股價短暫回檔時積極買進，在後期成交量放大時賣出。

結構分析

主力進行整理往往會選擇次高點，但在後期趨勢沒有完全明朗時，投資者通常無法判斷當時所處位置，此時應結合個股與大盤，觀察是否能透過大盤進行推測。

在技術指標鈍化時，投資者應該將更多精力專注在基本面分析上。主力常常以中小型低價股作為參與對象，例如：把6元的股價推至20元左右，使整個漲幅超過200%。

遇到上漲途中量縮價漲，短線可能有大額收穫

形態概述

上漲途中的量縮價漲（見第176頁圖8-9），經常被認為是由於惜售而沒有大量賣盤出現的行為，後期股價向上的趨勢短期內不會改變，但放量後需要謹慎。投資者遇到這類個股時應大膽參與，短期可能有大筆獲利。

圖8-7 上漲中途縮量回檔示意圖

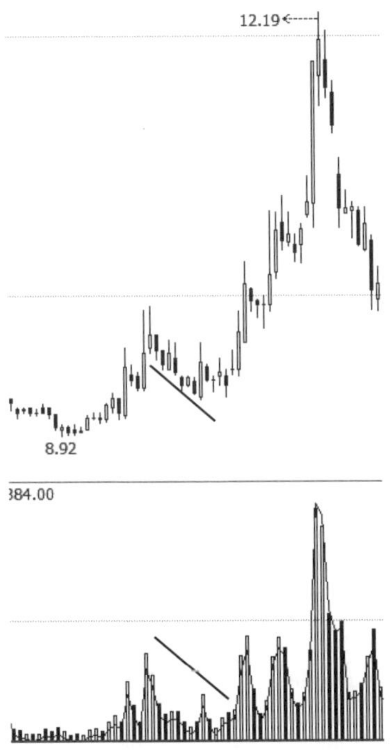

圖8-8 四維圖新日 K 線圖

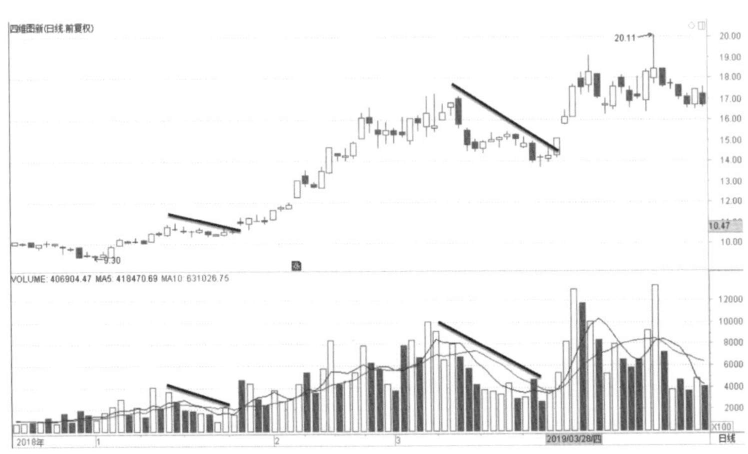

圖8-9　上漲中途量縮價漲示意圖

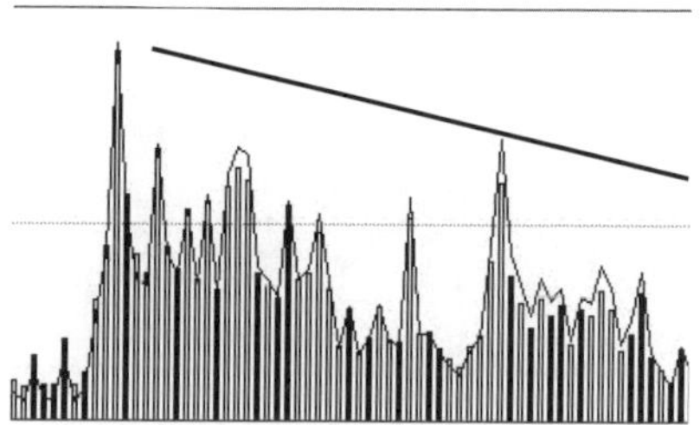

K 線實戰

圖8-10為廣聯達（002410）2019年4月17日至11月1日的日K線圖，可以看到上漲途中量縮價漲。在所選區域中，明顯地看到在股價上漲的同時，成交量不斷萎縮。在後期成交量放出天量時，可以發現主力在大力出貨，隨之而來的是股價反轉下跌。

投資者若遇到這類個股，應積極進場，但後期成交量急劇放大時，就必須離場。

結構分析

當主力手中控制近60%的籌碼時，市場中的浮動籌碼通常有限。在此同時，若主力短期不打算停止拉升股價，通常會使漲勢中沒有足夠的賣盤，因

圖8-10　廣聯達日 K 線圖

此容易出現上漲途中量縮價漲的形態。出現這類形態後，後期出現的天量往往預示著主力拉升行情結束，投資者應賣出持股。

8-3 想賣出，得留意高位量增價平、高位量增價跌

8-2節介紹K線和成交量的搭配，讓投資者可以妥善選擇買點。接下來，本節將分析高位量增價平、高位量增價跌這2類形態，幫助投資者選擇賣點，以避免不必要的損失，或是實現停利。

K 遇到高位量增價平時，提高警惕並快速賣出

形態概述

高位量增價平（如圖8-11）是指，股價在一段時間大幅上漲後，開始在高價位區以橫盤放量的形式，為主力在高位出貨提供良好的平台。這種形態通常與進貨很像，但由於所處價位不同，兩者表現的意義也不同。

投資者遇到這類個股時，應提高警覺並快速賣出，因為股價隨時都有崩盤的可能，這屬於高風險、低獲利的投資標的。

K 線實戰

圖8-12為中科創達（300496）2018年12月21日至2019年6月20日的日K線圖，可以看到圖中的高位量增價平。該區域成交量呈現一個持續放量的狀態，但股價仍以橫盤的形式停滯。投資者若持有此類股票，應立即賣出，以避免不必要的損失。

結構分析

主力選擇用成交量吸引買盤時，通常擁有大量籌碼。在此同時，若成交量與價格配合，意味著主力已進貨完畢，雖然沒有完全飽和，卻已準備以拉

圖8-11 高位量增價平示意圖

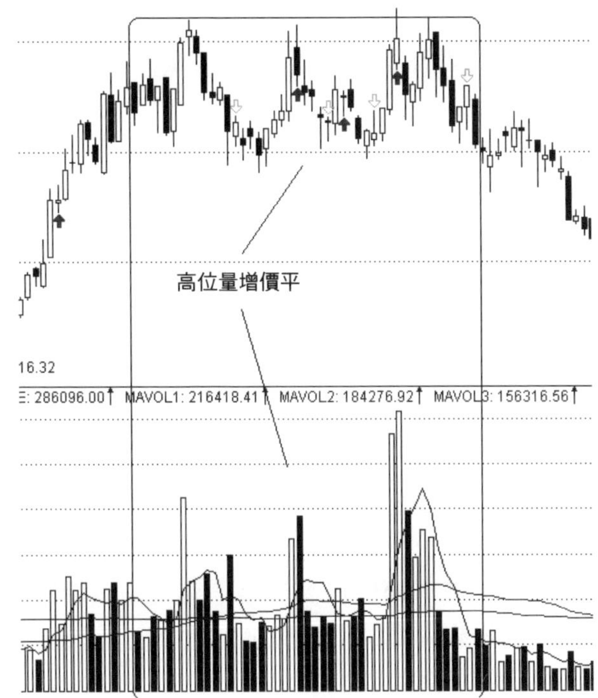

圖8-12 中科創達日 K 線圖

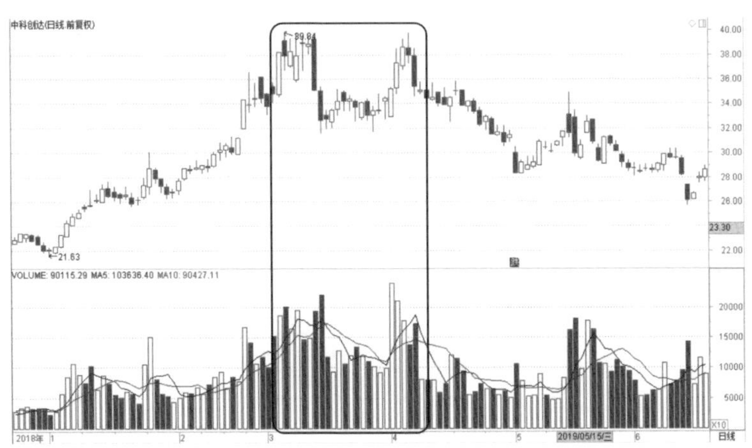

升的手法，進行階段性出貨來獲利。若成交量沒有與價格配合，往往意味著主力不願意繼續投入成本進行拉升，也意味著主力已處於出貨的尾聲。

遇到高位量增價跌時，要快速賣出停損

形態概述

高位量增價跌（如圖8-13）是指，股價在一段時間大幅上漲後，開始在高價位區反轉向下，此時成交量不斷放大，顯示空方力量的強悍。出現這類形態，往往會歸因於突發性利空，使空方力量保持一致或是主力已決心大舉出貨，進而不顧及技術支撐位和大盤的作用力。

投資者遇到這類個股時，應提高警覺並快速賣出停損，因為股價下跌速度很快，容易帶來巨額損失。

K 線實戰

圖8-14為今天國際（300532）2019年6月21日至11月1日的日K線圖，可以看到高位量增價跌。在前期橫盤於高位後，股價開始選擇下跌，並如圖中所示，出現量增價跌的形態。此時投資者應加速賣出，以減少損失。

結構分析

量增價跌處於相對高位時，意味著行情已接近尾聲，主力通常藉著人氣高漲不斷出貨，隨之而來的是賣壓盤。此時投資者應盡快賣出。

量增價跌處於整理形態時，意味著突發性利空引發的大量賣壓盤，進而使股價快速下跌。當量增價跌處於相對低位，或已大幅下跌一段時間時，有可能是主力進行最後進貨所致。

圖8-13 高位量增價跌示意圖

圖8-14 今天國際日 K 線圖

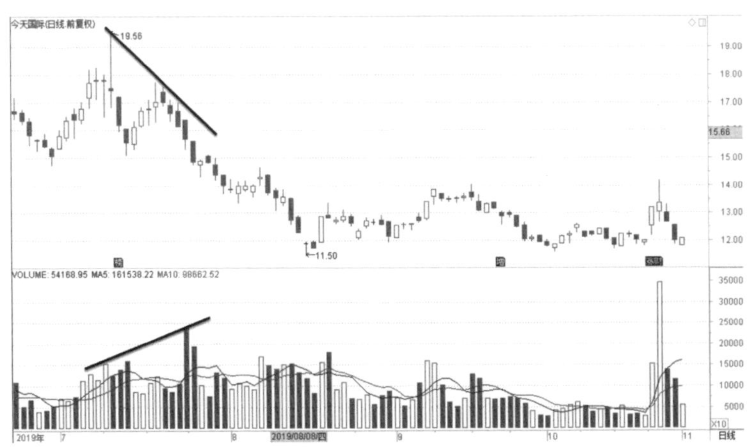

第9章

結合 MACD 與 K 線，捕捉行情的啟動

9-1 認識 MACD 指標的構成，以及應用原則

MACD指標源於期貨市場，被應用於股市是因為具備穩健的訊號指示性，在大部分行情啟動時，往往可以透過背離和黃金交叉有效捕捉。在資本市場中，MACD、KDJ（隨機指標）、BOLL（布林線）、RSI（相對強弱指標）和OBV（能量潮）等，都是常用的指標類型。

本節以MACD指標的基本概念為核心，幫助投資者理解MACD指標的指示作用，了解其計算原理，並明確其構成部分，有助於提高技術。

MACD 指標的構成

形態概述

MACD又稱平滑異同移動平均線（Moving Average Convergence Divergence），該指標的結構分為3個部分：DIF線、DEA線和MACD柱狀線（見圖9-1）。

DIF線是收盤價短期指數平滑移動平均線與收盤價長期指數平滑移動平均線的差值，即小週期（12天）的EMA減去大週期（26天）的EMA所得的值。DEA線是DIF線的M日指數平滑移動平均線。MACD柱狀線是DIF線與DEA線的差值，也就是MACD指標中的柱狀線。

K 線實戰

圖9-2顯示ST慧業（000816）2019年9月30日至11月1日的日K線圖，可以看到MACD指標。從圖中看出，EMA指標和MACD指標的短中週期都是（12，26），當日EMA1為1.36，EMA2為1.41，準確算出DIF＝EMA1－

圖9-1 MACD 指標示意圖

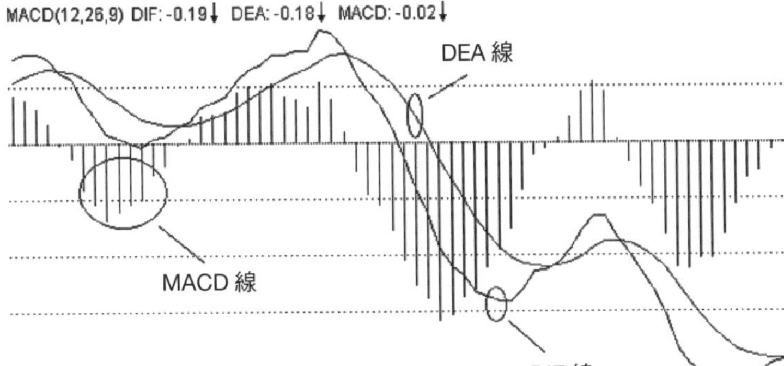

圖9-2 ST 慧業日 K 線圖

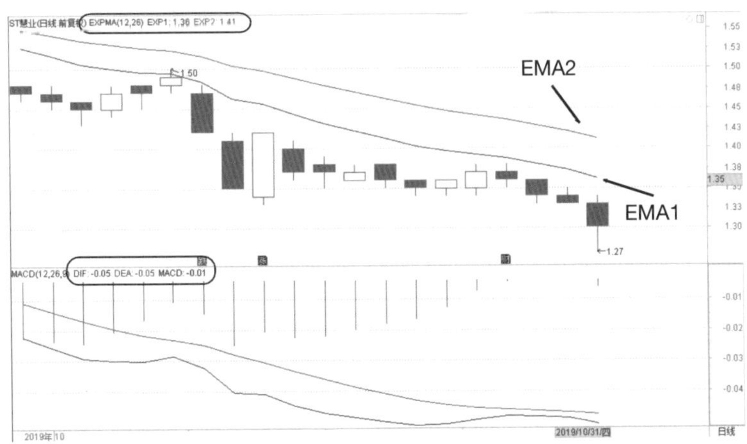

EMA2＝-0.05。同時，昨日的DEA為-0.05，所以今日的DEA＝今日的DIF×0.2＋昨日的DEA×0.8＝（-0.05）×0.2＋（-0.05）×0.8＝-0.05。

因此，今日的MACD柱狀線BAR＝2×（DIF-DEA）＝2×〔（-0.05）－（-0.05）〕＝0。圖中顯示的數據為-0.01，是因為我們計算時只保留小數點後兩位有效數字，而電腦在計算過程中保留小數點後8位有效數字，計算出結果後再保留小數點後2位有效數字。圖中顯示的-0.01，基本上與0相同。

結構分析

MACD指標作為趨勢性指標，本身欠缺對趨勢變更的靈敏性，但是對切換週期進行綜合性研判時，往往具備很準確的指向性。

MACD 指標的基本應用原則

形態概述

見圖9-3，當DIF線和DEA線處於0軸以上時，表示此時市場氣氛良好，屬於多頭市場。當DIF線和DEA線處於0軸以下時，表示此時市場氣氛很差，屬於空頭市場。當市場處於牛市調整格局時，DIF線和DEA線顯示的指標不具備參考價值，MACD指標容易失真。

K 線實戰

圖9-4為新希望（000876）2014年7月至2020年1月日K線圖中的3類形態。起初股價以疲弱的調整姿態俯臥在低價區域，當該股有明顯下跌趨勢時，MACD指標死亡交叉向下發散；有明顯上漲趨勢時，MACD指標黃金交叉向上發散。但在震盪市時，MACD指標基本處於無序狀態。MACD指標的優點和缺點，與移動平均線相同。

結構分析

DIF線和DEA線的運行區域通常顯示股價趨勢的強弱，當其在0軸以上運行時，意味著股價處於強勢的多頭市場。當其在0軸以下運行時，意味著股價處於弱勢的空頭市場。當其圍繞0軸反覆震盪時，說明股價處於疲弱的調整格局。

股價趨勢活躍時，DIF線會長時間處於DEA線之上。股價趨勢低迷時，DIF線會長時間處於DEA線之下。股價趨勢疲弱時，DIF線和DEA線會反覆交纏。DIF線在DEA線之上運行的時間，等於DIF線在DEA線之下運行的時間。

圖9-3 MACD 指標的應用示意圖

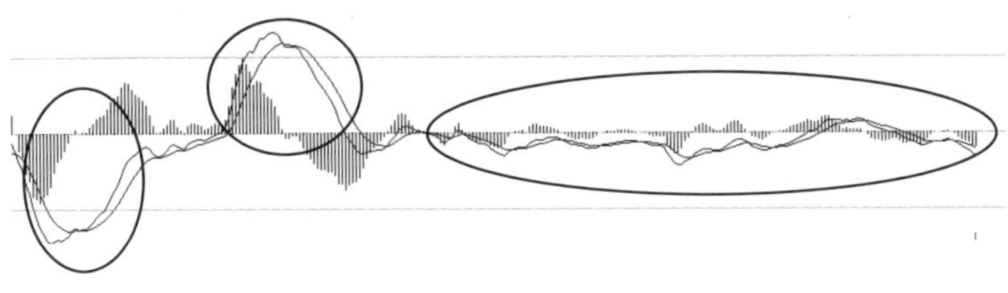

圖9-4 新希望日 K 線圖

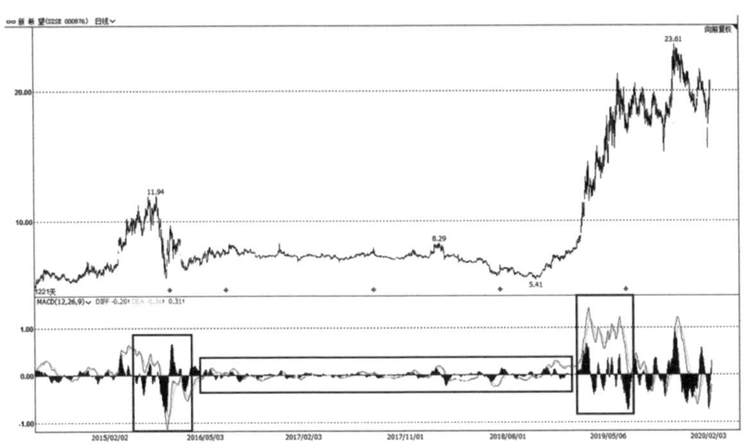

9-2 買進的 3 個訊號：黃金交叉、柱狀線由負轉正、底背離

本節將介紹如何掌握股票投資原理，選擇絕佳買點。利用MACD指標選擇買點要依靠3類訊號：MACD黃金交叉、低位MACD柱狀線萎縮，以及低位MACD指標的底背離形態。

遇到 MACD 黃金交叉時，應果斷買進短線投資

形態概述

DIF線由下向上快速運行，和DEA線形成的交叉，稱為MACD黃金交叉（見圖9-5）。這時候，DIF線和DEA線形成交點，因此幾乎沒有MACD柱狀線。當黃金交叉處於0軸以下時，是空頭市場接近尾聲的訊號。如果黃金交叉處於0軸以上，則是底部反轉或漲勢中途回落結束的標誌，此時通常是進入市場的最佳時機。

圖9-5 MACD 黃金交叉示意圖

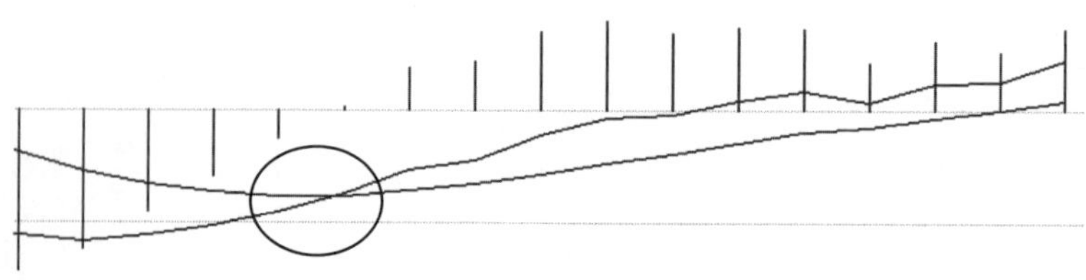

圖9-6　中鼎股份日 K 線圖

K 線實戰

圖9-6為中鼎股份（000887）2019年1月30日至3月14日的日K線圖，可以看到0軸之下的MACD黃金交叉。這時候，股價以多個小K線進行重心平鋪的短暫整理，隨著黃金交叉而來的一波上漲行情，順利對前期跌勢實現反轉。

因此，0軸之下的MACD黃金交叉通常意味著，已出現股價的階段性買點。投資者遇到這種形態時，應果斷買進以獲取利潤。

K 線實戰

下頁圖9-7為現代投資（000900）2018年12月18日至2019年3月21日的日K線圖，可以看到0軸之上的MACD黃金交叉。前期股價已進入上漲趨勢，短暫的回落整理使MACD指標在0軸之上，形成一個更強勢的黃金交叉。之後股價快速拉升，短暫衝高後實現最後衝刺。投資者遇到這種形態時，可以快速買進做短線投資。

結構分析

MACD指標在0軸之下，容易形成多個短暫的黃金交叉，但最後一個黃

圖9-7　現代投資日 K 線圖

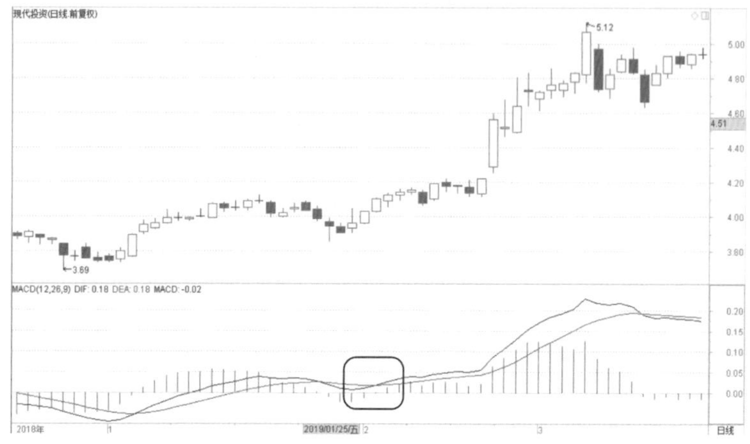

金交叉往往意味著趨勢反轉，市場趨勢會逐漸轉強，然而這類黃金交叉帶動的上漲行情不算最堅挺。

MACD指標在0軸之上形成的黃金交叉，往往代表股價在上漲趨勢途中的回落調整，調整的幅度越淺、時間越短，意味著短期內越容易產生大行情，或是漲勢尾聲的衝高行情。

MACD指標在0軸之上的股價回落調整時，前期頂部時段的K線大多在小陽線出現時，更具參考意義。如果頻繁出現中大陽線，則有階段性見頂的可能，之後的強勢黃金交叉更趨向於趨勢反轉後的小反彈。

適合中線持有的個股，遇到 MACD 柱狀線可買進

形態概述

MACD指標中的MACD柱狀線，以柱狀形態表現出DIF與DEA之差，顯示股價在運行過程中的動能，見圖9-8。根據鄰近柱狀形態之間的連線，可以清晰看出股價運行的速率，掌握股價在趨勢中的位置。投資者認識這類形態後，能有效掌握股價的變化規律，提高報酬率。

圖9-8　MACD 柱狀線的買點示意圖

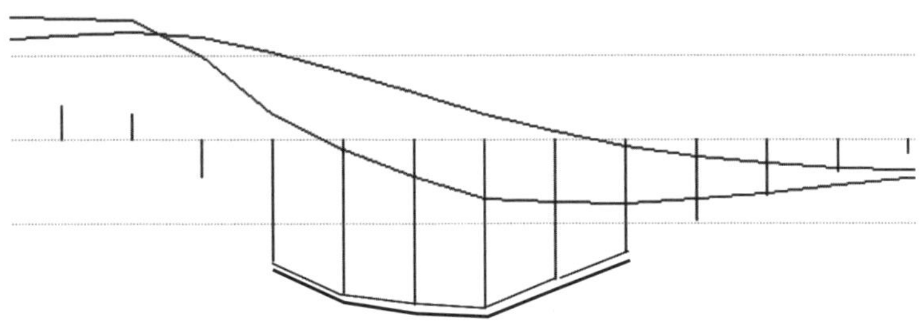

圖9-9　浙商中拓日 K 線圖

K 線實戰

圖9-9為浙商中拓（000906）2019年7月24日至9月12日的日K線圖，可以看到弱勢MACD柱狀線的買點。這類買點通常處於底部反轉形態，因此拉漲力道略顯弱勢。但可以明顯發現，如果一個適合中線持有的個股出現這類買點，往往可以帶來不錯的獲利。因此，投資者遇到這類個股時，應該適當參與。

圖9-10　紫光股份日 K 線圖

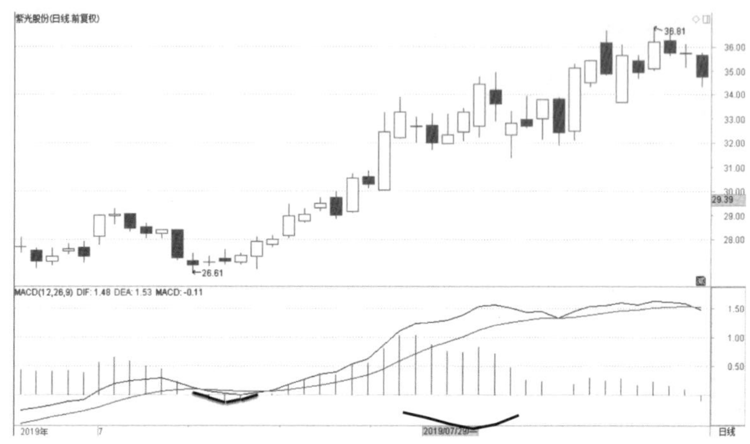

K 線實戰

圖9-10為紫光股份（000938）2019年6月24日至8月22日的日K線圖，可以看到強勢MACD柱狀線的買點。當MACD柱狀線不斷萎縮時，DIF線和DEA線位於0軸之上，此時股價在前期漲勢後的中途形成短回落，之後必有一波快漲行情。出現這種形態時，短線買進通常會有大筆獲利。

結構分析

MACD柱狀線萎縮形成的買點位於0軸之下時，屬於弱勢買點；位於0軸之上時，屬於強勢買點；位於0軸附近則是介於弱勢和強勢之間的買點。

MACD柱狀線萎縮形成的買點，通常會先進行溫和萎縮，再進行快速萎縮，顯示萎縮速率的變化。然後在0軸附近再次出現的平緩萎縮，可以作為第二買點，之後很可能會出現第二次快速放大的陽K線。

關注低位 MACD 指標與股價趨勢形成的底背離

形態概述

低位MACD指標與股價趨勢形成的底背離，是指股價在長期下跌探至低

圖9-11　MACD 指標與股價趨勢形成的底背離示意圖

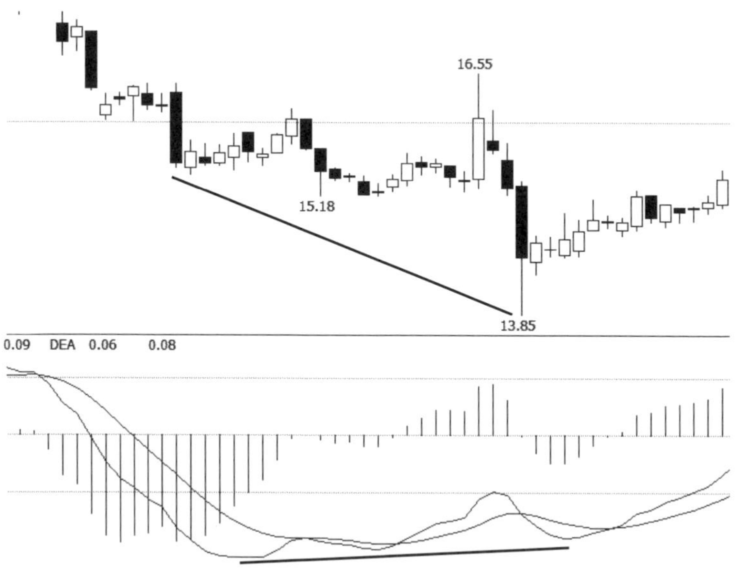

價區域後，MACD指標開始形成與股價走勢相反的形態，見圖9-11。底背離分為3類：MACD雙曲線與股價趨勢形成的底背離、MACD柱狀線與股價趨勢形成的底背離，以及MACD雙曲線、柱狀線共同與股價趨勢形成的底背離。

K 線實戰

(1) 下頁圖9-12為盈峰環境（000967）2018年5月3日至2019年6月26日的日K線圖，可以看到MACD雙曲線與股價趨勢形成的底背離。這時候，股價處於下跌趨勢，但同時每一波下跌的幅度都在不斷遞減。MACD指標中的DIF線形成的底部趨勢，恰好與股價趨勢相反，呈現出明顯的底背離。投資者遇到這種形態時，應密切關注，隨時準備買進。

(2) 下頁圖9-13為*ST高升（000971）2018年9月4日至2019年3月21日的日K線圖，可以看到MACD柱狀線與股價趨勢形成的底背離。前期股價形成明顯的下跌趨勢，在MACD柱狀線形成的兩底傾斜向上時，MACD的雙曲線與股價也構成背離，此時股價開始逐漸轉強，底部形態建構結束並被成功反

圖9-12 盈峰環境日 K 線圖

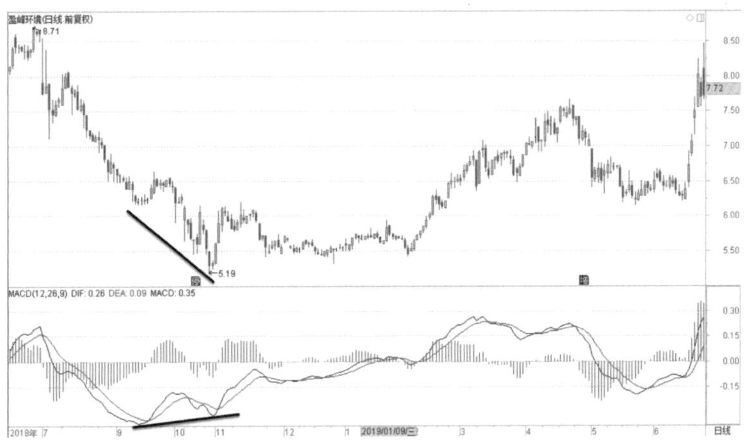

圖9-13 *ST 高升日 K 線圖

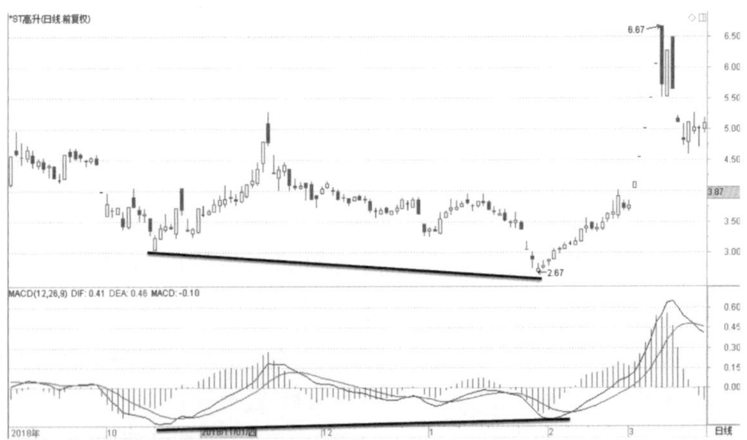

圖9-14 浪潮資訊日 K 線圖

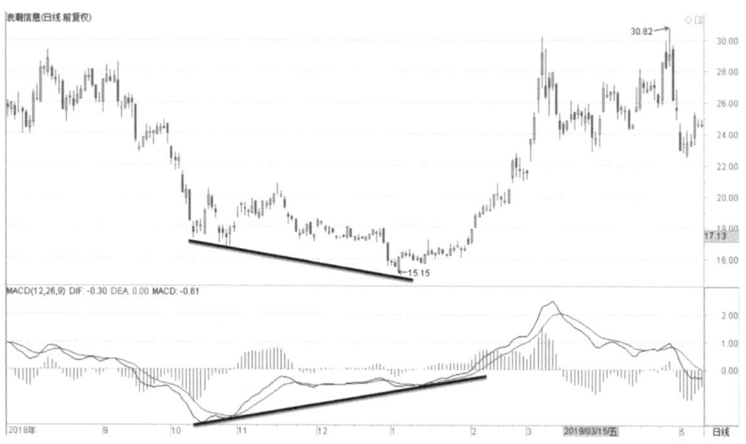

轉。投資者遇到這種個股形態時，應果斷買進。

(3) 圖9-14為浪潮資訊（000977）日K線圖中的MACD指標與股價趨勢形成的底背離。從圖中可看出股價不斷下跌，但同時MACD指標中DIF線和MACD柱狀線建構的底部，呈現不斷上升的形態。在底背離形成後，股價由15.15元上漲至30.82元，上漲一倍多。

結構分析

MACD指標在股價不斷下跌的趨勢中，容易出現連續的底背離，此時MACD指標會出現多個不斷上升的底部，一般在出現第三個底部時，是最佳獲利時機。

MACD雙曲線與股價趨勢形成的底背離，其可信度弱於MACD柱狀線與股價趨勢形成的底背離。底背離訊號最強的，是MACD指標中的雙曲線、柱狀線共同與股價趨勢形成的底背離。當MACD柱狀線與股價趨勢形成底背離時，柱狀線會逐漸萎縮並接近0軸，此時是短線操作的絕佳買點。

9-3 典型的賣出訊號除了死亡交叉、頂背離，還有……

9-2節分析MACD指標的買點，在本節中，我將全面講解MACD死亡交叉、高位MACD柱狀線萎縮時的賣點，以及高位MACD指標的頂背離形態，幫助投資者掌握合適的賣點，實現停利的目標。

看見 MACD 死亡交叉時，最好趁早離場

形態概述

MACD死亡交叉是指DIF線由上向下快速運行，和DEA線形成的交叉，見圖9-15。這時候，DIF線和DEA線形成交點，因此幾乎沒有MACD柱狀線。當死亡交叉處於0軸以上時，是多頭市場接近尾聲的訊號，而若死亡交叉處於0軸以下，則是下跌趨勢途中反彈結束的標誌，此時離開市場往往是最佳選擇。

圖9-15 MACD 死亡交叉示意圖

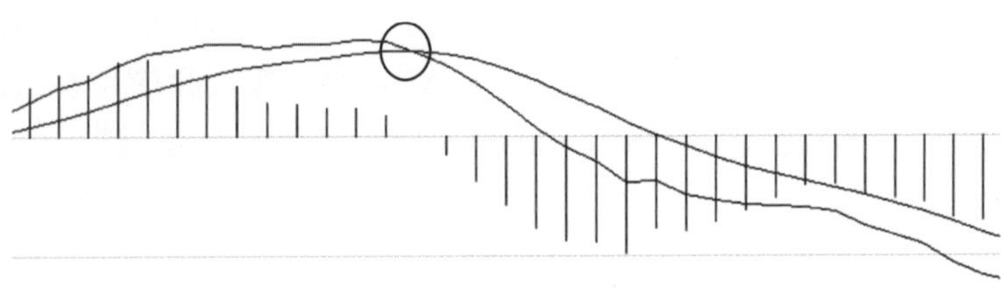

圖9-16　眾泰汽車日 K 線圖

K 線實戰

⑴圖9-16為眾泰汽車（000980）2019年8月23日至11月1日的日K線，可以看到MACD死亡交叉。前期股價處於下跌趨勢，在實現小反彈後股價繼續曲折向下，同時MACD雙曲線也在0軸之下，由DIF線向下對DEA線形成死亡交叉，預示股價反彈徹底結束。此時投資者應果斷賣出，規避風險。

⑵下頁圖9-17為宗申動力（001696）2018年12月18日至2019年8月17日的日K線圖，可以看到兩個死亡交叉。兩個死亡交叉形態分別出現在股價上漲趨勢的中途和尾聲，而且都出現在0軸之上。

在第一個死亡交叉出現後，經過短暫的4天調整，股價繼續上漲。第二個死亡交叉出現後，股價開始不斷下跌，頂部形態建構結束，股價趨勢被徹底反轉。

投資者遇到這2種死亡交叉時，應注意區分：第一個死亡交叉出現時，K線重心沒有明顯下移，即使下移也會被快速拉起，而第二個死亡交叉出現後，K線重心出現明顯下移。第一個死亡交叉出現時，伴隨的通常是小K線，而第二個死亡交叉出現時，伴隨的通常是大陰大陽線，有明顯的大震幅。

圖9-17 宗申動力日 K 線圖

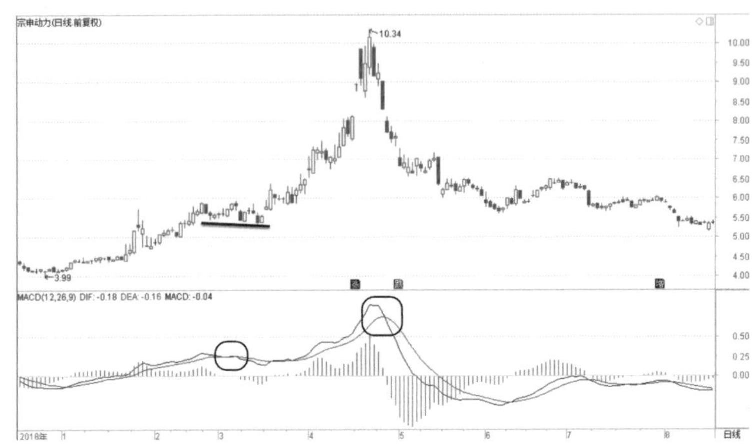

結構分析

MACD指標在0軸附近出現死亡交叉，通常預示股價當期的趨勢只是小反彈，而且小反彈已接近尾聲。MACD指標在股價上漲趨勢中，在0軸之上的高處形成死亡交叉時，通常意味著股價上漲趨勢短暫調整或結束。

教你找出 MACD 柱狀線的賣點

形態概述

前文介紹MACD柱狀線的形態和功能，圖9-18所示為MACD柱狀線的賣點。

K 線實戰

圖9-19為新和成（002001）2019年8月6日至11月1日的日K線圖，可以看到MACD柱狀線的賣點。當MACD柱狀線不斷萎縮時，DIF線和DEA線都位於0軸之上。這正是股價在前期漲勢後中途形成的趨勢反轉，之後出現一波快跌行情。這種形態通常意味著極大的持股風險，投資者應謹慎因應。

圖9-18 MACD 柱狀線的賣點示意圖

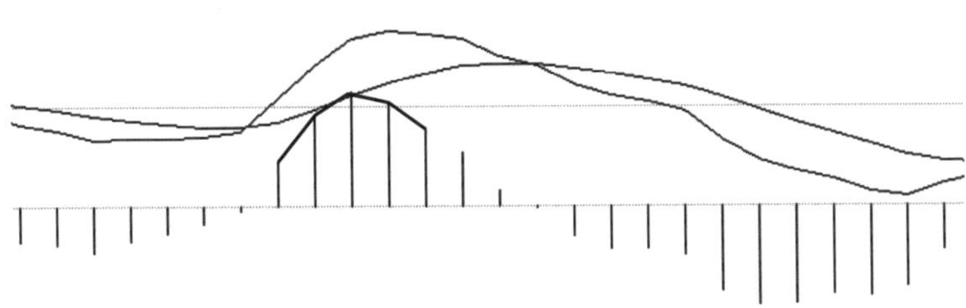

圖9-19 新和成日 K 線圖

結構分析

股價高漲後，MACD柱狀線萎縮形成的賣點位於0軸之下，屬於轉勢賣點。這時候，頂部的確認需要配合K線的形態和成交量的放大。

MACD柱狀線萎縮形成的賣點，往往會先進行溫和萎縮，再快速萎縮，顯示萎縮速率的變化。此時投資者應謹慎賣出，以減少不必要的損失。

圖9-20 MACD 指標與股價趨勢形成的頂背離示意圖

高位 MACD 指標與股價趨勢形成的頂背離

形態概述

高位MACD指標與股價趨勢形成的頂背離，是指股價在長期上漲探至高價位區之後，MACD指標開始形成和股價趨勢相反的形態，見圖9-20。頂背離分為3類：MACD雙曲線與股價趨勢形成的頂背離、MACD柱狀線與股價趨勢形成的頂背離，以及MACD雙曲線、柱狀線共同與股價趨勢形成的頂背離。

K 線實戰

⑴圖9-21為新和成（002001）2019年3月28日至11月1日的日K線圖，圖中顯示MACD雙曲線與股價趨勢形成的頂背離。股價以2個上升的高點形成一個繼續向上的趨勢，但同時MACD指標中2次形成死亡交叉，DIF線建構的2個頂部輕微向下傾斜，與股價的K線形態形成反差。

這時候，MACD柱狀線沒有明顯的背離特徵，後期股價也一路向下，顯示MACD雙曲線與股價趨勢背離的意義。此時投資者應準確選擇賣點，果斷

圖9-21 新和成日 K 線圖

出脫持股。

⑵ 下頁圖9-22為鴻達興業（002002）2019年1月11日至11月1日的日K線圖，圖中顯示MACD柱狀線與股價趨勢形成的頂背離。可以看出，股價在長期向上的過程中，以反覆震盪顯示漲勢的疲態。

在連續建構2個上升的頂部形態之後，MACD柱狀線出現2個傾斜向下的柱峰，因此可以判斷已經形成頂背離。後期股價不斷下跌，使DIF線和DEA線進入0軸之下的空頭市場。這時候，投資者應該謹慎離場。

⑶ 下頁圖9-23為科華生物（002022）2019年1月11日至8月21日的日K線圖，圖中顯示MACD的雙曲線、柱狀線共同與股價K線圖形成的頂背離，是最強勢的頂背離，之後股價不斷下跌。此時投資者應避免參與此類個股，以減少損失。

結構分析

在MACD指標與股價走勢形成的頂背離形態中，MACD雙曲線、柱狀線共同與股價趨勢形成的頂背離，對股價的趨勢反轉訊號最強，而其他頂背離指標也同樣準確。頂背離訊號的可靠性要高於底背離訊號。

在股價不斷上漲的趨勢中，MACD指標容易出現連續的頂背離，此時會

圖9-22　鴻達興業日 K 線圖

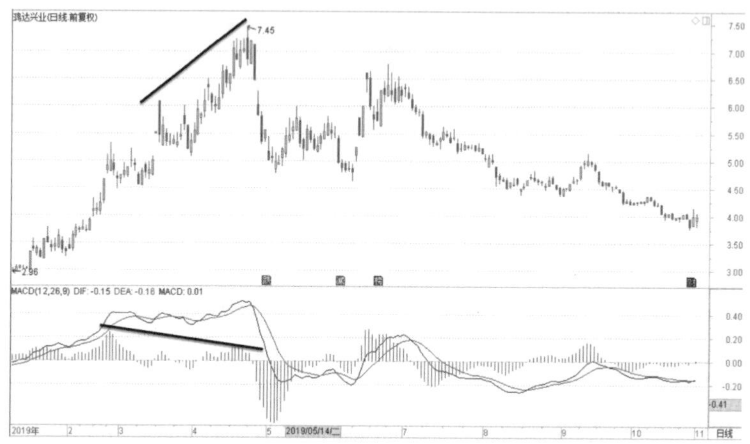

圖9-23　科華生物日 K 線圖

出現多個不斷上升的頂部，一般在出現第三個頂部時是停利離場的最佳時機。當MACD柱狀線與股價趨勢形成頂背離時，柱狀線會逐漸萎縮並接近0軸，此時通常是短線操作的最佳賣點。

第 10 章

結合分時圖與 K 線，跟著主力操作飆股

10-1 分時圖看似簡單，其實具備 7 種寶貴資訊

分時圖看似簡略，其實內含豐富資訊而備受推崇，是股市的重要參考資料。在本章中，我將分析分時圖中的股價、均價線、內外盤、量比、換手率和成交明細等，幫助投資者掌握分時圖的基礎知識，並看清主力的操作手法及動向。

股價與均價線

形態概述

分時圖中出現的白線為股票的即時價格，也就是當前最新的主買或主賣價格；黃線是股票盤中的平均價格，是當前已出現的價格平均計算後的值。股價與均價線的關係表現為3種：股價位於均價線之上、股價圍繞均價線反覆波動震盪或纏繞，以及股價位於均價線之下（見圖10-1）。

股價位於均價線之上，意味著股價處於較強勢的價格走勢當中。股價與均價線纏繞或反覆波動震盪，屬於普通的價格走勢，略顯疲乏。股價位於均價線之下，意味著股價處於較弱勢的價格走勢當中。

K 線實戰

⑴圖10-2是銀之傑（300085）2019年11月1日的分時圖。從圖中可以看出，其股價穩居於均價線之上，顯示該股的強勢。

⑵第206頁圖10-3是深信服（300454）2019年11月1日的分時圖。從圖中可以看出，其股價圍繞均價線上下波動，顯示該股的疲乏。

⑶第206頁圖10-4是四方精創（300468）2019年9月26日的分時圖。從

圖10-1 股價與均價線示意圖

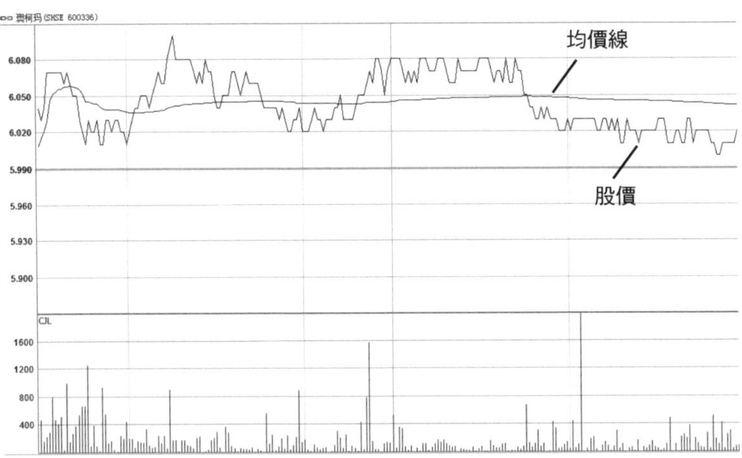

圖10-2 銀之傑分時圖

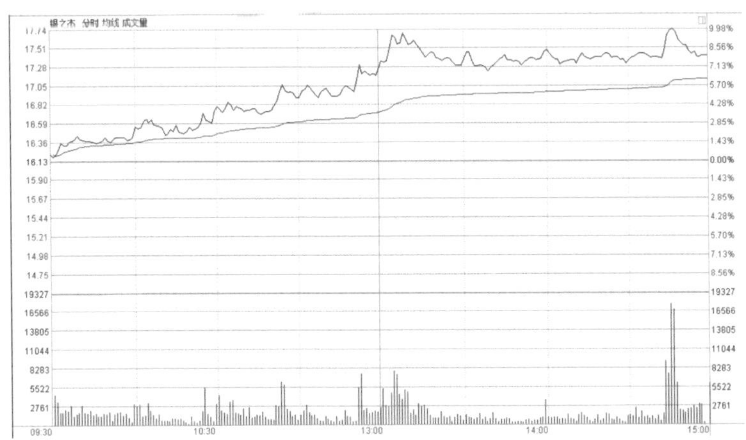

圖中可以看出，其股價長期位於均價線之下，顯示該股的弱勢。

結構分析

股價和均價線的比值通常代表股價當天走勢的強弱，預示盤中意圖。

圖10-3 深信服分時圖

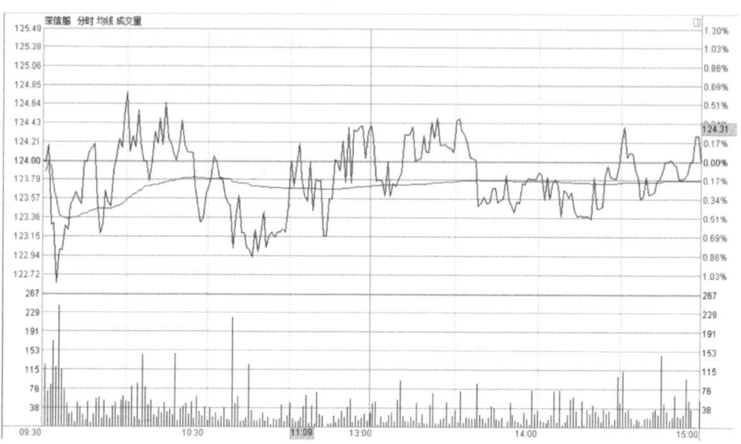

圖10-4 四方精創分時圖

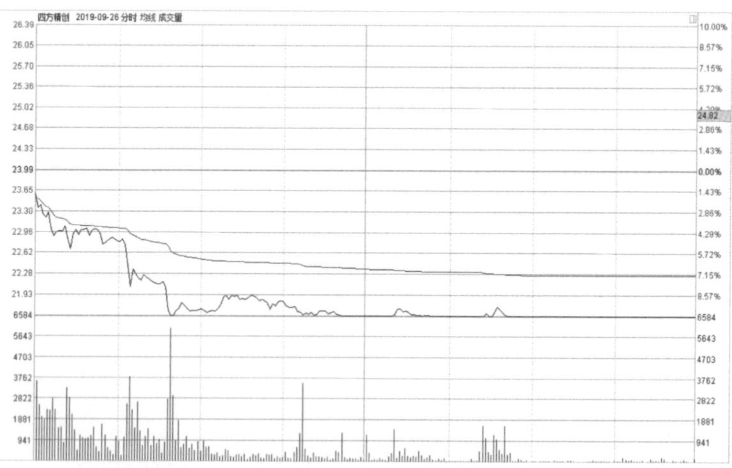

內外盤

形態概述

內外盤是內盤和外盤的合稱。內盤是指股票當日開市期間，主動性賣盤紛紛湧向買盤5檔而形成的成交量總和。外盤是指股票當日開市期間，主動性買盤紛紛湧向賣盤5檔而形成的成交量總和。

根據內外盤的比較，分為3種情況：

（1）外盤大於內盤：意味著買盤力量更大，有大量資金湧入個股。

（2）外盤等於內盤：意味著多空力量持平。

（3）內盤大於外盤：意味著賣盤力量更大，有大量資金湧出個股。

K線實戰

⑴圖10-5為天澤信息（300209）2019年11月1日的分時圖。盤中，外盤為106908手，內盤為79204手，外盤明顯強於內盤，因此展現為正常的陽K線。分時圖中，股價也穩居於均價線之上。

圖10-5　天澤信息分時圖

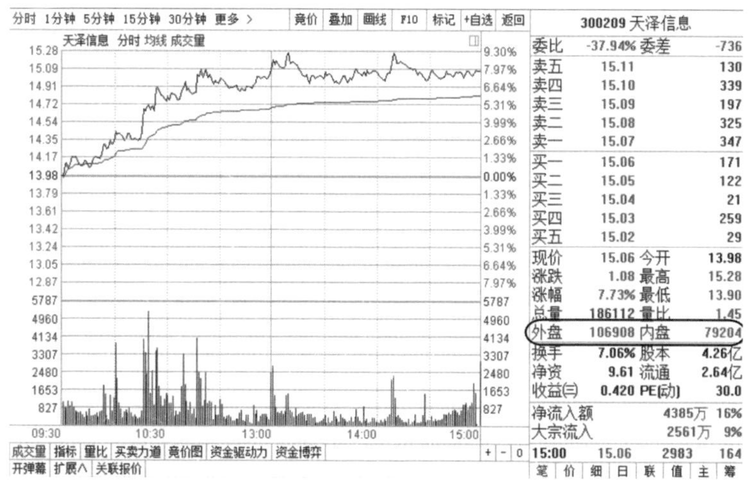

圖10-6 方直科技分時圖

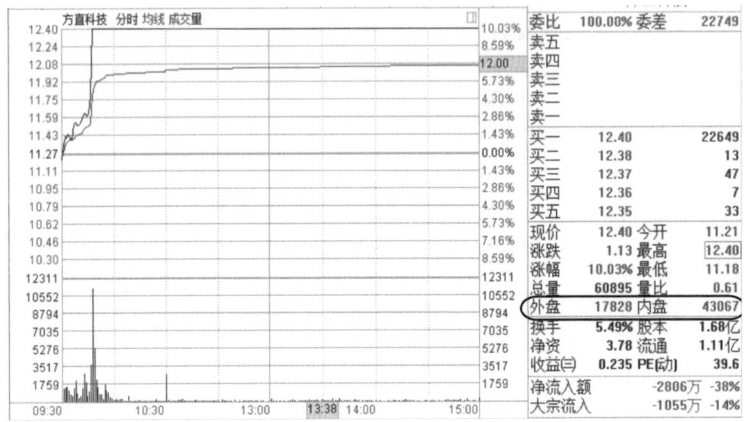

⑵ 圖10-6為方直科技（300235）2019年11月1日的分時圖。盤中，外盤為17828手，內盤為43067手，外盤小於內盤，但是其股價穩居於均價線之上，並且K線漲停形成一根大陽K線。這告訴我們，內外盤的資料只是一種參考，投資者在實際操作中應靈活運用，切勿生搬硬套。

結構分析

一般情況下，外盤大於內盤會收於一根陽K線，內盤大於外盤會收於一根陰K線。但在實際操作中，往往會出現一些外盤大於內盤卻形成陰K線，或是內盤大於外盤卻形成陽K線的情況。

外盤大於內盤而形成陰K線時，表示有大量買盤進入卻被K線掩飾，這類的典型分時圖形態是尾盤大單砸下所致，其透露的資訊因為具體圖形不同而有所不同，一般是主力用前期股價為掩飾進行出貨，或是主力以K線圖為掩飾進行進貨。

內盤大於外盤而形成陽K線時，表示有大量賣盤湧出。這類的典型分時圖形態有早盤或尾盤突然快速拉起，其透露的資訊因為具體圖形不同而有所不同，一般分為主力用陽線為掩飾進行出貨，或是用前期股價為掩飾進行整理。

圖10-7　量比和換手率示意圖

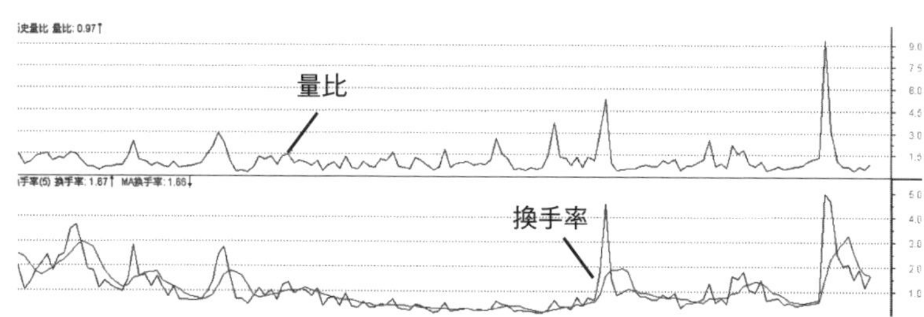

量比和換手率

形態概述

見圖10-7，量比是指開市後平均每分鐘成交量，與之前5個交易日平均每分鐘成交量之比。量比在0.8以下屬於縮量，在0.8～2.5之間屬於正常成交量，在2.5～5之間屬於溫和放量，在5～10之間屬於劇烈放量，在10以上屬於趨勢反轉的訊號，在20以上屬於趨勢反轉的訊號加強。

換手率也是基於成交量建立的指標，是指當期成交量除以股票流通盤的值。大部分股票換手率處於3%之下，均屬於正常值。換手率處於3%～7%時，表示該股開始進入活躍狀態。換手率在7%～10%時屬於強勢股，表示股價在高度活躍中。換手率在10%～15%時，屬於資金量較大的主力密切參與的個股。換手率在15%以上時，往往表示該股具備黑馬的潛力。

K線實戰

下頁圖10-8是數字認證（300579）2019年11月1日的分時圖。盤中量比為1.25，屬於正常成交量，換手率為26.14%，表示該股具備黑馬的潛質。

結構分析

量比作為股票當期平均每分鐘成交量，與之前一段週期的平均每分鐘成交量之比，通常不容易展示出成交量的階段持續性特徵，在放量或縮量持續時間較長時容易失效。換手率表現的成交量特徵往往缺乏與臨近交易日的比

圖10-8　數字認證分時圖

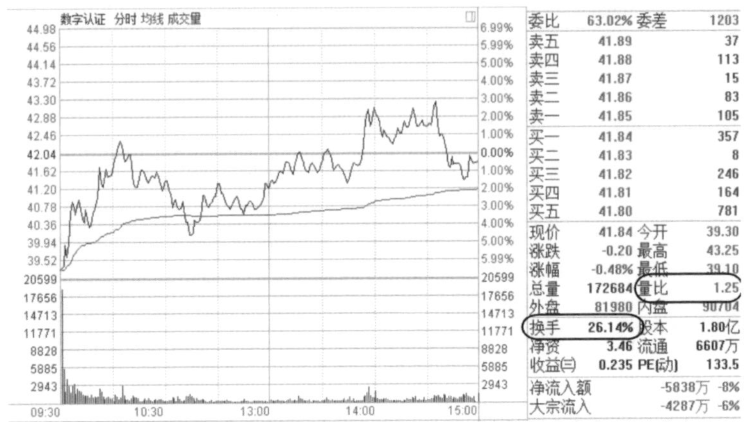

對，因此難以表現出股價的轉折區。

成交明細

形態概述

成交明細是指開市期間，買盤、賣盤在交易過程中，以單量的形式顯現的成交單，向下的箭頭表示主動性賣盤，向上的箭頭表示主動性買盤，見圖10-9。成交明細經常透露出主力在盤中表現的具體操作方向，被看作是主力操作方向的指示標誌。

K 線實戰

圖10-10是創業環保（600874）2019年11月1日分時圖的成交明細。在開市早盤，該股買盤的連續性明顯強於賣盤，同時還有大單成交。但在最後30分鐘，基本沒有大買單出現。

結構分析

成交明細單中，早盤開市後前30分鐘、午盤開市後前30分鐘、尾盤收市

圖10-9 成交明細示意圖

海量数据 603138 成交明细

时间	成交	现手	笔数	时间	成交	现手	笔数	时间	成交	现手	笔数	时间	成交	现手	笔数
14:52	78.11	1↑	1	14:54	78.16	17↑	1	14:56	78.20	55↑	1	14:58	78.49	54↑	1
14:52	78.10	21↓	1	14:54	78.16	6↑	1	14:56	78.20	30↑	1	14:58	78.49	12↑	1
14:52	78.10	1↓	1	14:54	78.16	1↓	1	14:56	78.20	66↑	1	14:58	78.50	11↑	1
14:52	78.11	1↑	1	14:54	78.17	82↑	1	14:56	78.19	85↓	1	14:58	78.55	142↑	1
14:52	78.14	6↑	1	14:54	78.13	9↑	1	14:56	78.21	8↑	1	14:58	78.49	35↓	1
14:52	78.10	10↓	1	14:54	78.15	7↑	1	14:56	78.20	3↓	1	14:58	78.50	18↑	1
14:52	78.14	22↑	1	14:54	78.13	6↓	1	14:56	78.25	22↑	1	14:58	78.54	7↑	1
14:52	78.15	60↑	1	14:54	78.13	22↓	1	14:56	78.28	12↑	1	14:58	78.54	17↑	1
14:52	78.16	4↑	1	14:54	78.15	18↑	1	14:56	78.27	15↓	1	14:58	78.50	66↓	1
14:52	78.14	9↓	1	14:54	78.13	4↓	1	14:56	78.30	7↑	1	14:58	78.55	30↑	1
14:52	78.16	9↑	1	14:54	78.15	8↑	1	14:57	78.29	38↑	1	14:58	78.55	20↑	1
14:52	78.15	8↑	1	14:55	78.14	16↓	1	14:57	78.28	18↓	1	14:59	78.55	16↑	1
14:53	78.15	1↓	1	14:55	78.13	45↓	1	14:57	78.30	25↑	1	14:59	78.49	1↓	1
14:53	78.15	8↓	1	14:55	78.15	11↑	1	14:57	78.30	10↓	1	14:59	78.50	21↓	1
14:53	78.17	44↑	1	14:55	78.15	8↓	1	14:57	78.35	11↑	1	14:59	78.55	27↑	1
14:53	78.16	6↓	1	14:55	78.15	8↓	1	14:57	78.37	9↑	1	14:59	78.50	12↑	1
14:53	78.17	11↑	1	14:55	78.15	8↑	1	14:57	78.35	1↓	1	14:59	78.55	63↑	1
14:53	78.16	3↓	1	14:55	78.16	11↑	1	14:57	78.38	15↑	1	14:59	78.54	6↑	1
14:53	78.18	35↑	1	14:55	78.16	29↑	1	14:57	78.39	22↑	1	14:59	78.55	53↑	1
14:53	78.18	8↑	1	14:55	78.16	8↓	1	14:57	78.43	4↑	1	14:59	78.50	25↓	1
14:53	78.15	88↓	1	14:55	78.16	2↓	1	14:57	78.48	12↑	1	14:59	78.55	72↑	1
14:53	78.17	20↑	1	14:55	78.17	74↑	1	14:57	78.48	12↑	1	14:59	78.54	22↑	1
14:53	78.17	11↓	1	14:55	78.18	6↑	1	14:57	78.48	17↓	1	14:59	78.52	15↑	1
14:53	78.17	11↓	1	14:55	78.17	5↓	1	14:57	78.50	7↑	1	14:59	78.50	21↓	1
14:53	78.18	14↑	1	14:55	78.18	55↑	1	14:57	78.50	25↑	1	14:59	78.50	17↓	1
14:53	78.16	9↑	1	14:55	78.18	16↓	1	14:58	78.50	2↑	1	14:59	78.50	68↓	1
14:53	78.13	6↓	1	14:55	78.18	18↑	1	14:58	78.50	33↑	1	14:59	78.54	61↑	1
14:54	78.15	54↓	1	14:56	78.16	47↓	1	14:58	78.50	44↓	1	14:59	78.50	33↓	1
14:54	78.16	5↑	1	14:56	78.17	10↑	1	14:58	78.55	14↑	1	15:00	78.50	9↑	1
14:54	78.14	8↓	1	14:56	78.17	2↑	1	14:58	78.50	41↓	1	15:00	78.50	22↑	1
14:54	78.12	5↓	1	14:56	78.20	38↑	1	14:58	78.49	34↓	1	15:00	78.52	0↑	0
3134.57	+5.04	+0.16%	1741亿深	10165.22	+73.33	+0.73%	2128亿创	1818.87	+8.96	+0.50%	543.1亿道琼斯	21007.17	+243.28	+1.17%	

圖10-10 創業環保分時圖

× 600874 创业环保 分时成交明细 Up/PageUp:前翻 Down/PageDown:后翻

时间	价格	成交			时间	价格	成交			时间	价格	成交			时间	价格	成交			时间	价格	成交		
14:30	7.15	4	B	2	14:37	7.13	8	S	1	14:44	7.13	2	S	1	14:48	7.13	10	S	2	14:52	7.15	408	B	14
14:30	7.15	1	B	1	14:37	7.14	1	B	1	14:44	7.13	3	S	1	14:48	7.14	15	B	1	14:52	7.15	92	B	2
14:30	7.15	3	B	1	14:37	7.14	11	B	1	14:45	7.14	2	B	1	14:48	7.13	3	S	1	14:52	7.15	38	B	2
14:31	7.15	3	B	2	14:38	7.14	209	B	5	14:45	7.14	4	B	2	14:48	7.14	1	B	1	14:52	7.15	143	S	3
14:31	7.15	6	B	3	14:38	7.13	20	S	1	14:45	7.13	3	S	1	14:48	7.14	3	B	1	14:52	7.16	6	B	2
14:31	7.15	2	B	2	14:38	7.14	1	B	1	14:45	7.13	2	S	1	14:49	7.14	60	B	3	14:53	7.15	4	B	1
14:31	7.15	2	B	1	14:38	7.14	202	B	18	14:45	7.13	7	S	2	14:49	7.14	3	S	1	14:53	7.15	61	S	2
14:32	7.15	150	B	9	14:39	7.14	6	B	2	14:45	7.13	5	S	2	14:49	7.15	8	B	2	14:53	7.14	28	S	3
14:32	7.15	7	B	3	14:39	7.13	100	S	1	14:45	7.14	3	B	2	14:49	7.15	138	B	7	14:53	7.14	111	B	2
14:32	7.15	10	B	1	14:39	7.14	1	B	1	14:45	7.13	3	S	1	14:49	7.15	1	B	1	14:53	7.14	40	S	1
14:32	7.15	5	B	3	14:39	7.14	11	B	2	14:45	7.14	106	B	14	14:50	7.15	2	B	1	14:54	7.16	108	B	4
14:32	7.14	6	S	2	14:40	7.13	2	S	1	14:46	7.14	1	B	1	14:50	7.15	35	B	6	14:54	7.15	25	B	2
14:33	7.15	13	B	1	14:40	7.14	1	B	1	14:46	7.14	1	B	1	14:50	7.14	16	S	1	14:54	7.15	1	B	1
14:33	7.14	4	S	1	14:41	7.14	11	B	2	14:46	7.13	3	S	1	14:50	7.14	3	S	1	14:54	7.15	30	B	2
14:33	7.15	62	B	1	14:41	7.14	5	B	1	14:46	7.13	6	S	1	14:50	7.15	2	B	2	14:55	7.15	25	B	3
14:33	7.15	4	B	3	14:41	7.14	1	B	1	14:46	7.14	5	B	3	14:50	7.15	2	B	1	14:55	7.14	2	S	1
14:33	7.15	6	B	3	14:41	7.13	2	S	1	14:46	7.14	240	B	21	14:50	7.14	10	S	2	14:55	7.15	10	B	1
14:33	7.14	4	S	1	14:42	7.13	50	S	1	14:46	7.14	54	S	8	14:50	7.15	32	B	9	14:55	7.15	2	S	1
14:34	7.14	20	S	4	14:43	7.14	1	B	1	14:46	7.14	6	S	2	14:50	7.14	206		3	14:55	7.15	10	B	1
14:34	7.15	5	B	3	14:43	7.13	16	S	2	14:46	7.14	1	S	1	14:50	7.15	3	B	1	14:55	7.14	2	S	1
14:34	7.15	1	B	1	14:43	7.14	57	B	3	14:46	7.14	1	B	1	14:50	7.15	5	B	2	14:55	7.15	88	B	1
14:34	7.15	5	B	3	14:43	7.13	3	S	1	14:47	7.13	11	S	2	14:50	7.15	2	B	1	14:55	7.15	10	S	1
14:35	7.14	11	S	1	14:43	7.13	3	S	1	14:47	7.13	1	S	1	14:51	7.15	7	B	2	14:56	7.15	89	S	2
14:35	7.15	0	S	–	14:43	7.14	6	B	1	14:47	7.13	3	S	1	14:51	7.14	15	S	2	14:56	7.14	5	S	1
14:35	7.14	0	S	–	14:43	7.13	3	S	1	14:47	7.13	1	S	1	14:51	7.14	35	B	1	14:56	7.15	1	B	1
14:35	7.14	2	S	1	14:43	7.13	3	S	1	14:47	7.15	1	B	1	14:51	7.14	33	S	2	14:56	7.15	52	B	3
14:35	7.14	16	S	2	14:43	7.14	1	B	1	14:47	7.15	4	B	2	14:51	7.14	4	B	1	14:56	7.15	1	B	1
14:35	7.14	11	S	4	14:44	7.13	3	S	1	14:47	7.15	5	B	2	14:51	7.14	59	B	5	14:56	7.15	30	B	2
14:35	7.14	10	S	1	14:44	7.14	1	B	1	14:47	7.15	1	B	1	14:51	7.14	10	S	2	14:56	7.15	23	B	1
14:35	7.14	128	S	8	14:44	7.14	6	B	2	14:47	7.15	6	B	2	14:51	7.15	13	B	3	14:56	7.15	2	B	1
14:36	7.14	11	B	1	14:44	7.14	23	B	2	14:48	7.15	2	B	2	14:51	7.15	1	B	1	14:56	7.14	2	S	1
14:37	7.13	8	S	1	14:44	7.13	3	S	1	14:48	7.15	2	B	1	14:51	7.15	1	B	1	15:00	7.14	166		23

前30分鐘的表現特別突出。買盤越多，連續買盤持續的時間越長，出現大單買盤的數量越頻繁，市場做多力量越充足。相反地，賣盤越多，連續賣盤持續的時間越長，出現大單賣盤的數量越頻繁，市場做空力量就越充足。

10-2 找買點：低位早盤快速拉漲、上漲時股價穩站均價線等

K線所處趨勢發生改變時，分時圖中往往會出現相似的形態變化。上漲的個股通常會在分時圖中埋下伏筆，為投資者提供充分的買進機會。投資者認真學習本節內容後，更能掌握分時運行的基本思路。

個股分時走勢強於大盤走勢是強勢股，應積極參與

形態概述

在分時圖中，個股分時走勢強於大盤分時走勢，意味著**個股漲勢強於大盤，屬於強勢股**（如圖10-11）。這類個股通常深受市場資金的青睞，投資者要掌握強勢股的買點機會，積極參與。

K 線實戰

⑴ 圖10-12是英飛特（300582）2019年11月1日的分時圖。盤中個股全天股價都位在大盤之上，顯示該股的強勢走勢。

⑵ 第214頁圖10-13是奧聯電子（300585）2019年11月1日的分時圖。早盤前期，個股股價弱於大盤走勢，並開始逐漸與大盤走勢線纏繞。在10:10左右，個股分時走勢突破大盤走勢線，且收盤價高於大盤，因此也是強勢股。

結構分析

強勢個股早盤在10:30前應該強於大盤，同時收盤價也應該高於大盤，才能顯現個股的強勢特徵。

圖10-11　個股分時走勢強於大盤走勢示意圖

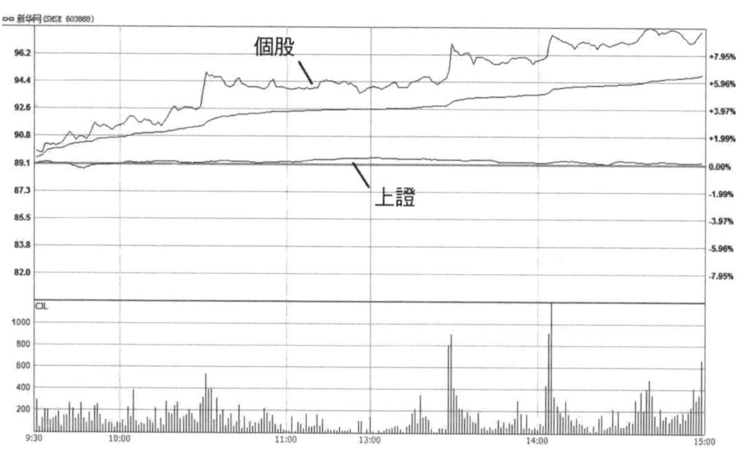

圖10-12　英飛特分時圖

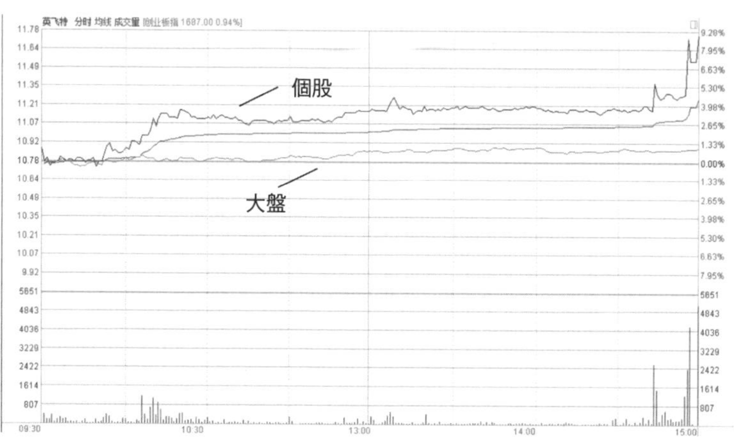

低位早盤快速拉漲的勢頭越猛，主力做多實力越強

形態概述

低位早盤快速拉漲（如下頁圖10-14）是指，股價下跌至5%以下，但開市之後快速拉漲，顯示主力在隔夜準備之後做多的決心，當日收盤價也應該

圖10-13　奧聯電子分時圖

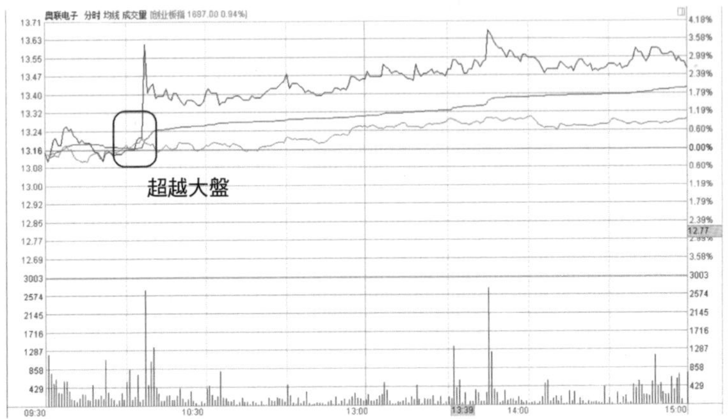

圖10-14　低位早盤快速拉漲示意圖

在早盤高點附近或更高點。

K線實戰

圖10-15是方直科技（300235）2019年11月1日的分時圖。早盤股價快速

圖10-15　方直科技分時圖

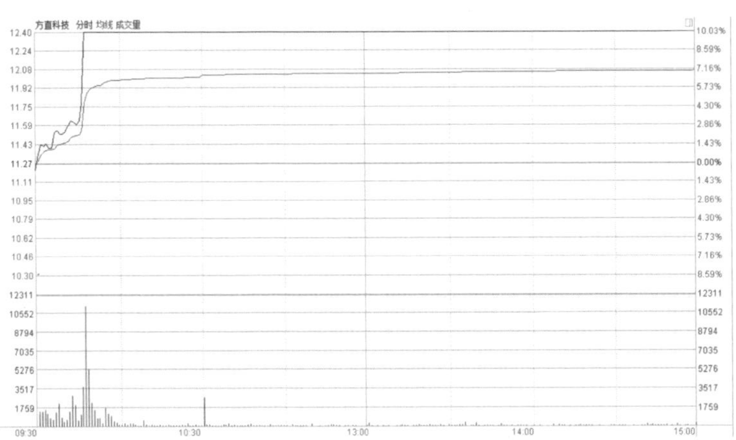

拉漲，並在10:00之前達到當日最高點，同時尾盤收盤價仍在股價最高點，盤中也沒有明顯下跌，說明該股為強勢股。

結構分析

個股早盤快速拉漲的勢頭越猛，顯示主力做多實力越強。個股尾盤保持良好的穩定性，是指在早盤快速拉漲的同時，收盤價保持在股價最高點附近，通常顯示主力做多的強勢。

上漲途中股價穩站均價線，之後會快速拉升

形態概述

如果股價在上漲途中不斷以均價線為強力支撐線，顯示主力在做多的同時，不願意降低股價，也顯現股價在盤中的強勢特徵。

在實際股市裡，常會出現股價對均價線向下突破後急速拉升的情況，那些來不及等K線運行完的投資者會在此時賣出，但股價在均價線下短暫運行後，大多會快速拉升，使很多技術派投資者賣出籌碼。下頁圖10-16為上漲途中股價站穩均價線。

圖10-16　上漲中途股價穩站均價線示意圖

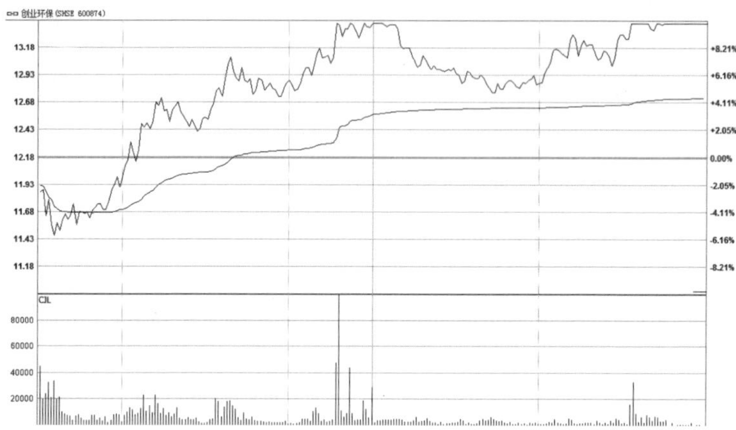

圖10-17　聯絡互動分時圖

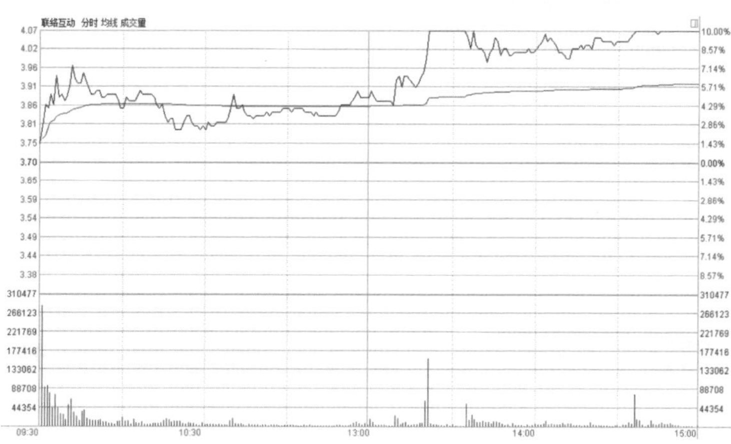

K線實戰

圖10-17是聯絡互動（002280）2019年11月1日的分時圖。盤中股價幾乎全天穩居於均價線之上，顯示主力做多實力強勁。

結構分析

盤中股價處於均價線之上的時間越長，個股主力做多實力越強。

10-3 抓賣點：走勢弱於大盤、高位盤內快速跳水等

與10-2節的內容相反，本節要幫助投資者在分時圖中選擇賣點，並且看清K線形態所處態勢。本節將分析分時圖中，個股分時走勢弱於大盤走勢、高位盤內快速下跌，以及下跌途中股價被均價線壓制這3種情況，幫助投資者清楚認識市場格局，選擇好的賣點。

個股分時走勢弱於大盤走勢時，應把握時機賣出

形態概述

在分時圖中，個股分時走勢弱於大盤分時走勢，意味著個股漲勢弱於大盤，屬於弱勢股（如下頁圖10-18）。這類個股往往遭遇市場資金的離棄，投資者要把握弱勢股的賣點時機，盡早規避風險。

K線實戰

⑴下頁圖10-19是立思辰（300010）2019年11月1日的分時圖。早盤開始之後，該股股價在短暫纏繞大盤走勢線後開始向下突破，顯示出當日的賣點。之後股價一直運行在大盤走勢線之下，顯示該股走勢的弱勢特徵。

⑵第219頁圖10-20是數字政通（300075）2019年11月1日的分時圖。盤中個股股價一直運行在大盤分時走勢之下，顯示該股股性的弱勢，以及該股不受市場資金的追捧。

結構分析

弱勢個股早盤就開始弱於大盤，同時收盤價也低於大盤，清楚顯現著個

圖10-18 個股分時走勢弱於大盤走勢示意圖

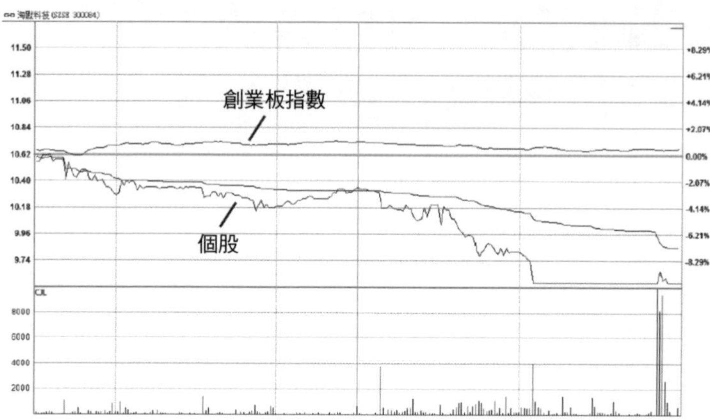

圖10-19 立思辰分時圖

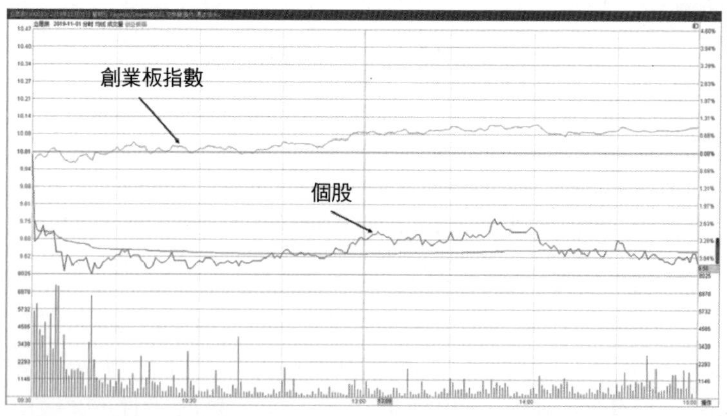

圖10-20　數字政通分時圖

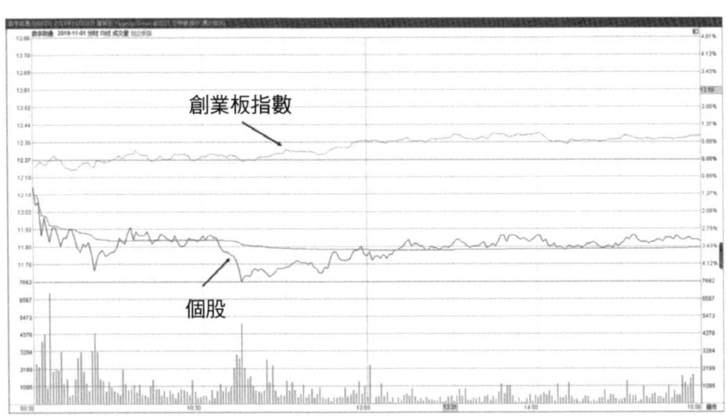

股的弱勢特徵。

高位盤中快速下跌時，應留意是否為慣性特徵

形態概述

高位盤中快速下跌是指，股價在早盤快速拉漲並升至高位之後，開始轉勢直跌、不斷下跌，顯示主力在隔夜準備之後做空的決心。見下頁圖10-21。

K線實戰

下頁圖10-22是綠盟科技（300369）2019年10月31日的分時圖。早盤開市之後，股價在短暫的調整後快速拉漲，迅速達到高位，但隨後股價不斷下跌，顯示該股的弱勢特徵。

結構分析

個股盤中股價在短暫衝高之後，若沒有充分的成交量配合，容易造成下跌的形態。個股盤中高位下跌的斜率越大，後期風險越大。

圖10-21 高位盤內快速下跌示意圖

圖10-22 綠盟科技分時圖

圖10-23　下跌途中股價被均價線壓制示意圖

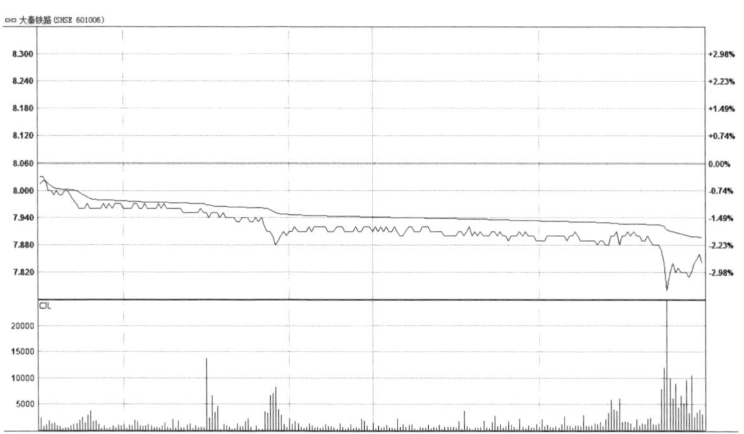

下跌途中股價被均價線壓制，表示處於弱勢

形態概述

若股價下跌途中不斷以均價線為壓力線，則顯示主力在做空的同時，不願意提高股價，也顯現股價在盤中的弱勢特徵。在實際股市裡，常會出現股價對均價線向上突破後急速反轉的情況，但是股價在均價線上短暫運行後，大多會快速回落。見圖10-23。

K線實戰

下頁圖10-24是四方精創（300468）2019年9月26日的分時圖。盤中股價運行在均價線之下，只有幾個短暫的向上小幅回彈，吸引部分買盤力量，但買盤力量不持續，使股價很快回落到均價線之下，走勢持續疲弱。

結構分析

盤中股價在均價線之下運行的時間越長，個股主力做空實力就越強。

圖10-24　四方精創分時圖

第 11 章

用 K 線解讀主力布局，掌握波段賺飽價差

為了吸收籌碼，主力建立部位會出現這些形態

股市中存在廣為人知的主力理論，恰好是心理分析學派誕生的部分理由。主力顧名思義是在股市中具備足夠實力、令普通投資者望而生畏的對手。本節將圍繞主力在建立部位階段使用的方法，讓投資者深刻認識股市。

建構底部形態

主力在建立部位時，會選擇建構技術上的底部形態，以達到引導市場資金的目的。構築底部形態一般會以2種形式出現：一是前期股價長期下跌，為之後的低點集籌提供充足空間；二是在長期整理平台建立的尾聲階段，透過最後一波股價的快速下跌清理持有盤。

形態概述

建構底部形態（見圖11-1）是指市場在進行一輪漫長的下跌行情，或是在長期橫盤之後，製造出一個下跌築底的空間。

其目的有2個：一是以下跌的方式，在長期冷淡的橫盤期，對持有盤進行最後一擊，不堅決或受到影響的投資者有可能退

圖11-1 底部形態的構建示意圖

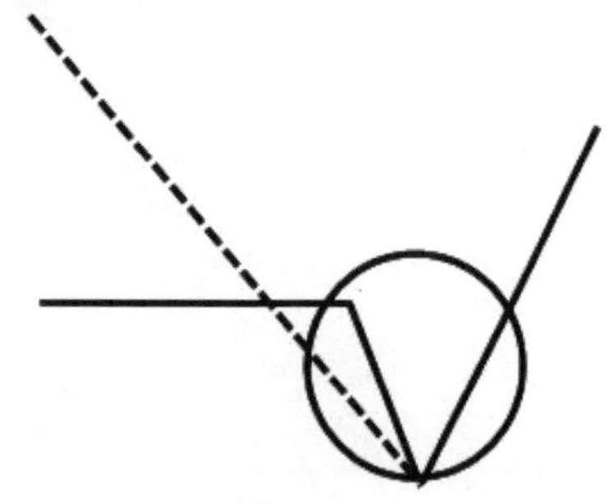

圖11-2 日照港日 K 線圖

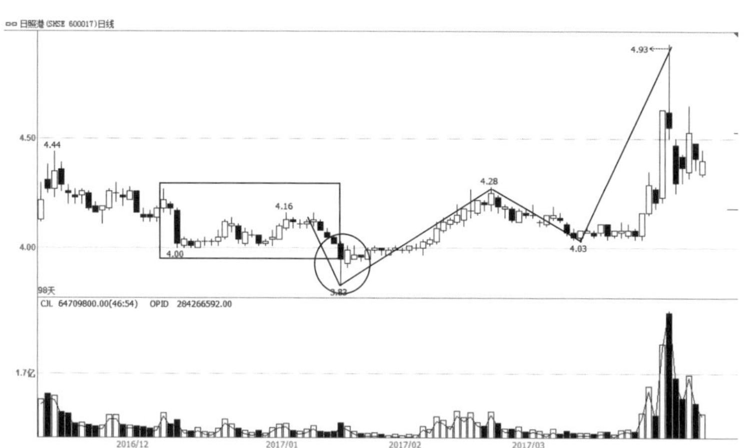

出，以便主力進一步鎖定籌碼；二是在製造下跌破位之後，為後市的上漲營造空間，以帶動買盤追進，在技術指標上容易做出多頭排列的線性形態，吸引更多投資者關注並買進。

K 線實戰

圖11-2是日照港（600017）2016年11月14日至2017年4月10日的日K線圖，被圈住的部分為築底位置。該股在前期長期橫盤之後，這波下跌為其賺足人氣，幫助該股在後期的大漲中維持強大的支撐力量。最可信的指標是成交量，其成交量迅速放大，表明主力後期追漲，投資者應注意觀察。

結構分析

底部形態的建構分為長期下跌過程中的底部建構，以及長期橫盤後的底部建構。下跌行徑中的底部形態建構，一般需要股價走勢長期處於弱勢、嚴重超跌，此時進場資金十分有限，不會得到過多關注。長期橫盤後的底部建構，意味著主力在進貨時以時間為代價，後期走勢將銳不可擋。

在底部形態建構的末期，成交量的表現會進一步確認趨勢走向。在漲幅偏小，成交量卻異常放大的情境中，透露出主力加快進貨的意圖，也表明大漲勢頭即將來臨。

建構長期的橫盤形態

主力建立部位使用的第2類方式，是以橫盤的形式來完成漫長的進貨。為了保證能足夠控制籌碼，主力會盡可能壓低成本，所以構築這類形態通常會耗費大量時間，沒有耐心的投資者容易中途離去，導致錯過一波大幅上漲行情。為了幫助投資者準確選擇買點、認識當前股價所處階段，接下來將深刻剖析這類技術形態。

形態概述

建構長期橫盤形態（見圖11-3）意味著主力在收集籌碼時，以耐心的姿態和散戶博弈，也表明主力對後期行情的大規模上漲有充分準備，因此針對長期橫盤建立部位的個股，掌握爆發前的節點具有重要意義。

圖11-3　長期橫盤形態的構建示意圖

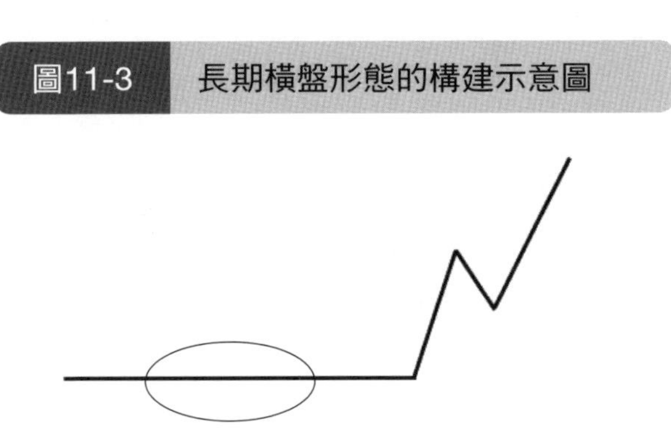

K線實戰

圖11-4是中國聯通（600050）2016年3月15日至2016的12月28日的日K線圖。從圖中可以看出，該股在長期橫盤之後，走勢一躍而上，以不可阻擋的漲勢衝在牛市的前端。投資者掌握這類牛股，看清其在走勢過程中轉變的行徑才是上策。

結構分析

該結構形態和圖11-2中的橫盤後築底形態相似，只是省去築底這一步驟，意味著主力在長期的進貨後已有充分的籌碼，一直追蹤該股的投資者此時可以與其共享成果。

圖11-4　中國聯通日K線圖

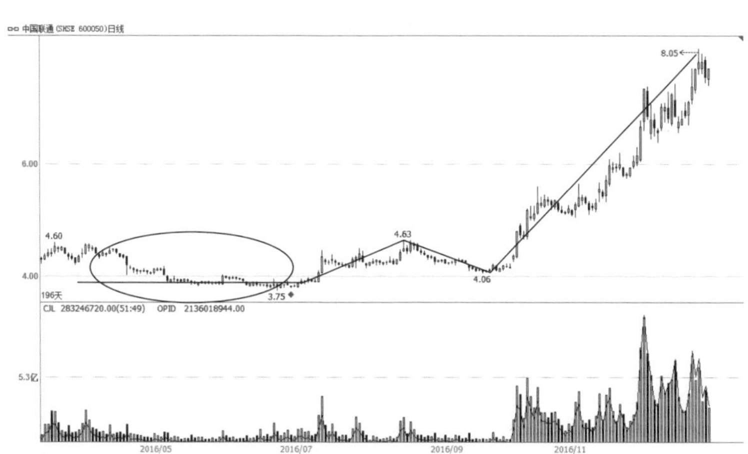

建構震盪形態

主力建立部位使用的第3類方式，是以震盪形態為主的波動性建立部位。從週線上來看，其股價走勢會明顯呈現出橫盤的形式。但與建構長期橫盤形態不同的是，主力以震盪形態進貨是為了在進貨的過程中，賺取高賣低買的波動性利潤。因此，這類形態顯示主力資金和耐心不足等缺陷，後期上漲的空間必然會受到影響。

形態概述

建構震盪形態（見圖11-5）是指，主力在股價走勢中不斷以窄幅震盪的形態進貨，在獲得籌碼的同時，小幅度高賣低買以降低拉升成本，說明主力在拉升時欠缺資金，一味追求成本極小化，因此後

圖11-5　震盪形態的構建示意圖

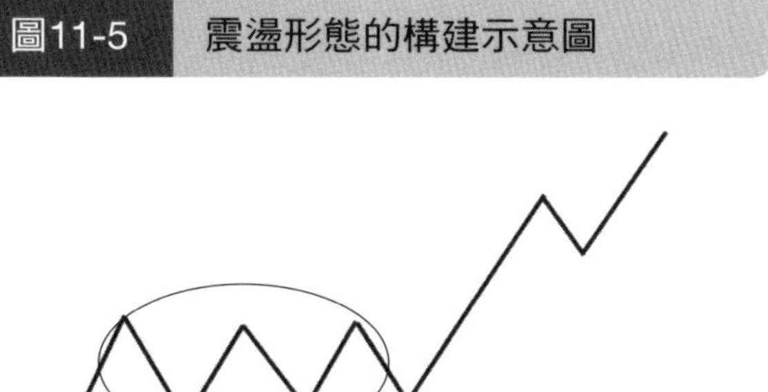

圖11-6 黃山旅遊日 K 線圖

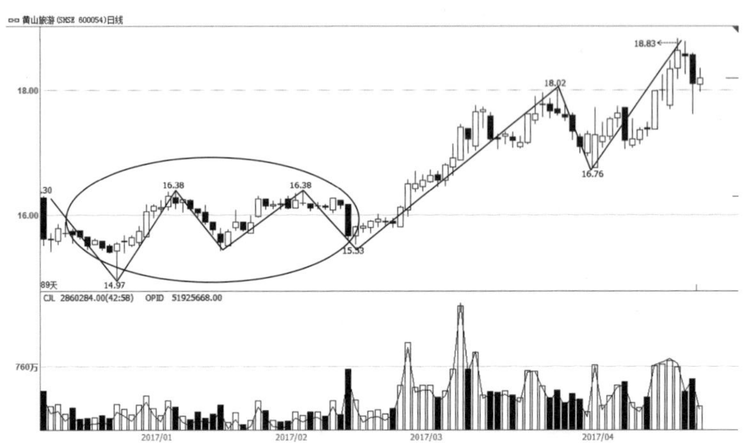

期即使有向上做多的動力也不會過高，更適合做短線追蹤。

K線實戰

圖11-6是黃山旅遊（600054）2016年12月12日至2017年4月25日的日K線圖。該股前期走勢反覆震盪，在震盪後期，成交量發生質的變化。急劇放大的成交量快速把股價走勢推向漲勢的前端，後期股價也的確實現高速上漲。

結構分析

震盪形態是基於主力透過高賣低買的手段獲利而形成，此時的大盤通常沒有明顯的漲勢趨向，該股主力欠缺資金，意味著後期的走勢高度有限，因此適合短線參與。

拉升形態有3種，顯露主力的心理特徵和處境

在主力理論當中，股價走勢必然會經歷拉升階段，產生這個階段有2個條件：一是主力前期至少完成60%的進貨，二是有足夠的市場行情或個股資訊支撐。雖然這些都是主力的小手段，但不難看出其中透露的資訊。本節將圍繞這些技巧，分析其中含義。

快漲型拉升形態

快漲型拉升形態為主力拉升過程中最典型的形態，對投資者有很大的吸引力，所以這類形態走勢通常考驗投資者的心理素質和操作水準。接著，介紹在快漲過程中股價走勢圖顯現的主力心理特徵，以及如何以此判斷主力所處情況。

形態概述

快漲型拉升形態（見圖11-7）的特點是上漲速度快、幅度短、時間短。這個形態依據成因分為2類，一類是主力有雄厚的資金支持，而且各方看好，一漲不回頭。另一類是主力資金偏向短線，急於拉高獲利，屬於短線資

圖11-7 快漲型拉升形態示意圖

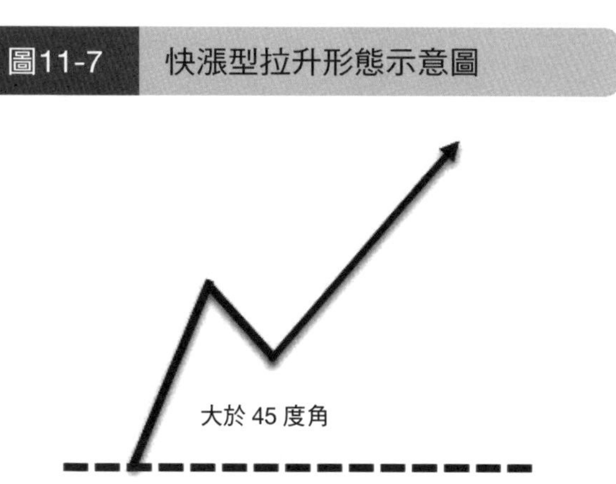

圖11-8 浦發銀行日 K 線圖

金行為，一般漲勢幅度有限。兩者在漲勢過程中暴露的最大差別，是前者有充分的基本面做支撐，後者則偏向於短線資金投資行為，以量取勝。

K 線實戰

圖11-8是浦發銀行（600000）2016年8月24日至2016年12月15日的日K線圖。從圖中可以看出，股價在快速上漲後反轉而下，顯示走勢強勁卻短暫。這時候，個股走勢很明顯是因為短線資金投資行為，因此投資者遇到這類個股時應保持警覺。

結構分析

日K線的快速上漲大多意味著短期行為，尤其是在大盤並未明顯走多的格局之下。因此，在認清個股所處階段前，應注意其差別，避免短利追逐失敗後的深度套牢。

慢漲型拉升形態

主力急於拉升且不願散戶進入時，必然是大波行情啟動的時候。股價緩漲使進入機會眾多時，主力必然希望散戶參與，進而達到局部出貨的目的。接下來將展現其具體實例。

形態概述

慢漲型拉升形態（見圖11-9）是以穩健的主力作風操盤。這類個股在操作時風險低、獲利穩，後期若加快漲勢，意味著個股走勢已接近尾聲，也就是當一切慣性走勢開始轉向非慣性走勢時，意味著走勢終結。這類個股的主力欠缺資金，承受風險的能力有限，適合保守型投資者選擇。

圖11-9 慢漲型拉升形態示意圖

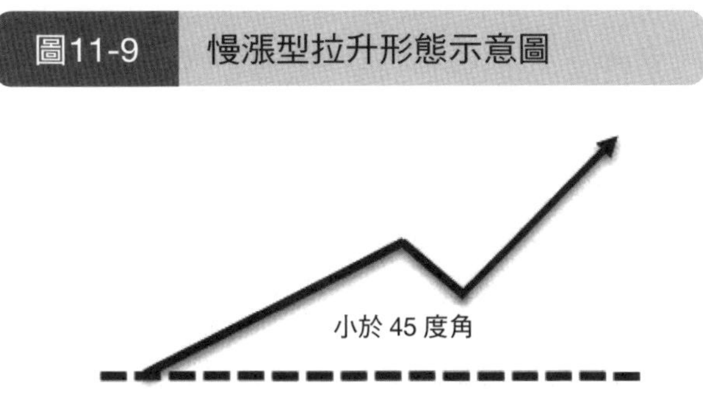

K線實戰

圖11-10是寧波聯合（600051）日2016年12月30日至2017年4月25日的日K線圖。從圖中可以看出，股價在慢爬時通常會顯得很疲弱，做多力量總體

圖11-10 寧波聯合日K線圖

上顯得弱勢，股價容易在漫長的漲勢之後短暫下跌，甚至跌回起始價。因此投資者在投資個股時，應盡可能規避慢漲型個股。

結構分析

主力在參與個股時若資金不足，常會以2類形式參與：一是快漲快跌，二是慢漲。這正好是選擇價格和時間的問題，因此對個股歷史走勢的研判有很強的借鑑意義。

遇到震盪型拉升形態，可選擇性參與

震盪型拉升形態與前2個形態不同，其股價不斷震盪，機會很多卻不願意快漲，表示主力希望不斷降低局部持有盤。此類走勢形態的個股很難把握，卻很適合做高賣低買。

形態概述

震盪型拉升形態（見圖11-11）是指，股價走勢在上漲過程中以震盪形態頻繁出現，表示主力主要以高賣低買的方式選擇獲利盤，因此當股價真正開始快速拉漲時，反而意味著股價漲勢終結。把握這類個股的走勢，需要看準該股的走勢節奏，雖然難度較高，但投資者可以適度參與。

圖11-11 震盪型拉升形態示意圖

K線實戰

圖11-12是浙江廣廈（600052）2016年5月20日至2016年11月22日的日K線圖。從圖中可以看出，該股在走勢中以頻繁的震盪形態掩飾上漲行為。對

圖11-12 浙江廣廈日 K 線圖

投資者來說，震盪期間的幅度和力道很難把握，因此在參與過程中需要嚴謹判斷，可以選擇性參與。

結構分析

從纏論角度來看，股價震盪過程中的擴展，意味著將展開新一波大範圍調整。因此在面對震盪行情時，短線高賣低買是好方法，而中長期投資往往只是徒勞。

11-3 面對主力震倉的 3 種形態，散戶該如何因應？

在主力理論中，股價走勢必然會經歷震倉階段。產生這個階段有2個條件：一是主力當期已經獲利，二是股價還有足夠空間需要清理出部分持有盤。

短期橫盤形態

短期橫盤形態是震倉盤面形態中常見的一部分。在股價走勢中，上漲後必然會有一部分獲利盤逐步兌現自身利潤，而此時主力可以局部出貨繼續吸納進貨，在不降低進入門檻的同時，以橫盤的形式減少後期的賣壓盤，為漲勢贏得空間。

形態概述

短期橫盤形態（見圖11-13）是指，股價走勢在一定階段的漲幅後選擇停滯，以短暫橫盤的形式表達當前所處的走勢階段。主力設置短暫的橫盤形式，主要有2個原因：一是不願降低股價，表示後期有繼續向上的做多動力，二是需要整理部分獲

圖11-13　短期橫盤形態示意圖

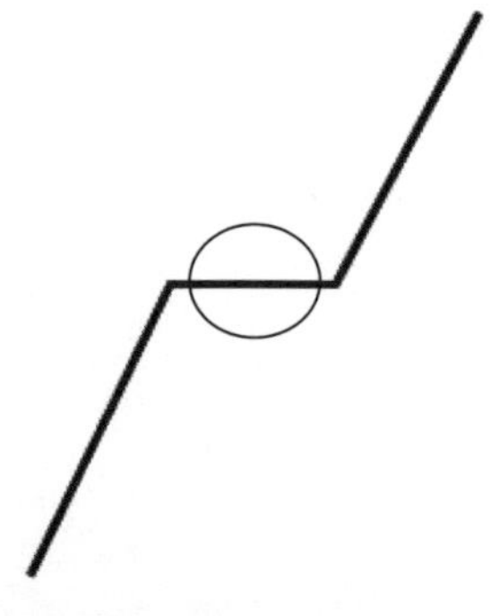

圖11-14　中原高速日 K 線圖

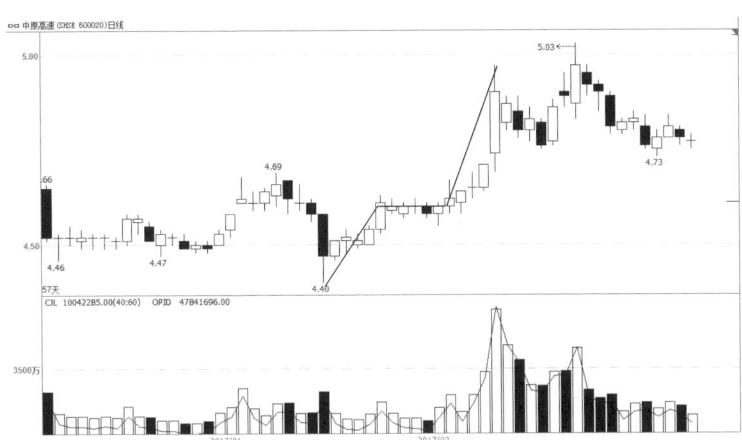

利盤，為後期繼續上漲減少過多賣壓。因此，在漲勢中出現的短期橫盤形態通常具備充分的預期能力。

K 線實戰

圖11-14是中原高速（600020）2016年12月12日至2017年3月8日的日K線圖。從圖中可以看出，該股在以短期平台鋪墊漲勢時，成交量已無法繼續放大。

結構分析

短期橫盤形態在個股漲勢的途中出現，橫盤時間越短，後期漲勢越猛。橫盤時間過長，則容易出現趨勢反轉，轉勢成為出貨手段，後期股價走勢必然反轉向下。

緩慢下跌形態

緩慢下跌形態也是震倉盤面形態中常見的一部分。相較於短期橫盤形態，這個形態的主力實力略顯不足，但在股價走勢中，上漲後必然會有一部分獲利盤逐步兌現利潤，此時主力可以局部出貨繼續吸納進貨，以緩慢下跌的形式整理部分技術持有盤，以減少後期賣壓，為漲勢創造空間。

形態概述

緩慢下跌形態（見圖11-15）是指股價以小幅下跌為成本，整理出部分不堅定的籌碼，進而在後期推漲過程中，實現更強勢的上漲。這類個股走勢圖與短期橫盤形態的走勢圖相似，但走勢相對弱勢，因此透過走勢圖掌握個股所處階段的強弱尤為重要。

圖11-15　緩慢下跌形態示意圖

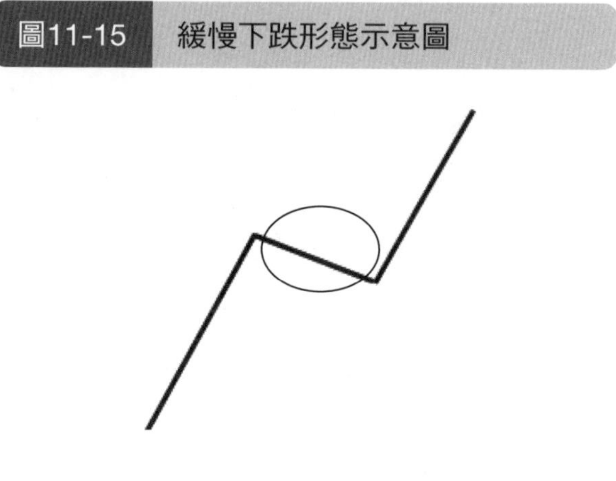

K 線實戰

圖11-16是包鋼股份（600010）2016年11月14日至2017年4月25日的日K線圖。從圖中可以發現，前期該股股價走勢已快速上漲脫離低價位，之後雖然在較高價位調整，但都沒有下壓股價，顯示主力護盤的心態。後期股價走勢斜率有所降低，意味著上漲動力已趨於疲乏。投資者遇到此類在較高位盤旋的個股，應積極準備，以獲取可觀的利潤。

結構分析

主力在股價下跌時控制幅度，意味著在拉升過程中沒有充分獲利，因此後期必定有一波漲勢。但是，後期的漲勢是建立在獲利的基礎上，因此股價走勢的幅度有很大的空間，根據股價調整幅度判斷走勢所處階段，是絕佳方法。

圖11-16　包鋼股份日K線圖

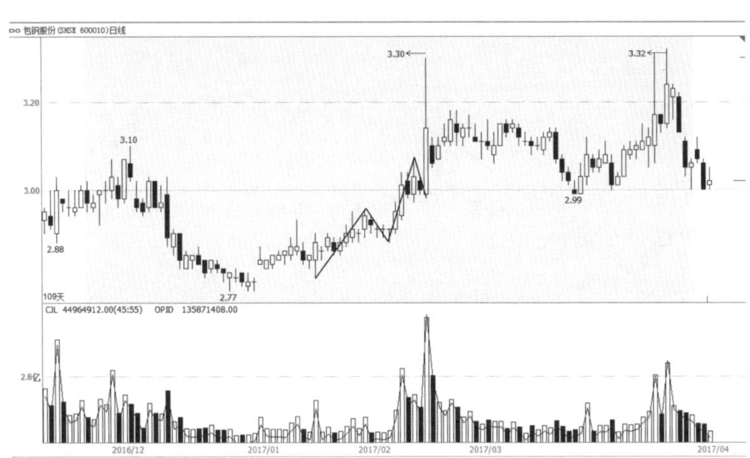

快速下跌形態

相較於緩慢下跌形態，這個形態明顯暴露出主力意圖。由於股價走勢有上漲的慣性，同時主力需要再度創造部分更高位的空間以完成出貨，因此後期會有小幅度拉升行為。

形態概述

快速下跌形態（如右圖）意味著股價在快速上漲時突然下跌。出現快跌有2個必要條件：一是前期必定有一波快速漲幅，因此會吸引大量追漲盤，二是主力必定在前期拉漲過程中，實現階段性獲利。

圖11-17　快速下跌形態示意圖

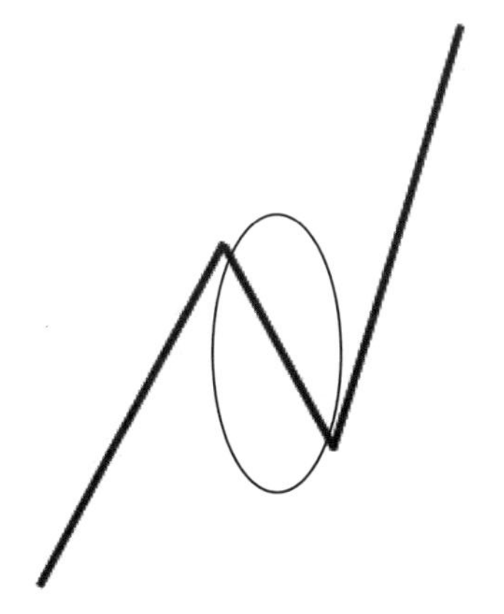

K線實戰

下頁圖11-18是福建高速

圖11-18　福建高速日 K 線圖

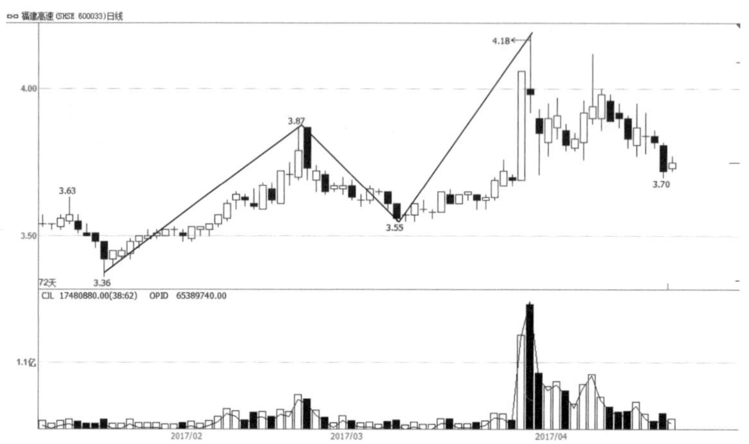

（600033）2017年1月5日至2017年4月25日的日K線圖。從圖中可以看出，整個走勢過程中股價漲多跌少，但在圖中標示區域開始放緩漲勢。

隨後的快速下跌進一步證實主力已處於獲利階段，充沛的資金流使主力如虎添翼。股價在高位大幅波動，透露股價當前已處於階段末期。投資者遇到這類個股時，可以選擇買進做短線投資，但必須謹慎操作。

結構分析

快速下跌形態屬於大刀闊斧的整理手法，而這種行為表示此時已獲利的主力在資金充沛的情況下，會有一個局部出貨的行為，因此後期漲幅和漲速都會受到限制。投資者若有很強烈的短線投資動機，可以適當買進。

11-4 主力的長期橫盤出貨，容易使求穩的投資人被套牢

在主力理論中，股價走勢必然會經歷出貨階段。產生這個階段有2個條件：一是主力當期已大額獲利，二是股價還有足夠空間賣出剩餘籌碼。本節將圍繞箇中技巧，並分析其中含義。

拉高出貨形態

在主力的出貨行為當中，拉高出貨是最有效的手法，因為在拉高的過程中，容易帶動市場跟風盤的動力和熱情，有利於主力趁機出貨。當股價到達頂部時，主力所持籌碼必然已經很少，即使在後期拋售，也不會對整體獲利造成重大影響。

形態概述

圖11-19　拉高出貨形態示意圖

拉高出貨形態（見圖11-19）是指主力逐漸拉升股價的過程中，在漲勢的末端開始不斷出貨，以兌現當前所得利潤，但因為漲勢仍然繼續，不容易被投資者發現。

在股價上漲的末期，拉高出貨的動機經常會因為成交量和股價的背離而

圖11-20　歌華有線日 K 線圖

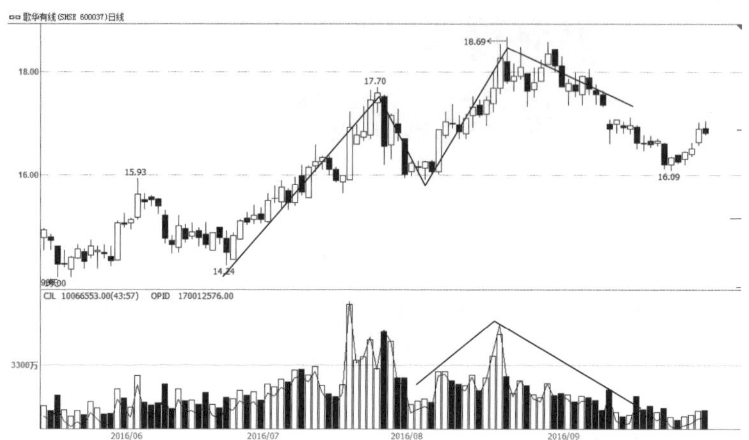

顯露出來。當成交量在前期出現天量之後，股價可能保持繼續上漲的態勢，成交量卻維持在持續放量的狀態，無論如何都無法超越前期的天量。這是因為連主力都開始出貨，追漲盤必然不會繼續擴張，因此成交量會下降。

K 線實戰

圖11-20是歌華有線（600037）2016年5月16日至2016年10月11日的日K線圖。從圖中可以看出，股價走勢有一段堅挺的上攀過程。隨著天量的出現，股價一直保持繼續向上的走勢，但成交量沒有出現明顯萎縮，導致後期股價無法維持向上衝刺的態勢，表明該股此時已明顯進入拉升的疲憊期，逐漸顯露出貨意圖。

結構分析

主力在構築出貨形態時，最難掩飾成交量的變化。以成交量作為判斷出貨的依據，對投資者有充分的指導作用。因此，投資者應積極關注成交量和股價在背離中顯現的特點。

長期橫盤出貨形態

在主力的出貨行為當中，長期橫盤出貨是非常隱蔽的手法，因為拉高後有足夠的市場觀望者在等待時機，容易使相對求穩的投資者被套牢。

形態概述

長期橫盤出貨形態是指，股價在前期漲勢後，以橫盤的形式長期處於高位，股價一直沒有明顯的上漲跡象，此時該股走勢已逐漸弱化，見圖11-21。這種出貨形態的最大缺點就是耗費時間，投資者遇到這類個股時，應保持謹慎的態度。

圖11-21　長期橫盤形態示意圖

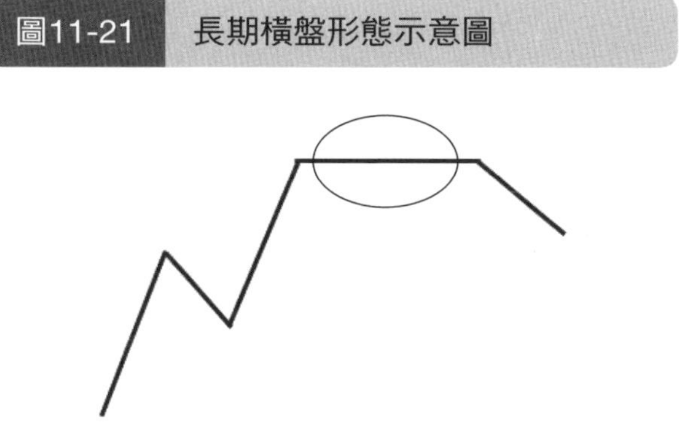

K線實戰

下頁圖11-22是鳳凰光學（600071）2016年5月11日至2017年4月25日的日K線圖。從圖中可以看出，股價在前期一波持續漲勢後橫盤整理。雖然與理論趨勢相近，這期橫盤進行局部出貨，但這個橫盤階段的成交量沒有呈現明顯放量，因此後期的下跌走勢並未快速大跌，而是形成一個幅度較大、時間較長的反彈區間。由此可知，橫盤的時間長短與後期股價走勢必然有極大的關連。

結構分析

在股價走勢中，常被強調的「時空」在此顯示得特別明顯。時間和空間是一個兩層次的座標，主力追求利潤最大化時，通常會調整時間和空間的比例來布局，而這類技術形態的形成便是以犧牲時間為代價，投資者應保持警覺。

圖11-22 鳳凰光學日 K 線圖

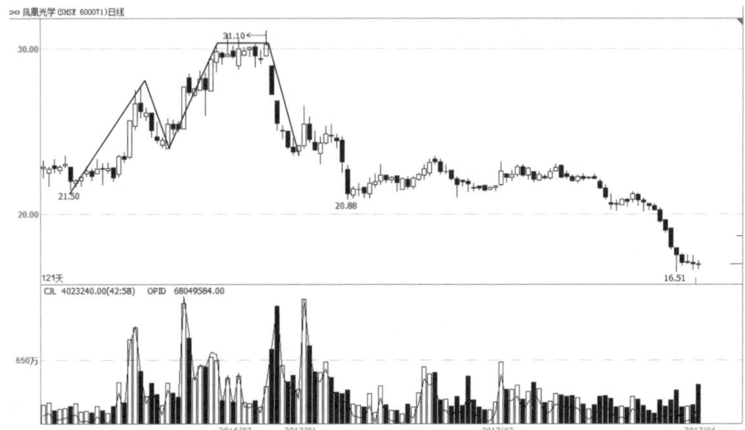

第 12 章

追擊漲停板，是短線高手的操盤祕技

12-1 搶攻漲停板需要耐心，更要注意哪些重點？

在股市裡，不同視角的股市贏利法則，造就一批又一批充滿奇思妙想的投資股票技巧，其中被廣泛推崇的，是因「漲停敢死隊」而聲名大噪的漲停板追法。

在漲停板中有許多類型的股票，其中不乏漲勢凶猛的牛股，因此投資者在追擊漲停板時，需要更多耐心，時刻牢記風險與獲利並存。希望投資者可以藉由本章提升投資技巧，實現利潤增值。

漲停板和跌停板是2種常見的異動形態，是價格走勢極端化的表現，而且通常是主力參與的結果。特別是漲停板，它是捕捉黑馬股、分析主力行為的重要盤面形態，但漲停不一定代表機會，跌停並非就是風險。

在實際操作中，我們需要具體分析。本章將結合各式各樣的漲停形態、跌停形態，解說如何利用這2種極端的價格走勢，掌握個股的後期走向。為了方便講解，我主要以漲停板為對象，跌停板的分析法則與之相仿。

所謂漲停時間，是指個股在當日的盤面中何時出現漲停板。有的個股在早盤鎖住漲停板，有的個股在尾盤才鎖住漲停板，也有直接以漲停板開盤的個股。鎖住漲停板的時間既是主力操盤能力強勢的展現，也是主力做多意願和市場追漲意願的展現。

一般來說，鎖住漲停板的時間越早越好，原因有以下3點：

1. 表示主力在拉漲停板時，沒有刻意看大盤的臉色行事，這是主力操盤能力和做多意願較強的展現。

2. 代表市場的追漲盤較多，而持股者的拋售意願較低，是多方力量顯著占優勢的展現。

3. 很可能與個股符合當前市場中的熱門題材有關，而熱門題材正是連續漲停板誕生黑馬的催化劑。

有些個股在盤中第一次上探至漲停價位時，就被牢牢鎖住。有些個股在上探至漲停板後，卻反覆打開，其股價可以穩穩停留在漲停價位附近不回落。有些個股在上封漲停板時並未被鎖住，反而開始由漲停板處逐漸走低，呈現先漲停、後回落的形態。盤中的封漲停板形態可謂五花八門，不了解這些具體形態蘊含的市場含義，就難以有效利用漲停板。

投資者可以依據個股短期漲勢的強弱力道，將不同的漲停板形態排序。一般來說，出現一波漲停板，隨後即牢牢鎖住、不再打開的形態是最強的漲停板形態，而在漲停板上反覆被打開又反覆被鎖住的形態，說明個股短期上漲勢頭相對較弱。**個股短期是否可強勢上漲，取決於它的K線走勢，也取決於當日的量能大小，需要具體分析**。

K線走勢展現出趨勢運行的資訊，也展現出主力的操作意圖。相同的漲停板分時圖形態，完全可以出現在主力的不同控盤環節下，因此結合K線走勢可以準確分析主力控盤意圖，把握個股走向。

成交量是多空雙方交鋒力道的展現，也是市場分歧情況的反映。若個股可以在量能縮小的情況下強勢漲停，則說明市場呈現一邊倒的看多或做多形勢。若在場外買盤能量未充分釋放的情況下，個股就可以強勢漲停，個股短期強勢上漲的機率較大。

相反地，若漲停板上的量能過大，則說明市場分歧較為明顯。這種放量上漲說明，若後續的買盤無法有效跟進，短期內上漲勢頭難以繼續。

漲停板與主力參與有關，卻不一定是主力參與能力極強，導致個股飆升的訊號。在關注漲停板當日的分時圖形態及日K線走勢情況時，投資者還要關注主力在前期是否有明顯的活動跡象。例如，藉由之前交易日的盤面分時圖、每筆平均成交量的變化情況，以及前期是否有漲停板出現等，真正達到掌握主力動向、追蹤主力走勢的目的。

那些可以出現連續漲停走勢的大黑馬，通常屬於熱門題材的個股。這些個股很受到主力青睞，而且容易受到主力資金的影響，主力在參與這類個股時，也容易獲得市場共鳴，那麼出現短期飆升的走勢也合情合理。

個股的題材多種多樣，有政策消息面題材、上市公司利多消息題材、業績預增題材、土地增值題材、資產注入題材、股權投資者題材等。可以說，社會生活中、政策導向中的焦點，往往會成為股市中的焦點。就這點來說，股市絕不僅是一個買賣雙方進行交易的封閉市場，還是一個接收各種消息並對其作出即時反應的市場。

因此，投資者一定要多關注那些影響股市或相關個股的題材，以此為基礎，再結合漲停板形態來實際操作，就能大幅提升短線操作的水平。

12-2 根據時間長短和鎖單大小，漲停板分為打開與不打開

漲停板根據在漲停價位停留的時間長度，以及對漲停價的鎖單大小，可以分為2類：一類是打開的漲停板，表明此時主力已有出貨意圖，至少在對籌碼的保護上顯得動力不足，也表明主力正在逐漸兌現利潤，至於是處在兌現利潤的開始還是結尾，需要投資者更深層的判斷和思考。

另一類是不打開的漲停板，這類個股以其快速漲停顯現出強勁買盤，預示股市向上的動力慣性，至少短線內會有很大的獲利空間。

打開的漲停板

形態概述

打開的漲停板（見下頁圖12-1）意味著有大量的多空分歧產生，此時漲停板應該結合K線在走勢中的位置來分析。

一般來說，打開的漲停板分為2類。第一類是出貨漲停板，此時往往以漲停鎖死的特徵，用大單鎖住股價，但又突然大幅撤單打開，使股價急速下跌。這時顯現的賣盤好像源源不斷，最後尾盤再度拉起，便於隔日繼續高位出貨。股價走勢凶悍，而且K線應該處於股價的高位處或關鍵突破位，因為籌碼不足或跟風盤不強，準備反轉做差價。

第二類是整理漲停板，此時股價K線應該處於關鍵突破位附近，準備鞏固籌碼。這類個股的分時走勢與出貨漲停板很相像。

K線實戰

下頁圖12-2是吳通控股（300292）2019年6月3日的分時圖。從圖中可以

圖12-1 打開的漲停板示意圖

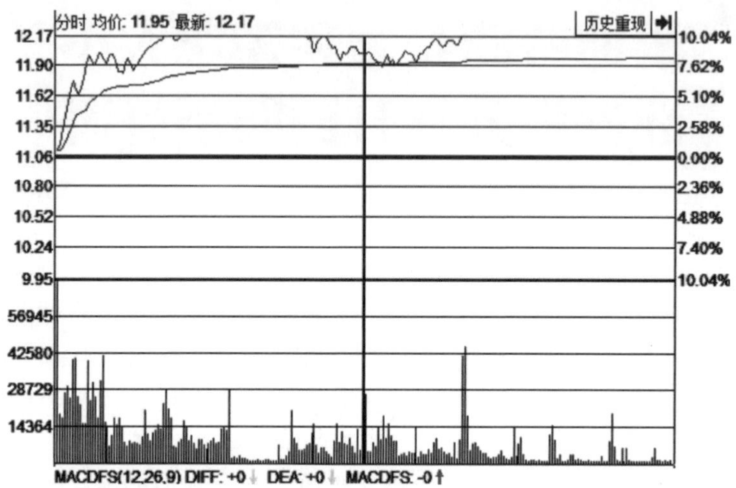

圖12-2 吳通控股分時圖

看出，盤中走勢在漲停後多次反覆打開，成交量放得很大，但更多資訊還要結合日K線進行分析。

圖12-3　吳通控股日 K 線圖

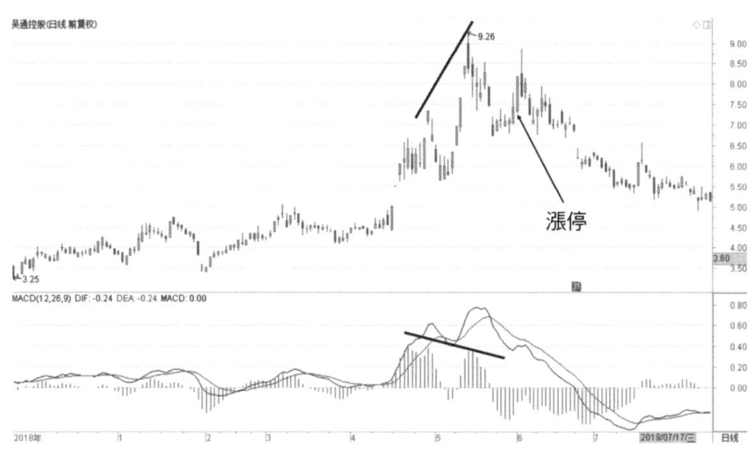

圖12-3是吳通控股日K線圖。從圖中標注處可以看出，這時候股價相對來說處於關鍵突破位，日成交量急劇放大。由於股價走勢與MACD指標形成柱狀線頂背離，因此可認為近期中短線下跌的機率很大，而當前格局是短暫出貨，股價有向下做進一步大幅調整的需求。

K 線實戰

下頁圖12-4是先進數通（300541）2019年10月29日的分時圖。從圖中格局來看，股價僅在早盤短暫打開，但成交量大得驚人。觀察日K線走勢可以更清楚看出趨勢。

下頁圖12-5是先進數通日K線圖。從圖中標注處可以看到，此時股價正位於前期資金密集區，同時在早盤短暫打開之後，放出較大的成交量，因此可認為是典型的震倉盤面形態。

結構分析

個股漲停板帶來市場的連動效果，可能會帶動該類板塊其他個股的強烈反應，進而刺激市場人氣，帶動大盤上漲。某些個股的連續漲停板容易引起投資者的關注，從而判斷大盤持續上漲，使投資者的參與熱情高漲，以此帶

圖12-4 先進數通分時圖

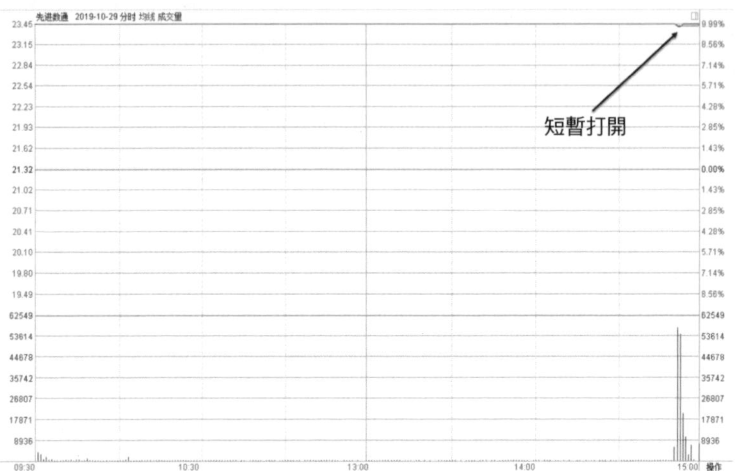

圖12-5 先進數通日 K 線圖

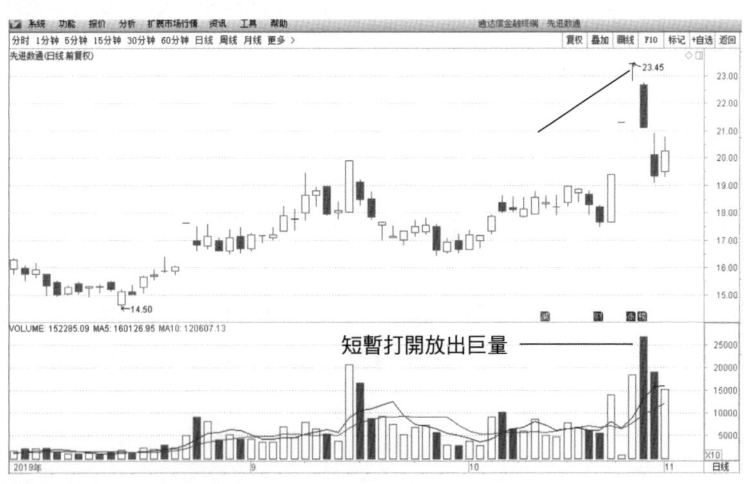

動整個類股上漲，其市場影響面可能超過投資者的想像。

小型股由於流通盤較小，主力仍可用少量資金影響同類板塊的走勢。

漲停板對成交量的變化也有影響。當股市中出現漲停板，但成交量減少的情況時，不表示順勢操作的人減少，反而可能是操作的人增加，只是在當日受漲停板限制的影響下，不可能增加成交量而已。

不打開的漲停板

形態概述

不打開的漲停板（見圖12-6）是指，股價因為重大利多或走勢強勁導致買盤旺盛，使股價在開盤瞬間實現漲停，並且全天鎖住在漲停價上，沒有絲毫波動性，使K線呈現一字形。

不打開的漲停板通常意味著漲勢非同尋常，說明主力準備快速拉升。此類漲停板分為以下2種情況：

1. **縮量漲停：**此類個股後期存在連續漲停板的可能，即使沒有連續漲停，還是會保持很強的向上衝擊慣性。若在此時買進此類個股，必然會帶來短線豐厚的獲利，但投資者也常因此被套牢，所以不能盲目追漲，必須謹慎判斷。

2. **放量漲停：**此類個股後期有繼續上漲的慣性，但相較於縮量漲停個股則稍顯弱勢。成交量夠大時，說明多空已開始博弈，雖然當前多方主力占優勢，但不代表更多的獲利盤不會賣出，後期走勢有待考量。

圖12-6　不打開的漲停板示意圖

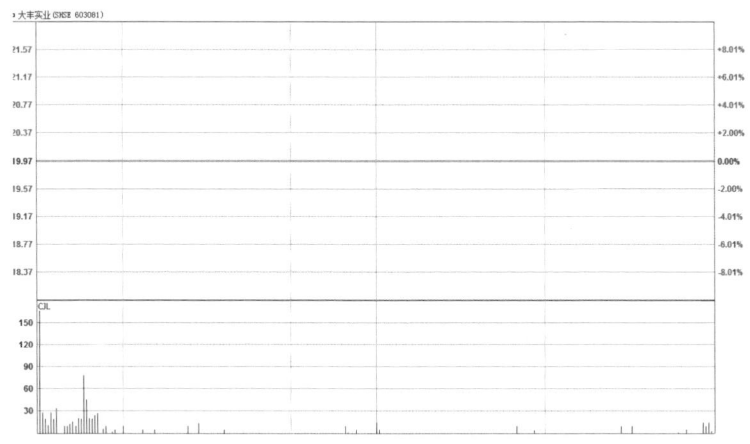

圖12-7 深科技分時圖

K 線實戰

圖12-7是深科技（000021）2019年8月19日的分時圖。圖中為此時盤中走勢完全鎖住的漲停板，表現買盤力量的強勁，藉由對日K線的判斷，我們可以看出該股向上繼續漲停板的空間很大。

圖12-8是深科技日K線圖。從圖中可以看出，此時該股走勢中的成交量呈現縮量態勢，因此後期向上的空間慣性很大，值得投資者積極關注。

結構分析

根據成交量的變化，開盤漲停表現的意義不同，此時成交量的高低意味著整個力量是集中還是分散。

圖12-8　深科技日 K 線圖

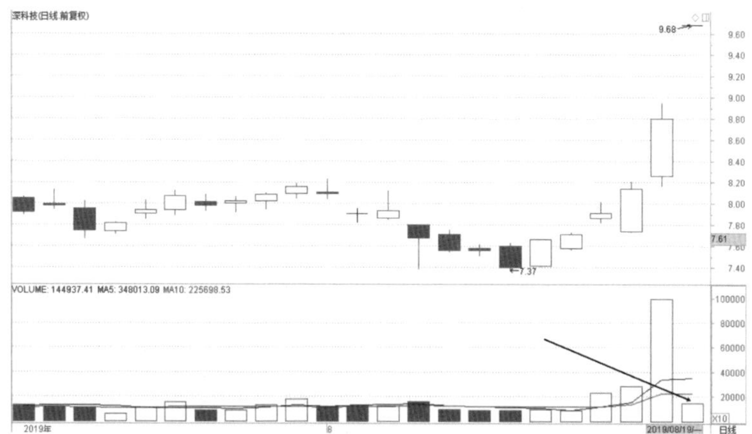

12-3 不同類型的漲停板，會在不同時段顯現買點

漲停板由於其分類不同，會在不同時段顯現買點。同樣地，判斷此類買點也需要配合各類指標加以分析。在分時圖中，選擇買點通常需要配合成交量、MACD、走勢圖、均線、大盤指數的漲跌，以及經驗、技巧綜合判斷，因此選擇買點對投資者掌握基本技術的要求較高。

買點 1：打開漲停板後出現強勢盤整，可短線追漲

形態概述

如果個股在連續無量的漲停打開之後，沒有出現大幅調整而強勢盤整的走勢，說明市場賣壓尚在可控範圍之內，主力也暫時沒有逢高出貨的行為，股價隨後再漲的機率較大，見圖12-9。此時投資者可適當進行短線追漲操作。

K 線實戰

圖12-10是易見股份（600093）2018年12月25日至2019年5月6日的日K圖。該股出現連續3個漲停板，其中第二個漲停與第一個漲停之間出現跳空。第三個漲停打開後，所有回檔都被缺口處支撐著，形成強勢調整的態勢，投資者可以靠著缺口下沿做多。

結構分析

通常連續漲停板再打開的風險很大，不建議投資者進場。但如果能通盤分析，找到大週期大結構的支撐位，並且該支撐位顯示其作用，風險可控的

圖12-9　開板後強勢盤整示意圖

圖12-10　易見股份日 K 線圖

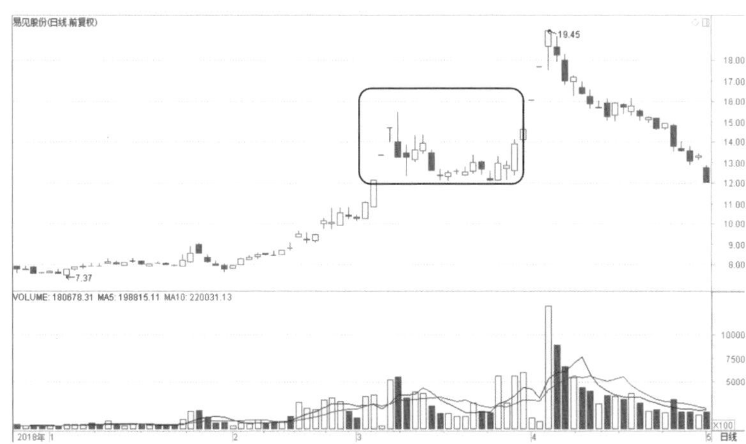

情況下還是可以嘗試下一波漲勢。

最好配合成交量分析，如果打開漲停板後沒有連續放出較大的成交量，而且換手率較低，說明擁有較多籌碼，有較大的機率再次出現一波拉漲。

圖12-11　回檔後的低點漲停示意圖

買點 2：無明顯利多、處於回檔後的低點

形態概述

個股無明顯熱門題材，不代表沒有主力參與。如果個股正處於一波調整走勢後的低點，此位置出現的開盤後急速漲停形態，很可能是主力短期內有意強勢拉升個股的訊號，這也是主力的實力和控盤能力較強的展現。此時投資者不妨短線追漲。見圖12-11。

K 線實戰

圖12-12是諾德股份（600110）2019年7月9日分時圖中的早盤快速漲停板。可以看到，該股早盤開盤幾乎開平，以此掩飾強大的買盤力量。該股全天股價震盪上漲，在最後半小時穩穩鎖住漲停。

圖12-13是諾德股份日K線圖。從圖中可以發現，該股漲停後形成頭肩底形態。雖然在第4個交易日才突破頸線，但如此強勢地構築右肩，形成頭肩底的機率極高，因此可以短線買進。

圖12-12 諾德股份分時圖

圖12-13 諾德股份日 K 線圖

圖12-14　突破盤整區漲停示意圖

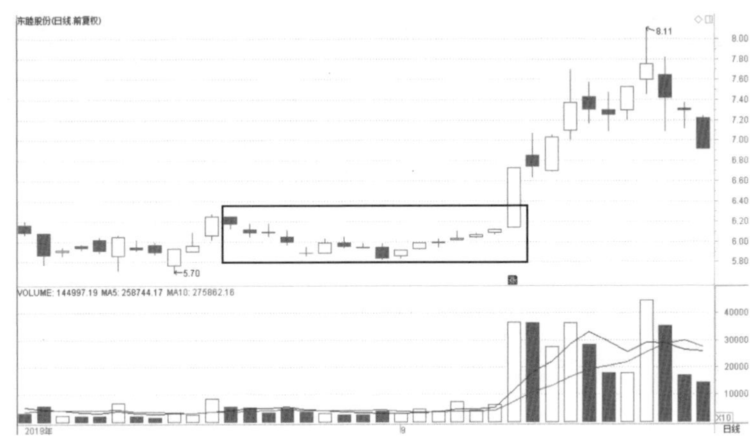

結構分析

確定回檔低點的重點是要確定這是一波回檔，即之前的上漲趨勢沒有結束。回檔以漲停的形式結束，新的上漲以漲停的方式開啟。判斷前期上漲趨勢是否結束，需要其他方面的技術分析配合，當日的漲停不能證明前期上漲趨勢沒有完結。

買點 3：突破盤整區的漲停

形態概述

突破長期盤整區的漲停（見圖12-14）是一種非常強勢的突破形態。當個股在上升途中出現較長時間的盤整走勢時，難以預料後期是破位下跌還是突破上漲，但是漲停板的突破卻提供明確訊號：主力可能在這個盤整區積極進貨，由於主力的加入與拉升，個股才可能實現這種獲利的漲停板突破。

K 線實戰

圖12-15是中國衛星（600118）2018年9月17日至2019年4月12日的日K線圖。從圖中可以看出，股價以漲停的形式突破前期震盪的區間。橫向震盪

圖12-15　中國衛星日 K 線圖

區間通常為持續形態，突破區間上限，意味著後市股價將按照原趨勢方向行進，以漲停的方式宣告後市走向，是高強度的看漲訊號。

結構分析

很多時候，投資者難以判斷股價對於震盪區間的突破是真是假，因此要憑藉三三原則來判斷，也就是**突破並站穩3天以上，突破關鍵位的幅度為3%以上**，其原因在於確保突破的力道。如果以漲停的方式出現，則自然表現出強勁的力道，並且震盪區間的籌碼相當多，大多數持股成本皆位於此，如果股價能快速突破籌碼密集區，也代表後市看漲的趨勢。

12-4 小心！選錯賣點會瞬間吐出獲利，甚至被套牢

本節與12-3節中的操作技巧相似，但尋找賣點更需要投資者信任技術指標，以及具備控制自身情緒的能力。一旦漲停板的賣點選擇失誤，投資者可能在一天之內失去數日的利潤，甚至被套牢。因此，選好買點後，要設好停利點，以實現利潤最大化。

賣點 1：不斷打開漲停板

形態概述

不斷打開漲停板（見圖12-16），意味著股價高位不斷賣出，也意味著此時多空力量已開始對峙，面臨這類個股時，應該選擇離開，以免遭遇隔日股價開低下跌的情況而被套牢。在這類個股中，也存在部分擁有整理意圖的個股，但數量較少，個股主力通常不願意在高位久待。

K 線實戰

圖12-17是恒鋒信息（300605）2019年6月17日的分時圖。從圖中可以看出，該股在早盤長期橫盤之後，午後快速拉起，期間漲停板不斷打開，顯示賣盤力量凶悍，主力實力欠佳。

第262頁圖12-18是恒鋒信息日K線圖。從圖中可以看出，前期股價一路飆漲，且放出天量，該股漲停意味著更多的高位出貨，沒有很大的操作意義，後期股價可能繼續下跌或長期整理，但做多力量被削弱後，投資者應多留意觀察。

圖12-16　不斷打開的漲停板示意圖

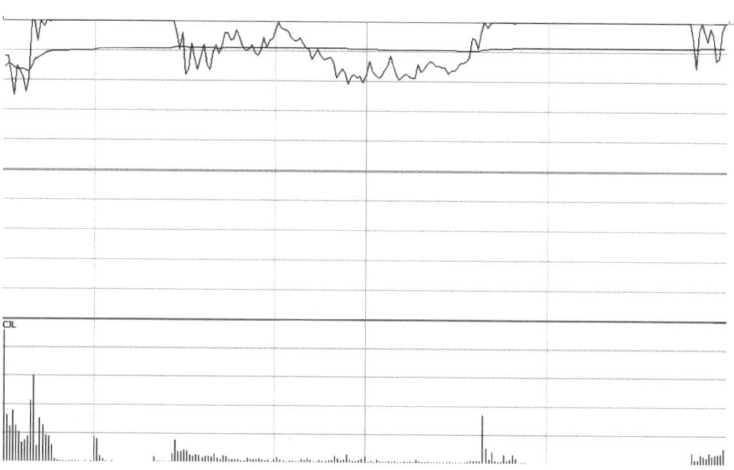

圖12-17　恒峰信息分時圖

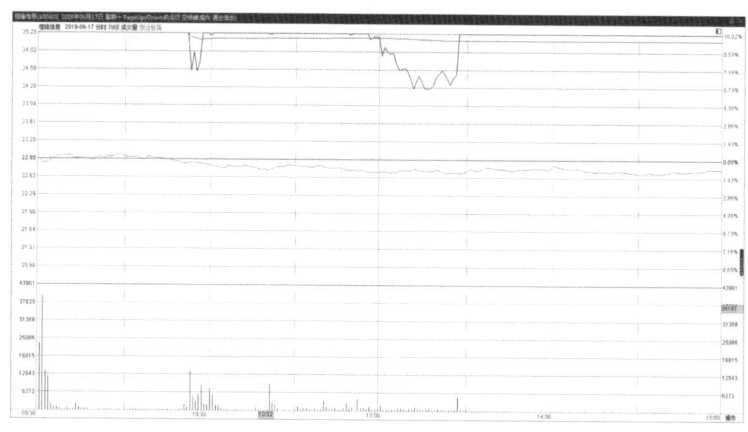

結構分析

分析漲停板的特徵時，應該結合K線和其他指標綜合判定，不應該過分依賴部分資訊，才能提高分析與判斷的準確性，進而擴大利潤。

圖12-18 恒峰信息日 K 線圖

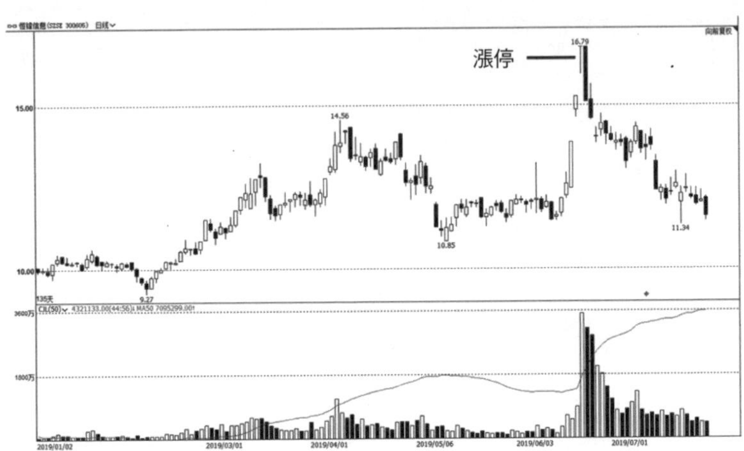

賣點 2：漲停板小量鎖住，後期漲勢可能有限

形態概述

涨停板小量鎖住（見圖12-19）是指股價在漲停板之後，沒有充足的買盤在漲停價位吸收賣盤，但更多意味著主力實力有限、做多欲望一般，因此後期漲勢有限，有可能對新入資金的安全產生影響。投資者此時可以考慮賣出，以規避隔日股價開低下跌帶來的風險。

圖12-19 漲停板小量封盤示意圖

賣五	0.00	0
賣四	0.00	0
賣三	0.00	0
賣二	0.00	0
賣一	0.00	0
買一	39.90	1101
買二	39.86	5
買三	39.85	30
買四	39.82	7
買五	39.80	10

K 線實戰

圖12-20是誠邁科技（300598）2019年11月1日的分時圖。從圖中可以看

圖12-20　誠邁科技分時圖

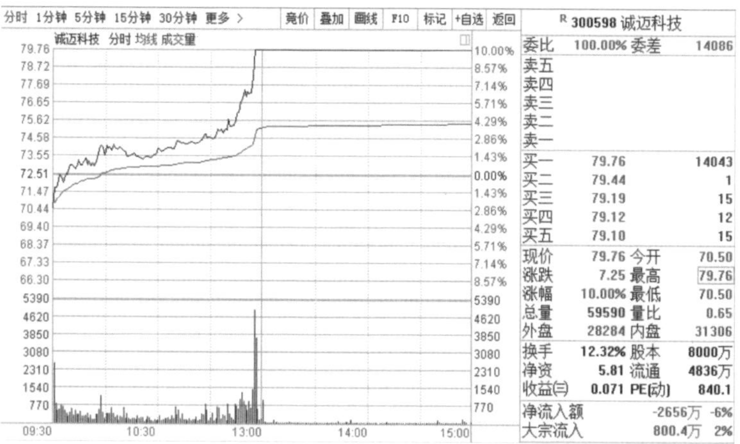

出，該股在最後時刻以1.4萬手的小買盤封單，顯示主力不願意過分展示實力，或是實力有限。此時，投資者應該出脫持股。

結構分析

大封單的意圖有2種，一種是透過不斷加單、撤單，吞噬跟進的買盤，達到悄悄出貨的目的，另一種是以大資金對抗賣盤，展現自身做多的實力，說明後期漲勢可觀。

第 13 章

道氏理論是判斷趨勢的基石，該如何運用？

13-1 道氏理論的核心：市場趨勢分為主要、次要及日間

道氏理論作為技術指標分析流派始祖，因其優秀的大局觀和宏觀的判斷法則，深受世界各地投資者追捧。本章將以道氏理論的思路，幫助投資者樹立基本投資觀念，提升投資能力。

在道氏理論中，股市分為主要趨勢、次要趨勢和日間趨勢3個層次，而它們的劃分取決於股市階段行情運行的週期，以及對股市的影響力。主要趨勢決定股票整體走勢的方向，取決於宏觀基本面的經濟格局；次要趨勢是在主要趨勢出現的同時，對主要趨勢的走向進行短暫整理；日間趨勢是指每日指數上下波動的走勢。

接下來，本節將詳細講解股市運行的規則。

主要趨勢

形態概述

道氏理論中的主要趨勢，是指影響股票主要走向，且能維持數月至數年的長期趨勢。主要趨勢大致分為牛市和熊市（如右圖），牛市是股市趨勢長期向上的大幅上漲走勢，熊市是股市趨勢長期向下的大幅下跌走勢。在股市

圖13-1 2 種主要趨勢示意圖

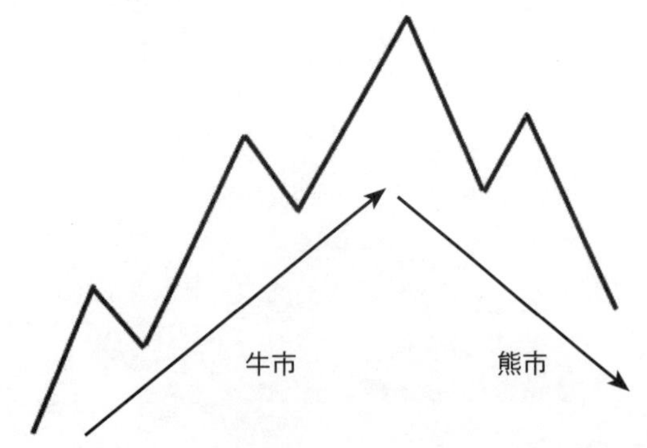

圖13-2 上證指數日 K 線圖

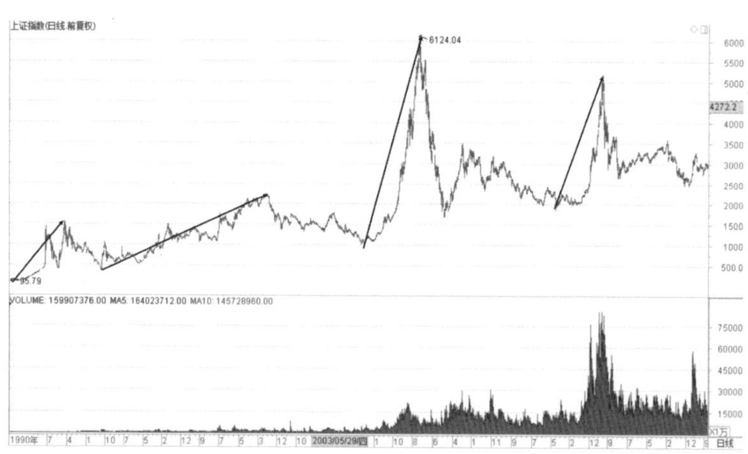

中，指數的主要趨勢深深影響著個股的主要趨勢。

K 線實戰

圖13-2顯示上證指數（000001）的歷次牛市行情。從中可以看出，整個指數明顯呈現快速上漲態勢，期間指數不斷創出新高。這是在一片看好的宏觀經濟格局下，各方利多對指數推漲而形成。牛市在這個階段維持長達幾年的時間，印證道氏理論提及的主要趨勢的概念。

下頁圖13-3是上證指數所處牛市期間（2013年至2015年），日照港（600017）受市場帶動形成股價快速高漲的行情。從圖中可以看到，這個階段的股價從前期的低價位2.03元不斷衝高至11.70元，翻升將近5倍。這個特徵顯示指數對個股積極的帶動作用，以及在牛市階段買盤強盛不衰的特點。

下頁圖13-4上證指數的熊市行情。從中可以看出，整個指數呈現快速下跌態勢，期間指數不斷創出新低。這是在經濟轉弱的格局下，各方利空打壓指數而形成。熊市在這個階段維持半年的時間，也印證道氏理論提及的主要趨勢的概念。

第269頁圖13-5為上證指數所處熊市期間（2018年熊市），首創股份（600008）2017年6月至2018年11月受到市場影響形成的暴跌行情。從圖中

圖13-3 日照港日 K 線圖

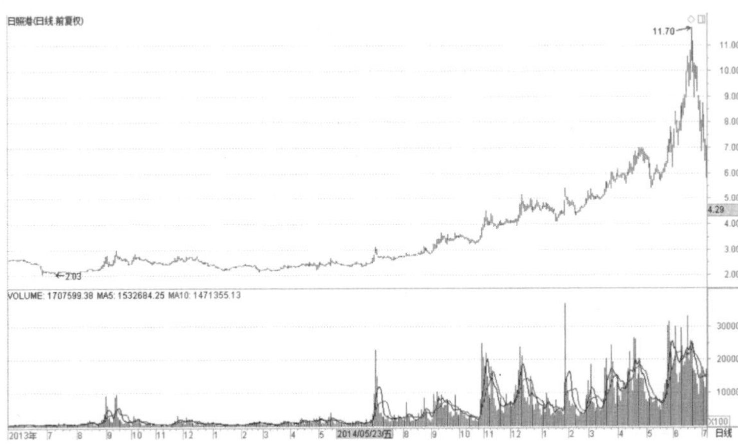

圖13-4 上證指數日 K 線圖

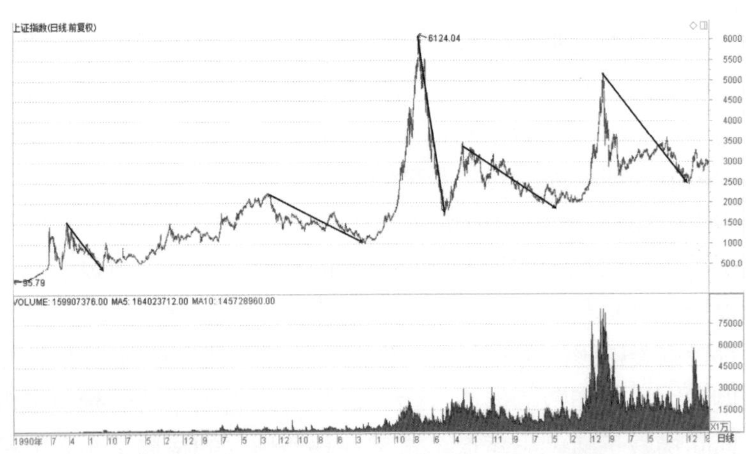

可以看到，在這個階段，股價從前期的高價位8.20元不斷下跌至2.90元，下跌率近65%，顯示指數對個股消極的帶動作用，以及在熊市階段賣盤強盛不減的特點。

圖13-5 首創股份日K線圖

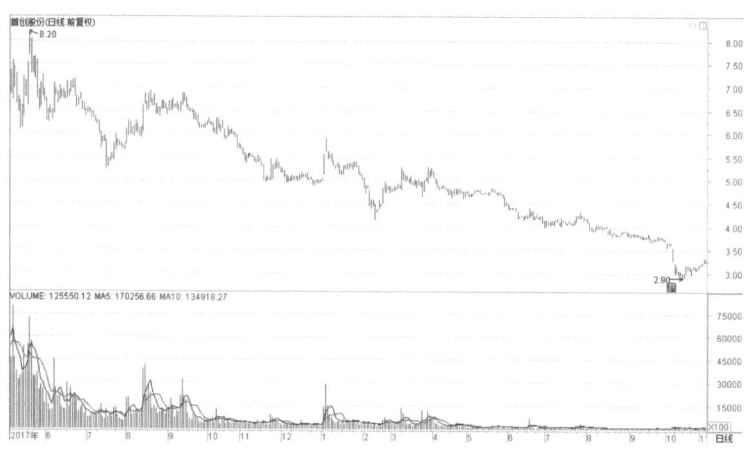

結構分析

由前一個空頭市場的低點開始計算，主要多頭市場的價格漲幅平均為77.5%。主要多頭市場的期間長度平均數為兩年零四個月（2.33年）。歷史上所有多頭市場中，75%的期間長度超過657天（1.8年），67%介於1.8年至4.1年。多頭市場的開始和空頭市場最後一波的次級折返走勢，兩者之間幾乎無法區別，唯有等待時間確認。

在多頭市場，次級折返通常以凶悍的表現形式，在短時間內快速大跌，製造慌亂，在這個過程中，成交量會以放大的形態加速，但低點止跌處的成交量會萎縮。

多頭行情需要在兩類指數共同扭轉空頭局面，並在技術形態上實現共振時才能確認。空頭市場的前奏，往往會在靠近前期多頭市場的高點附近暴露，股價漲勢會以試探的行徑向上試探，但是賣壓明顯時，股價走勢必然急轉直下，隨後產生的空頭市場必然是漫長低迷期的開始。

在空頭市場中，股價急速下跌之後往往會出現一段時間的整理，作為下跌行情的中繼，之後股價必然繼續下跌，以延續空頭行情。

空頭市場的確認與多頭市場相似，都是在2類指數向下爆發，並在技術形態上達成共振的那天確認。在空頭市場的反彈中，以V形為特徵的反彈行情一般都有中期行情，表現為在低價區成交量較高，但是在高價位區成交量較低。

次要趨勢

形態概述

次要趨勢是相對主要趨勢來說的，指在主要趨勢中出現少量對主要趨勢逆向整理的短暫趨勢。

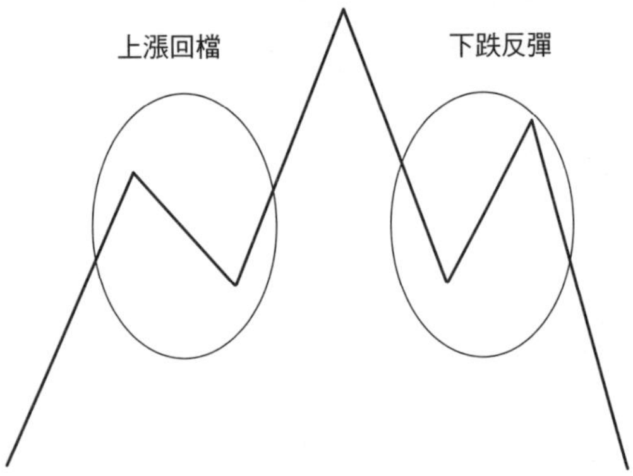

在牛市行情中，次要趨勢主要以下跌回檔的形式，表現多頭對上攻行情的整理。在熊市行情中，次要趨勢主要以上漲反彈的形式，表現空頭對下跌行情的整理（見圖13-6）。次要趨勢在運動週期上也小於主要趨勢，一般維持在數週至數月之久。

圖13-6　2 種次要趨勢示意圖

K 線實戰

圖13-7顯示深證成指（399001）在牛市行情（2015年牛市）中，為期1個多月的下跌回檔。相對指數所處的主要牛市行情來說，這個回檔顯得短暫而快速，但也反映次要趨勢在主要趨勢下的特點。

圖13-8所示為深證成指在熊市行情（2018年熊市）中的3次上漲反彈。相對深證成指所處的主要熊市行情來說，這個反彈顯得短暫而快速，但也反映次要趨勢在主要趨勢下的特點。

結構分析

次要趨勢的方向一般會與前一主要趨勢相反，運行至其幅度的1/3至2/3處。次要趨勢的持續時間一般維持在數週至數月，數週之內的短暫行情一般

圖13-7　深證成指日 K 線圖（1）

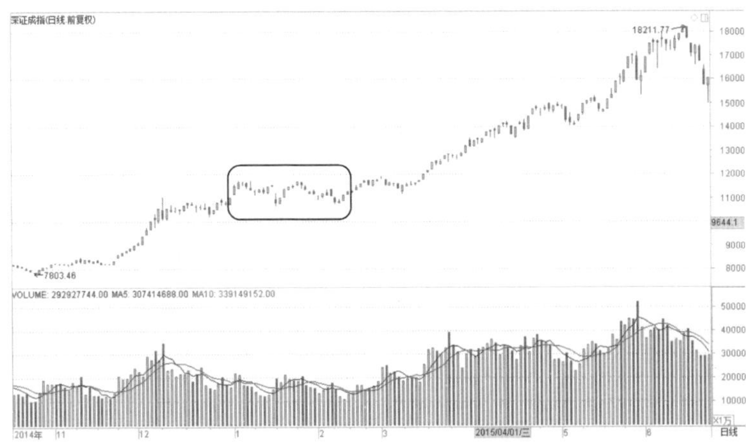

圖13-8　深證成指日 K 線圖（2）

被認為是小型的次要趨勢。

次要趨勢經常被誤以為是主要趨勢的改變，因為多頭市場轉折初期的走勢，與只是空頭市場的次要折返走勢尤為相像，類似於發生在多頭市場出現頂部後的情況。

日間趨勢

形態概述

日間趨勢是相對於主要趨勢和次要趨勢來說的，指執行週期更為短暫的走勢線，通常在6天以內。日間趨勢的特徵是走勢反覆和波動快速，研判趨勢時最不可靠。在道氏理論中，日間趨勢被認為對趨勢運行沒有規模性影響。

13-2 實踐道氏理論，買在牛市起點和次級回檔終點

在選擇買點時，可以用牛市的起點和次級回檔的終點，作為理想的買進位置，而想要掌握這個態勢，還需要結合個股和大盤指數走勢，準確掌握轉捩點出現的時機。本節將介紹實用的操作法則，幫助投資者理解買點訊號的時效性。

買在牛市主要趨勢的起點，有可觀的報酬率

形態概述

在主要趨勢中的牛市階段，起步點往往是獲利空間最大的買點，在這個階段買進股票，意味著可最大限度地提高報酬率，放大獲利空間，如右圖。此時進入股市的資金，往往被認為是聰明資金，說明投資者高瞻遠矚的眼光和高超的投資技巧。

圖13-9 牛市起點的買點示意圖

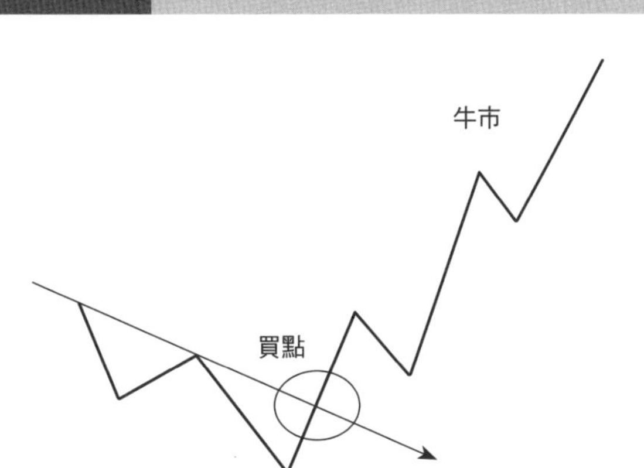

K線實戰

下頁圖13-10顯示深證成指的小牛市行情（2019年1月至4月）。可以看出，指數在這個階段從7011.33的低點一路漲至10541.2的高點，表明市場有

圖13-10 深證成指日 K 線圖

充分的做多力量，而作為低點的7011.33點恰好是牛市開漲的起點，而買點應在突破前期下跌趨勢線之後。

圖13-11為深科技（000021）2017年1月至2019年9月的日K線圖，顯示牛市起點的買點。從圖中可以看出，前期股價低點在4.65元附近。指數在開始上揚並呈現牛市起點的同時，提供良好的買點訊號。之後股價一路走高，在行情較好、市場氛圍大舉做多的情境下，股價最終漲至14.17元。投資者若能在牛市的起點買進個股，通常投資報酬會高速增長。

結構分析

指數走勢作為判斷主要趨勢的標準，往往影響著個股買點的選擇。投資者應注意把握個股走勢與指數走勢的協同性，在恰當的時機參與牛市行情，自然會有可觀的獲利。

一片看好的牛市行情意味著，絕大多數的個股投資都具備可觀的預期報酬率，投資者應及時參與。

圖13-11 深科技日 K 線圖

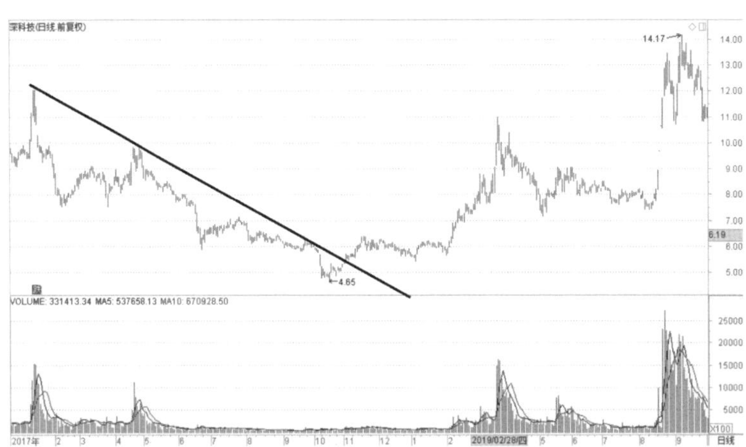

買在牛市次要趨勢的終點，有快速高漲的可能

形態概述

牛市次要趨勢的終點是指，當主要趨勢是牛市行情時，通常會有次級回檔的行情，行情的終點是趨勢中顯現的第二買點訊號（見圖13-12）。

圖13-12 牛市次要趨勢的買點示意圖

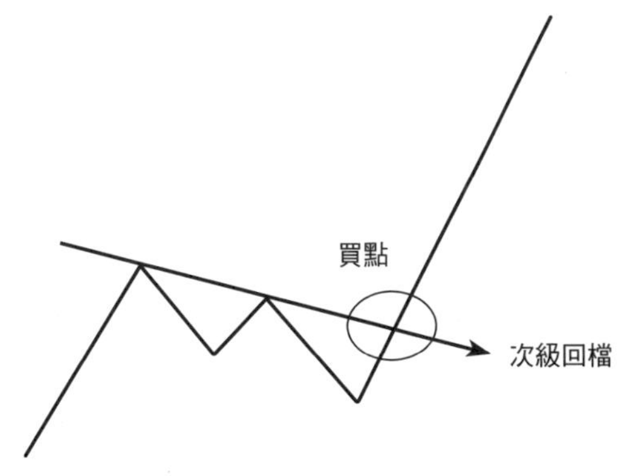

此時股價在次級回檔的影響下跌到次低位，一方面可清洗部分獲利盤，減少進一步上漲行情中的賣壓，另一方面可吸引新的買盤在次低位進入，提高市占率的平均成本，為股市上漲尋找新動力。

圖13-13 深證成指日 K 線圖

K 線實戰

圖13-13顯示深證成指日K線圖中的次級回檔的買點（2018年1月至4月小牛市）。從圖中可以看出，此時深證成指處於明顯的上漲趨勢，以波段牛市行情不斷推動指數快速上漲。同時，這個階段的成交量都配合指數的走勢，上漲放量、回檔縮量，也正是次級回檔這個縮量特徵的顯現，為後市快漲行情埋下伏筆。

圖13-14顯示大悅城（000031）2018年9月至2019年10月的日K線圖中的次級回檔的買點。從之前股價運行的走勢來看，股價上漲角度呈現快漲態勢，成交量隨之不斷放大。但此時大盤指數以次級回檔的震盪形式出現，帶動個股進入調整階段。股價在短暫的縮量下調後快速攀升，延續前期走勢，因此在這個階段的次級回檔是不可錯過的買點。

結構分析

次級回檔的買點與第一個牛市起點的買點不同，牛市起點的買點不容易被發現，只有待趨勢明朗之後，才容易判斷最初的起點位，而次級回檔的買點是以清洗部分短期獲利盤，拉高市場平均成本，為股市後期上漲空間進行鋪墊的前期行為，次級回檔的形式通常在斜率和時間週期上，都可以從牛市

圖13-14 大悅城日K線圖

趨勢當中分析出來。

出現次級回檔，是擇期換股的良好時機，此時借助股價在趨勢上的短暫調整，可以輕易地選擇其他初始啟動的股票，而實現利潤最大化。

13-3 根據道氏理論，在熊市期間慎選 2 個有利賣點

在13-2節中，透徹地分析了道氏理論的買點。本節將從另一個角度，幫助投資者在熊市期間選擇有利的賣點，進而保障資金安全。道氏理論的賣點，選擇以熊市起步的頂部彎點、下跌趨勢中的次級反彈頂部為訊號，給投資者警示。

賣在熊市主要趨勢的起點，盡早規避風險

形態概述

在主要趨勢中的熊市階段，起步點往往是獲利空間逐漸縮小、獲利盤達到極大化的賣點，在這個階段賣出股票，意味著可最大限度鎖住風險，使獲利最大化，如右圖。

此時進入股市的資金多為追漲而來，因此選擇進出股市的時機時，應憑藉多方面判斷，做出理性決策。

圖13-15 熊市起點的賣點示意圖

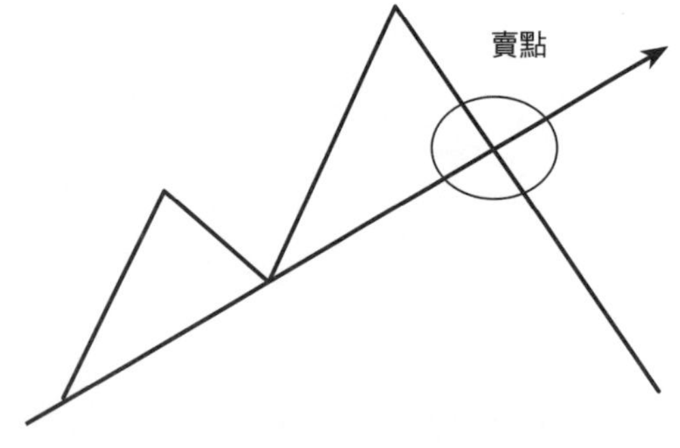

圖13-16　上證指數日 K 線圖

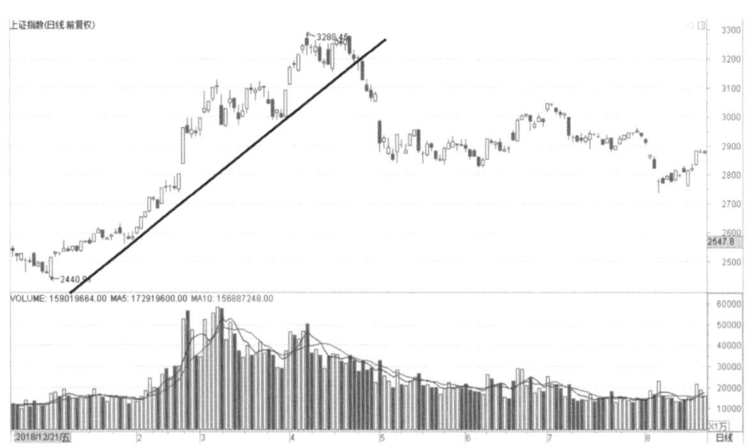

K 線實戰

圖13-16顯示上證指數的牛市頂部（2019年1月至4月小牛市)。之後指數趨勢反轉直下，該頂部成為熊市階段的第一起步點。可以看出，這個階段的成交量呈現不規則的變化。在熊市階段，對指數趨勢的預判難度會更高，失誤率也會更高。

下頁圖13-17為日照港（600017）2018年9月至2019年8月的日K線圖，顯示熊市起點的賣點。從圖中可以看出，股價在達到3.89元的近期最高價之後，上漲走勢岌岌可危。其中原因除了獲利主力開始出貨之外，還有大盤指數發出的轉弱訊號，預告弱化的格局特徵，因此主力此時選擇出脫持股。

投資者觀察到大盤指數轉弱時，要謹慎賣出手中個股，因為大盤指數轉弱必定會使個股受到影響，及時賣出才能在熊市中盡可能規避風險。

結構分析

相對牛市來說，熊市中一切技術分析都會弱化，支撐線對股價下跌趨勢的支撐會不斷遭受考驗，同時壓力線對股價的運行走勢將產生很強的壓力，熊市期間應及時離場。

圖13-17 日照港日 K 線圖

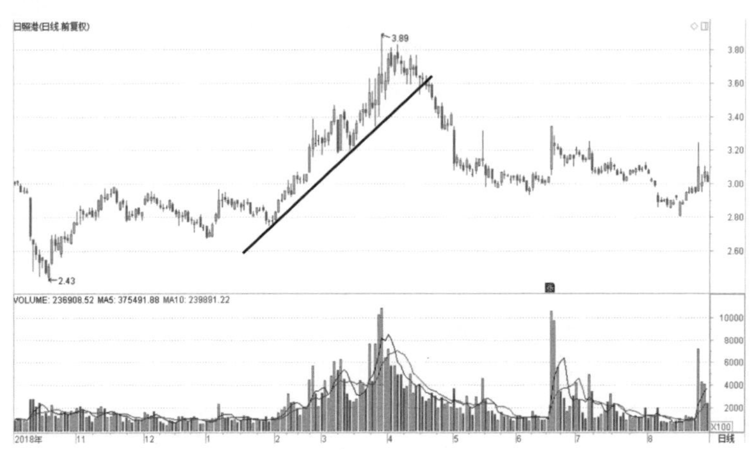

熊市次要趨勢的終點，是離場的絕佳時機

形態概述

熊市次要趨勢的終點是指，當主要趨勢是熊市行情時，往往會有次級反彈的行情，行情的終點為趨勢中顯現的第二賣點訊號，見圖13-18。此時股價因為次級反彈的影響，而上漲到次高位，一方面便於主力進一步拉高出貨，另一方面可吸引新的買盤進入，為主力出貨創造足夠的時間和空間。

圖13-18 熊市次要趨勢的賣點示意圖

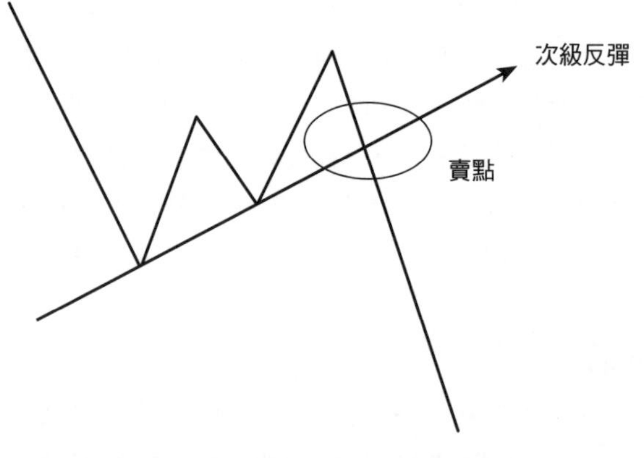

圖13-19　深證成指日K線圖

K線實戰

圖13-19顯示深證成指日K線圖中的次級反彈的賣點（2018年熊市）。從圖中可以看出，整個階段指數都處於弱勢格局，但次級反彈在較短的時間週期確認下，已逐漸顯現其特徵。

熊市的次級反彈，通常以快速拉高的漲勢來掩蓋當前微弱的趨勢，但對資金的消耗很大，因此呈現的週期也很短暫。

下頁圖13-20為平安銀行（000001）2018年2月8日至7月31日的日K線圖，顯示次級反彈的賣點。從該股前期的走勢來看，在達到近期高點12.64元之後，該股持續放量的態勢轉變，股價也隨即開始下跌。

在短暫下跌之後，股價在區間內反覆震盪，形成短期的資金密集區，該資金密集區在後期的次級反彈中，成為上漲的有效壓力，因此第二賣點在此時的次級頂部構造中盡顯其弱勢，後期股價一路下跌。

結構分析

在熊市的次級反彈中，前期下跌途中形成的資金密集區，往往會壓制股價的反彈高度，此時股價反轉形成的賣點通常是投資者離場的絕佳時機。大盤指數在弱勢時，對股價趨勢的走向也有重要的影響。投資者以大盤走勢為

圖13-20 平安銀行日 K 線圖

操作大方向，可幫助選擇合適的時機。

第 14 章

波浪理論教你精確分析股價，在股海成功衝浪

14-1 艾略特波浪理論的基本概念：推進浪與調整浪

波浪理論的創立者是美國經濟學家拉爾夫・納爾遜・艾略特（Ralph Nelson Elliott），他是專業會計師，晚年臥病在床後，仍致力於研究市場的價格變化。經過長期研究，他發現股市中也有相同的現象。根據這個現象，他提出著名的波浪理論，並且利用道瓊指數驗證這套理論。

波浪理論基於道氏理論而產生，與道氏理論互相結合。艾略特發展並完善了波浪理論，波浪理論在可操作性上遠遠超越道氏理論。查理斯・道（Charles Henry Dow）與艾略特，發現交易者的活動控制著市場走向，道在大範圍內反映並描述這一點，艾略特則將其細化、量化，使其更具體。

1930年代，柯林斯（Charles J. Collins）創辦一個股市週刊，艾略特希望加入，因此與柯林斯有很多的書信往來。當時，股市從1933年的高峰一路下滑到1934年的谷底，1935年第一季度，道瓊鐵路平均指數再度打破1934年的低點。這時的投資者、經濟學家、市場分析人員，還沒有從1929年至1932年大蕭條的市場環境中走出來，對1935年的這一次指數暴跌更是心有餘悸。

在這樣的環境下，柯林斯接到艾略特的電報。電報中，艾略特強調自己的看法，他認為下跌已結束，這次的下跌僅是牛市的第一個回檔而已，這個牛市還要持續相當長的時間。事實證明他的見解是正確的。他詳細公開自己的研究，寫下《波浪理論》，並在柯林斯的幫助下立足於華爾街。

隨後，透過柯林斯的引薦，《金融世界》雜誌連續刊登艾略特關於波浪理論的一系列文章。後來艾略特又撰寫《自然法則——宇宙的祕密》，內容不僅包括波浪理論，還有其數學基礎——斐波那契數列。

波浪理論的基本概念只有2個：一個是推進浪，另一個是調整浪。由小級別的推進浪和調整浪，可以組成更大級別的推進浪和調整浪，級別可以無限小，也可以無限大，這是一個周而復始的過程。

推進浪和調整浪是什麼？

波浪理論基於道氏理論，道氏理論中有主要趨勢和次要趨勢，在波浪理論中，推進浪是主要趨勢，調整浪是次要趨勢。

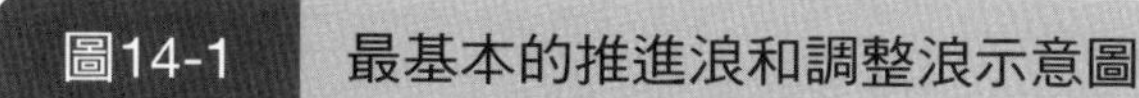

圖14-1 最基本的推進浪和調整浪示意圖

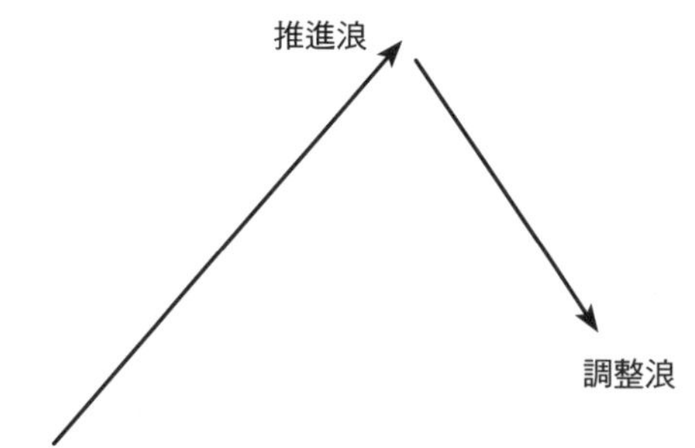

推進浪的特點是時間短、乾淨俐落、幅度大、角度陡，而調整浪的特點是反覆、區間震盪、緩慢，它修正和調整前期快速而大幅度的走勢。圖14-1是最基本的推進浪和調整浪示意圖。

一般來說，當3次推進完成後，就會出現1次大回檔。在3次推進浪中夾雜著2次調整浪，我們將3次推進、2次調整的全部過程，歸總為更大級別的推進浪，在大級別的推進浪後會出現1次大回檔，見圖14-2。

圖14-2 大級別的推進浪和調整浪示意圖

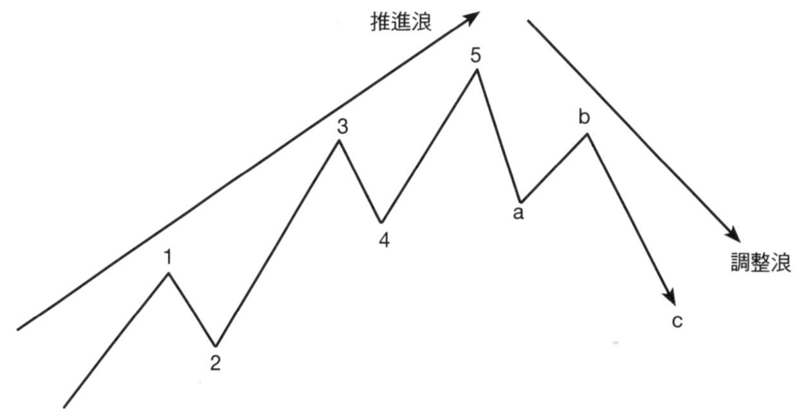

大級別的推進浪包含小級別的3次推進和2次調整，我們用數字1、2、3、4、5來表示。大級別的調整浪中的2次向下推進和1次向上反彈，我們用字母a、b、c來表示。小級別浪共有8個，那麼一個級別內的完整走勢就有8浪，其中5浪推進，3浪調整。

更大級別的波浪

當只看推進浪時，可以把上漲看作是主要趨勢，那麼1浪、3浪、5浪為推進浪，2浪和4浪為調整浪。2浪為1浪的調整，4浪為3浪的調整。相反地，在大級別的調整浪中，下跌是主要趨勢，上漲是次要趨勢，那麼a浪、c浪為推進浪，b浪為調整浪。圖14-3是更大級別的波浪示意圖，其中小級別的完整8浪是更大級別的1浪與2浪。

每個完整的浪都是另一個級別的組成部分。波浪演化的規律如下：

1. 任何一個級別的推進浪中，都會有比它更小級別的5波推進浪。
2. 任何一個級別的推進浪，都是比它更大級別的波浪的組成部分。
3. 任何一個級別的調整浪中，都會有比它更小級別的3波調整浪。
4. 任何一個級別的調整浪，都是比它更大級別的波浪的組成部分。

圖14-3　更大級別的波浪示意圖

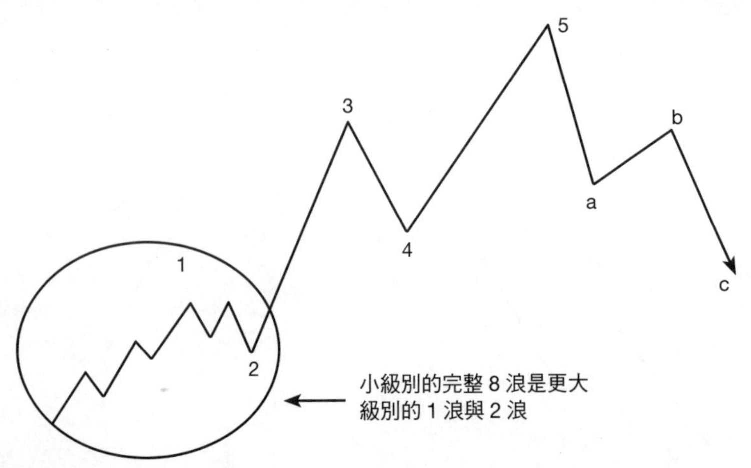

圖14-4　144 個子浪構成的大級別完整 8 浪示意圖

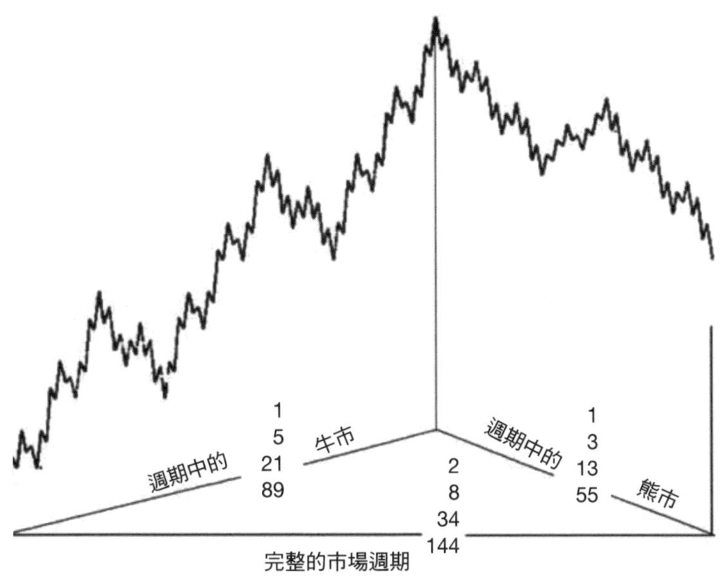

接下來，我們盡可能畫出更多級別的組合。圖14-4是144個子浪構成的大級別完整8浪示意圖。

在圖14-4中有很多數字，這些數字來自斐波那契數列，而斐波那契數列就是波浪理論的數學基礎。

（1）一個推進浪對應數列中的1，一個調整浪對應數列中的1。

（2）一個推進浪與一個調整浪為最基本形態，一漲一跌，對應數列中的2。

（3）調整浪中分為a浪、b浪、c浪3浪調整，對應數列中的3。

（4）推進浪中分為1浪、2浪、3浪、4浪、5浪，對應數列中的5。

（5）一個級別的完整週期為1浪、2浪、3浪、4浪、5浪、a浪、b浪、c浪，對應數列中的8。

（6）大一個級別的調整浪中的a浪分為5個下跌推進浪，b浪分為3個調整浪，c浪分為5個下跌推進浪，共為13個子浪，對應數列中的13。

（7）大一個級別的推進浪中，1浪分為5個上升推進浪，2浪分為3個調整浪，3浪分為5個上升推進浪，4浪分為3個調整浪，5浪分為5個推進浪，共為21個子浪，對應數列中的21。

依此類推下去，我們把更小一個級別的浪加在一起，會得到34、55、89、144等，直至無窮大。

14-2 從1浪到5浪，a浪到c浪，各有哪些特點？

在8浪完整循環中，每個浪都有自己的特點。了解各浪的特點，可以輔助我們更好地辨識和區分。

1浪：是上漲的起點、下跌趨勢與上漲趨勢的轉折、其後上漲的零點。因此，1浪通常不引人注意，常常使我們誤認為是原下跌趨勢的一次反彈。1浪在推進5浪中通常是最短的一浪，有時會很劇烈，形成V形反轉。

2浪：是對1浪的修正、調整，2浪的調整基本上較劇烈。如果1浪非常不起眼，而2浪又回檔得很迅速，容易讓人理解為還在維持原有的下跌趨勢。如何區分是不是2浪有2種方法：一，2浪不會低於1浪的起點；二，2浪與下跌趨勢是同一方向，下跌是主要趨勢，我們知道主要趨勢內部一定是5浪，因此在它的內部能找出5浪下跌，而不是3浪下跌。

3浪：在股市中，3浪通常是最迅速、角度最陡且幅度最大的一浪，而在期貨市場中，通常是5浪最凌厲。當3浪突破1浪的高點時，可以看到某種傳統的價格形態，或是頭肩底、三重底、雙重底。在3浪中，成交量通常也是最大的，向上跳空出現的次數也是最多的。還有一條規律——3浪即使在整理5浪結構中不是最長的，但也不會是最短的。

4浪：與2浪同樣是調整浪，但可能是浪型最複雜、持續時間最長的一浪。在波浪理論中有交替原則，如果2浪複雜，那麼4浪就會相對簡單；如果2浪相對簡單，那麼4浪就會很複雜，各種經典的持續價格形態都會出現在這一浪中。在4浪中也有一則規律，即4浪的低點絕不會低於1浪的高點。

5浪：在股市中，5浪通常要比3浪平靜很多，而在期貨市場中，5浪常是最凶猛的一浪，許多經典頂部形態會出現在5浪中，各種擺動指標也都處於買超的位置。或許有些形態已出現頂背離，警示可能已出現市場頂部。

a浪：和1浪一樣，a浪也常被誤以為只是原上升趨勢的回檔。我們可以數它的內部結構，如果是5浪，一定是回檔開始；如果是3浪結構，就是上漲還未完。a浪的特點幾乎與3浪一樣，都是如暴風驟雨一樣快速運行。

b浪：是針對a浪的反彈。在調整浪運行的過程中，成交量通常是萎縮的，b浪是多頭逃頂的最後機會。如果在b浪的高點賣掉多單，那麼等待我們的還是下降的c浪。b浪與4浪的結構類似，價格形態大多會出現在b浪中。

c浪：c浪是調整浪的最後一浪，它的特點與a浪恰好相反，c浪是綿延、緩慢的下跌。

看懂推進浪的變化：延長浪、楔形5浪及失敗5浪

推進浪的變化分為延長浪、充當頂部的楔形5浪和失敗5浪。

推進浪的延長浪

在推進浪中，某一浪可能會變得比其他推進浪更長，也就是說在1浪、3浪、5浪的某一浪中，額外多添加一個新的5小浪結構。圖14-5為1浪延長示意圖，下頁圖14-6為3浪延長示意圖，圖14-7為5浪延長示意圖。

股票市場中常見3浪延長，而期貨市場中常見5浪延長。有時候這些延長浪很明顯，有時候則難以分清誰是延長浪。不過，我們只要知道出現延長浪後，推進浪共有9個子浪就足夠。我們將這種延長浪稱為無界定延長浪，如下頁圖14-8。

圖14-5　1浪延長示意圖

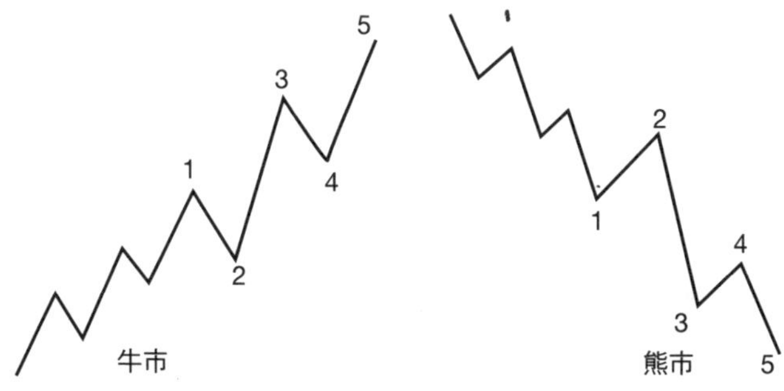

圖14-6 3 浪延長示意圖

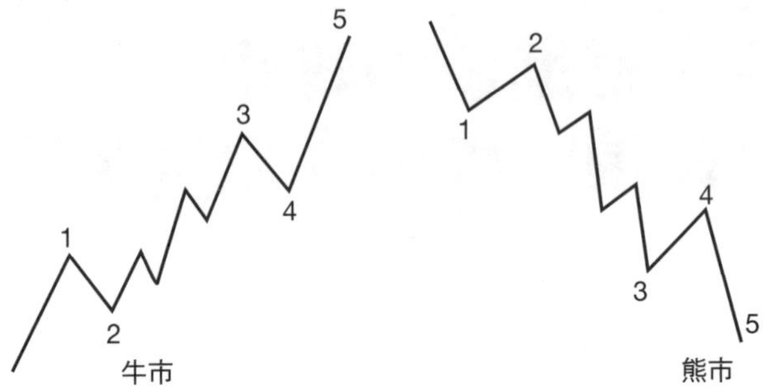

圖14-7 5 浪延長示意圖

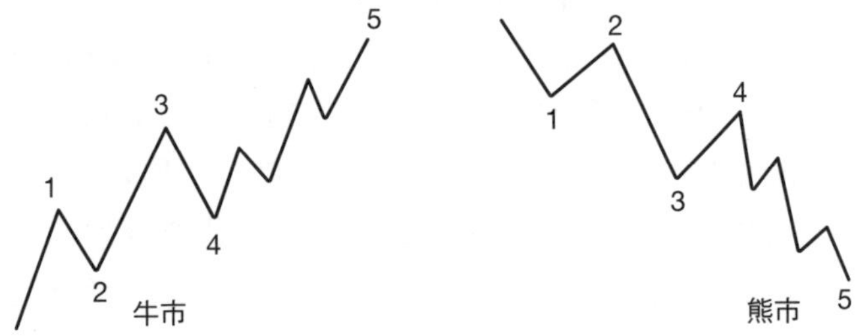

圖14-8 無界定延長浪示意圖

楔形 5 浪

在推進浪中，5浪的延長浪有時會出現變形，違反波浪理論的「4浪低點不能擊穿1浪高點」的規律，僅呈現出5浪結構。5浪的內部子浪都是3浪結構，並且組成楔形形態。圖14-9和圖14-10分別為牛市楔形5浪和熊市楔形5浪示意圖。

圖14-9　牛市楔形 5 浪示意圖

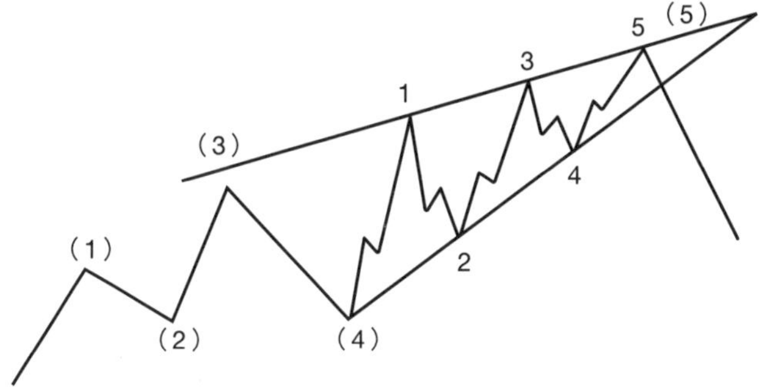

圖14-10　熊市楔形 5 浪示意圖

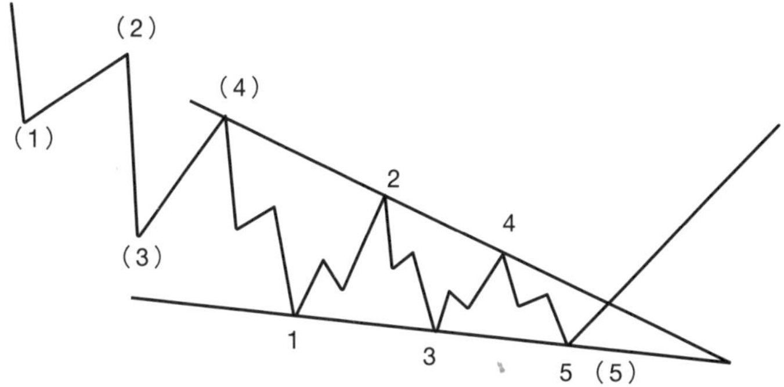

失敗 5 浪

正常情況下，推進浪都是一浪比一浪高，例如3浪高於1浪，5浪高於3浪。但也有特殊情況，有時5浪的高點會比3浪的高點低一些，我們稱這種5浪為衰竭形態。圖14-11和圖14-12，分別為牛市衰竭形態和熊市衰竭形態示意圖。

初學波浪理論的人可能會認為，如果5浪突破3浪的高點是正常形態，不能突破就是衰竭形態。若是如此，5浪不應該是5浪，而是下跌的某浪。其實，我們知道推進浪的內部都是5浪結構，而調整浪都是3浪結構，只要查看內部結構，就可以確定它到底是衰竭的5浪，還是下跌的某浪。

圖14-11　牛市衰竭形態示意圖

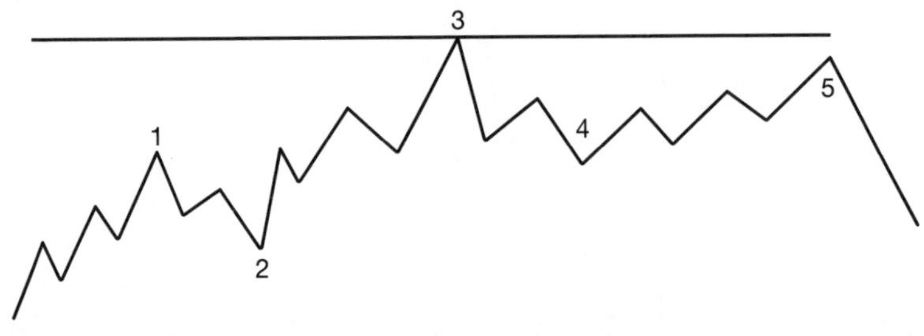

圖14-12　熊市衰竭形態示意圖

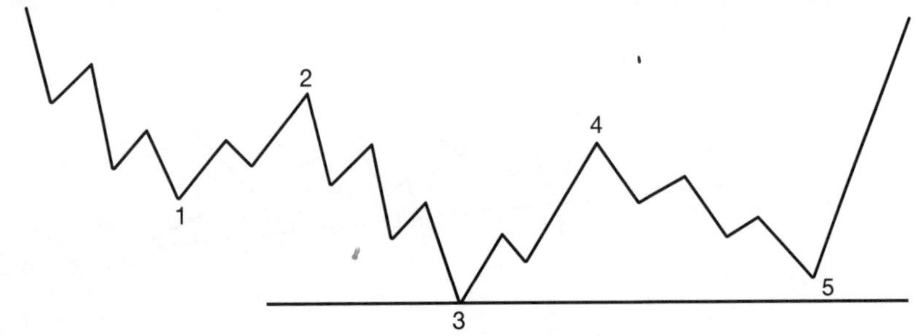

14-4 抓住調整浪的變化：鋸齒形、平台形、雙3浪……

正如推進浪會出現延長浪或楔形5浪一樣，調整浪不會總是表現出正常3浪的調整形態，有時也會發生變化。

鋸齒形調整浪

正常情況下，調整被稱為「鋸齒形調整浪」，是由a、b、c 3浪組成。如果我們以上漲為主推進浪，調整浪的方向就是下跌，而下跌是調整浪的主要趨勢。因此，不論方向是什麼，只要是推進浪，內部結構就是5浪，只要是調整浪，它的內部結構就是3浪。

所以，在a、b、c調整浪中，a浪和c浪為5浪結構，b浪為3浪結構，我們可以簡單地稱它為「5-3-5」結構。圖14-13 和下頁圖14-14，分別為牛市和熊市中的鋸齒形調整浪示意圖。

圖14-13　牛市中的鋸齒形調整浪示意圖

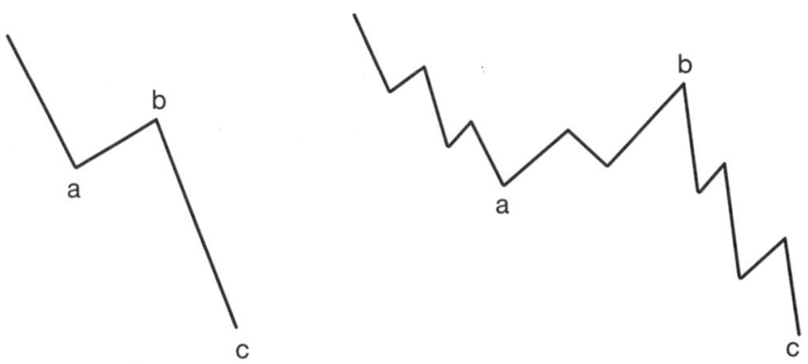

圖14-14　熊市中的鋸齒形調整浪示意圖

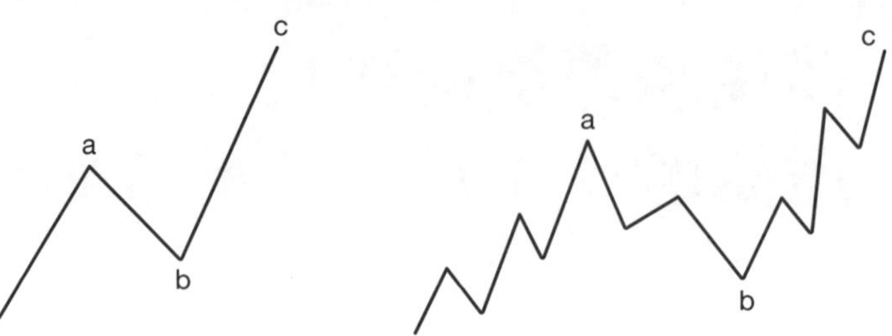

圖14-15　牛市中的雙鋸齒調整浪示意圖

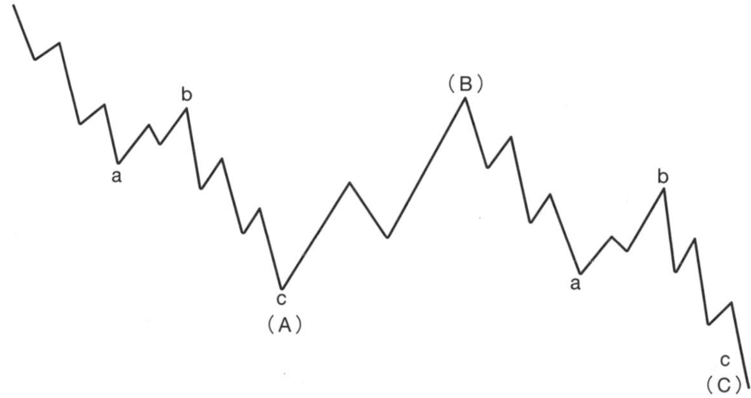

這只是最簡單的鋸齒形調整浪，現實中還有將兩個鋸齒浪連接在一起，形成一個更大、更複雜的鋸齒形調整浪。圖14-15和圖14-16，分別為牛市和熊市中的雙鋸齒調整浪示意圖。

平台形調整浪

鋸齒形調整浪的下跌幅度通常為推進浪的50%或61.8%以上，是一種較劇烈的調整浪，而另外一種調整浪顯得非常溫和，a、b、c調整浪的高點、低點形成一個平台，我們稱它為「平台形調整浪」。圖14-17和圖14-18所示為牛市和熊市中的平台形調整浪示意圖。

圖14-16　熊市中的雙鋸齒調整浪示意圖

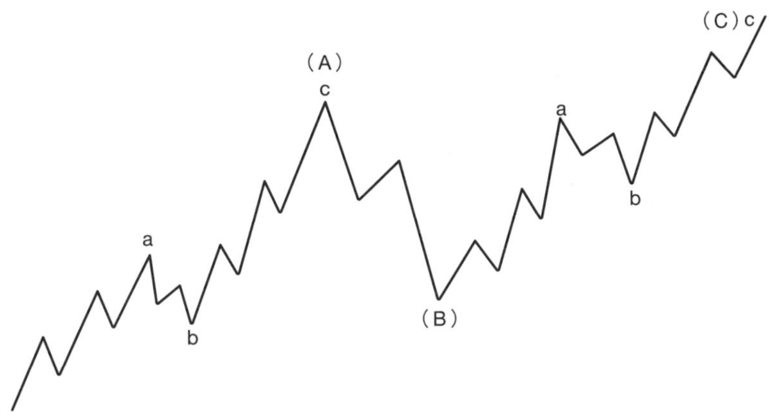

圖14-17　牛市中的平台形調整浪示意圖

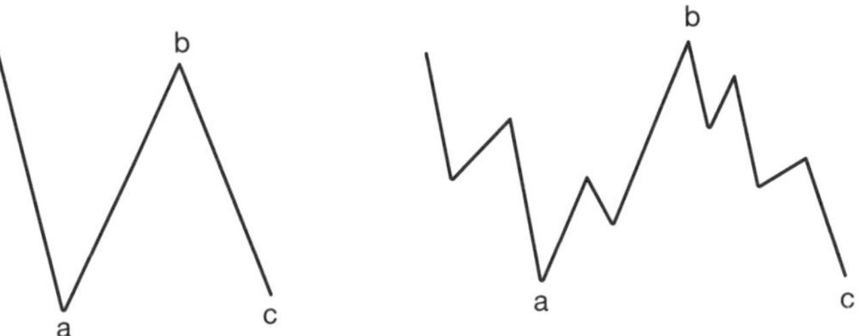

圖14-18　熊市中的平台形調整浪示意圖

圖14-19　牛市中的擴張型平台調整浪示意圖

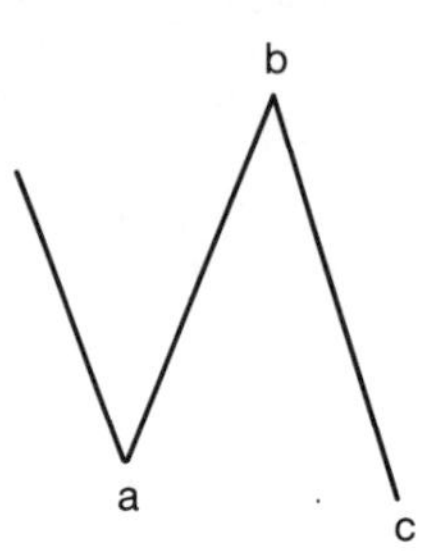

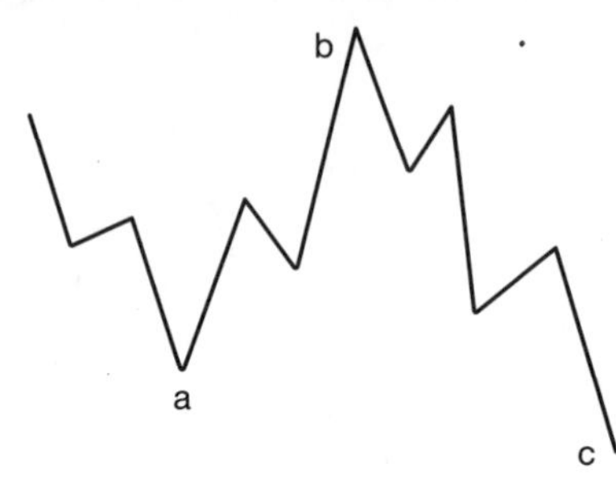

圖14-20　熊市中的擴張型平台調整浪示意圖

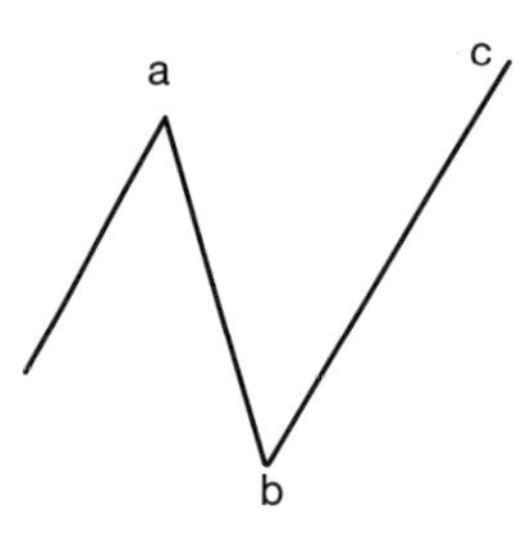

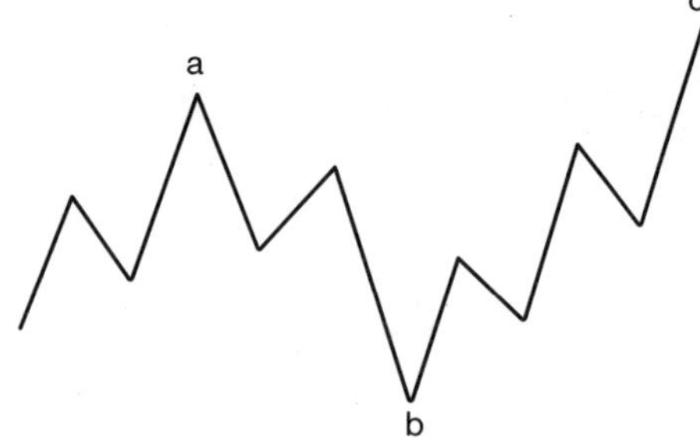

正常情況下，平台形調整浪的高低點幾乎處於同一水平位置，有時會發生一點變化，但不論怎麼變化都屬於平台形調整浪。

第一種情況是b浪的低點會更低，c點的高點會更高，這就形成類似喇叭形的調整，也就是擴張型平台調整浪。另一種情況是，b點的低點會略高，c點的高點會略低，這便形成類似對稱三角形的調整，並被稱為內斂型平台調整浪。

圖14-19和圖14-20分別為牛市和熊市中的擴張型平台調整浪示意圖，圖14-21和圖14-22分別為牛市和熊市中，內斂型平台調整浪示意圖。

圖14-21　牛市中的內斂型平台調整浪示意圖

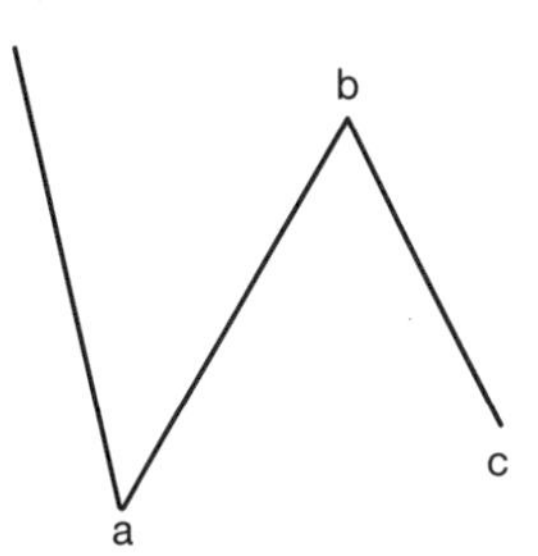

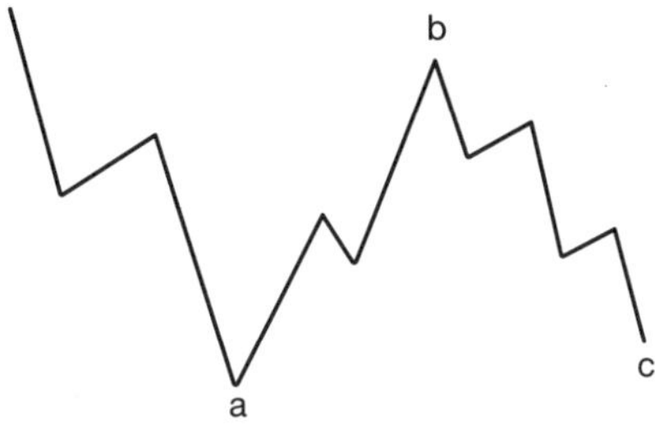

圖14-22　熊市中的內斂型平台調整浪示意圖

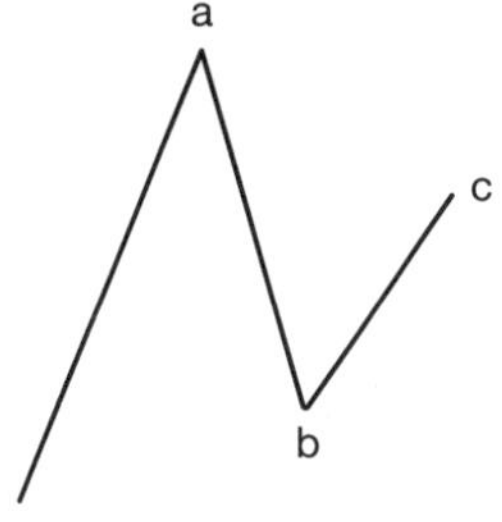

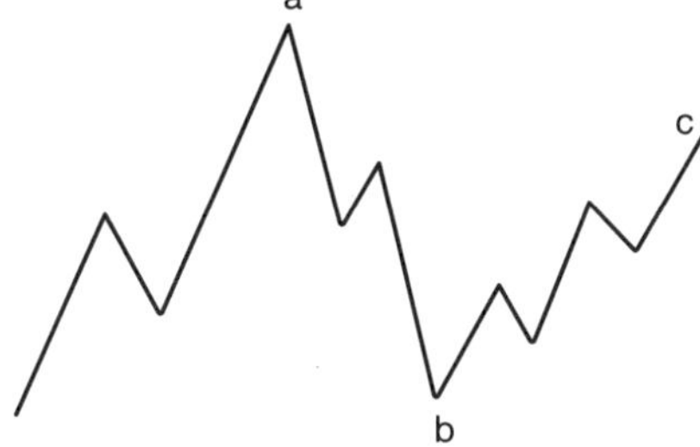

雙三浪和三三浪調整

我在前文中提過，各種價格形態經常會出現在調整浪中，例如：三角形、旗形、矩形、楔形等，都會出現在2浪、4浪、b浪中，而比這些調整浪更複雜的雙三浪和三三浪，是由兩組a、b、c浪經過一個x浪或兩個x浪連續而成。下頁圖14-23是雙三浪調整示意圖，圖14-24是三三浪調整示意圖。

圖14-23 雙三浪調整示意圖

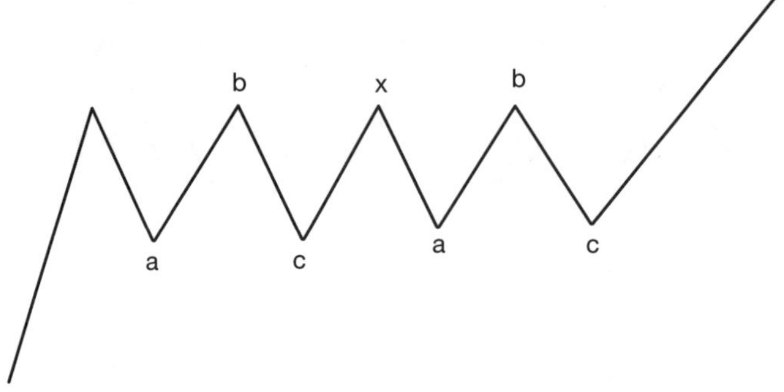

圖14-24 三三浪調整示意圖

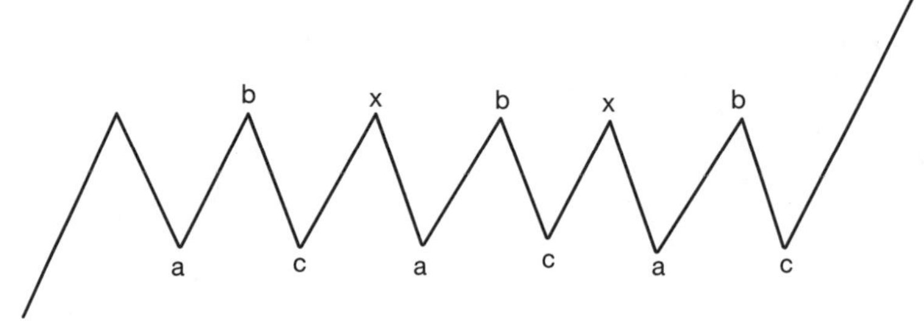

14-5 用黃金分割，找出兩浪之間的數學關係

波浪理論的數學基礎是斐波那契數列，投資者談及它們的關係時，只談到大級別中的子浪個數的關係，而斐波那契數列的另一個神奇之處在於黃金分割率。也就是說，波浪理論中每個浪之間的幅度關係，與黃金分割率有著不可分割的連繫。

例如，在1、3、5推進浪中只會出現一個延長浪，而不是每個推進浪都能出現延長浪。如果某一浪出現延長浪，另外2個推進浪的幅度基本上相等。也就是說，如果1浪延長，那麼3浪和5浪的幅度大致相等；如果3浪延長，那麼1浪和5浪的幅度大致相等。

用1浪的長度乘以1.618後，加上2浪的最低點，得出的結果大致為3浪的最小目標價位。用1浪的長度乘以3.236後，分別加到1浪的最高點和最低點處，可以得出5浪的最高目標價位和最低目標價位。

如果1浪和3浪的幅度大致相等，那麼幾乎可以推斷出5浪會出現延長。將1浪起點到3浪頂點的高度乘以1.618，再加上4浪的最低點，可以得出5浪大致的目標價位。如果調整浪為鋸齒形，那麼c浪與a浪的長度可能大致相等，或者也可能c浪是a浪的0.618倍，或者c浪可能是a浪的1.618倍。

投資者可以用黃金分割找出任何兩浪之間的數學關係，但這也只是在理想狀態下的情況。在真實的走勢中，這種數學關係只能用於參考，不能夠當作定論。

第15章

纏論幫你克服貪婪與恐懼，實現獲利最大化

15-1 了解纏論的概念，觀察股價走勢的形態和動力

纏論出自一位名為「纏中說禪」的網民，這項理論由其獨創，並發表於各大股市論壇和部落格中，因其縝密的邏輯和細節觀察，被廣大投資者研究和探討。纏中說禪以平靜、沉穩的心態，將股市法則全部融入技術層面，以單純的技術形態來判斷整個K線格局的走勢。

纏論因為中樞和區間套理論對判斷趨勢的縝密程度，而頗受好評。本章將圍繞纏中說禪的經典思路進行深入探討，為投資者提供更多可行的操作手法，以實現利潤最大化。

形態學和動力學是纏論的2個核心。形態學圍繞在脫去股價走勢K線的重疊點，進行處理後的變動K線，幫助投資者在不同格局中整理思路。動力學圍繞在股價走勢K線在行進中爆發的力量，因為中樞的變動而相互影響。

這兩者息息相關，形態學提供基礎的走勢關係，動力學講解運動法則。投資者在閱讀本節時，應該反覆試驗，以便透徹理解股市走勢K線的思路。

形態學：由分型到筆，再到線段

形態學以分型、筆、線段、中樞和走勢為基礎，要求從小週期開始解讀K線走勢，以小走勢的線段向更大級別的筆轉化，按此邏輯不斷向大級別的趨勢擴展，串聯不同週期K線走勢。從分型到筆再到線段的判斷中，詳細地解讀它們的差別，圖15-1是分型、筆和線段示意圖。

分型分為頂分型和底分型（見圖15-2），頂分型是指在3根K線中，中間K線的高點比相鄰兩根K線的高點更高，同時其低點也比相鄰兩根K線的低點更高；底分型與此相反，是指中間K線的低點比相鄰兩根K線的低點更低，

圖15-1 分型、筆和線段示意圖

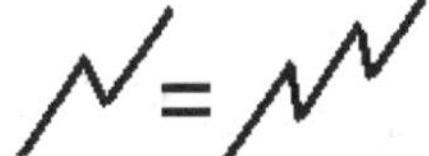

6. 包含關係

7. 非包含關係的三 K 線完全分類

8. 線段的基本形式

9. 線段破壞的基本形式

圖15-2 分型示意圖

第二根 K 線高點是相鄰三 K 線高點中最高的，而低點也是相鄰三 K 線低點中最高的，定義為頂分型，頂分型的高點叫該分型的頂

第二根 K 線低點是相鄰三 K 線低點中最低的，而高點也是相鄰三 K 線高點中最低的，定義為底分型，底分型的低點叫該分型的底

圖15-3 筆示意圖

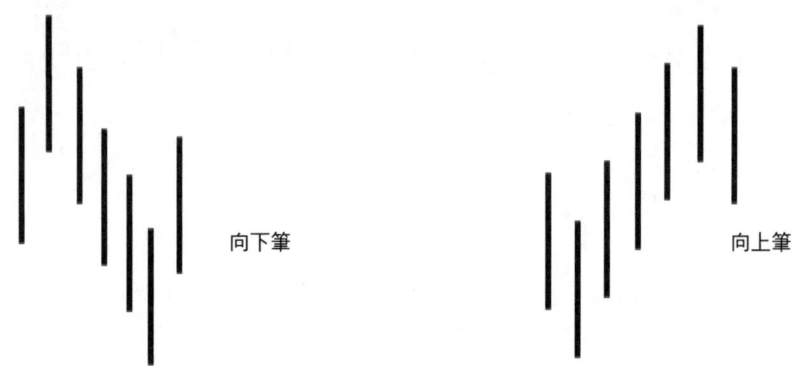

兩個相鄰的頂和底，並且頂和底之間有至少一根 K 線相隔，這樣就構成一筆，從構成的 K 線走向看，分為向下筆和向上筆

圖15-4 特徵序列示意圖

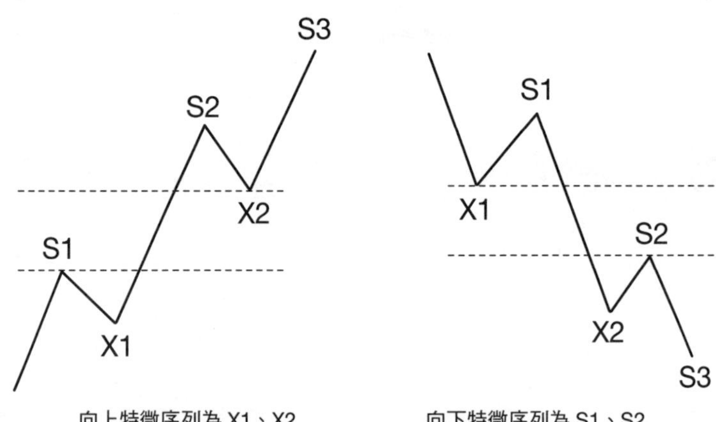

圖中兩條虛線之間的缺口：特徵序列兩相鄰元素間沒有重合區間，成為該序列的一個缺口

圖15-5　線段示意圖

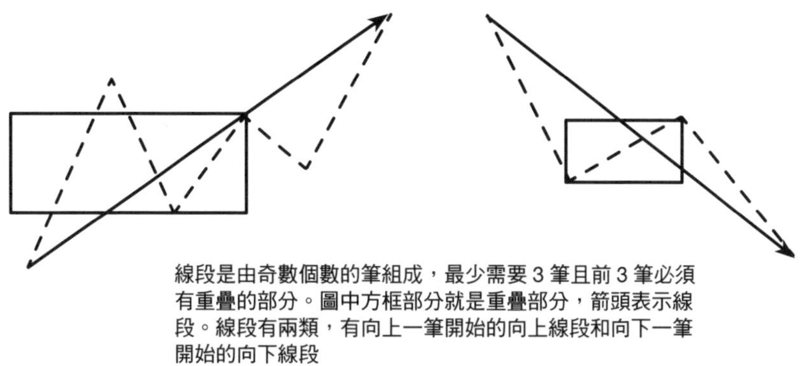

而且其高點也比相鄰兩根K線的高點更低。

筆是指在兩個分型之間的走勢，同時要求兩個分型之間至少有一根K線。筆分為向上筆和向下筆（見圖15-3），向上筆是指底分型上升到頂分型的連線，向下筆是指頂分型下降到底分型的連線。

線段是由奇數個筆組成，最少需要3筆，且3筆必須有重疊部分。線段其實是筆和特徵序列的結合體，而特徵序列是指與筆的方向短暫相反的筆，圖15-4是特徵序列示意圖，分為向上特徵序列和向下特徵序列。

同時，在頂分型或底分型前兩個元素中的特徵序列之間是否有缺口，會影響到線段的終點。當特徵序列之間存在缺口時，線段的終點將出現在之後逆向筆的分型頂部或底部；當特徵序列之間不存在缺口時，線段的終點將出現在頂分型的頂部或底分型的底部。圖15-5是線段示意圖，分為向上線段和向下線段。

破壞線段一定要先分清有無缺口，投資者在劃分時，很容易忘記這個前提條件。

動力學：定義中樞和分析走勢

中樞其實是相鄰兩個向上或向下特徵序列重疊的部分。相鄰兩個中樞根據彼此的位置關係，被分為擴張中樞、擴展中樞和延伸中樞，見下頁圖15-6。

圖15-6 中樞示意圖

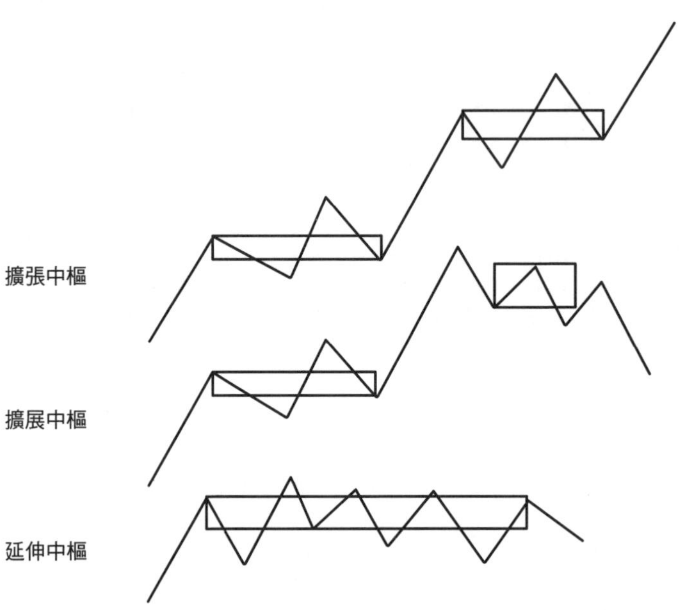

擴張中樞是指出現兩個相鄰的中樞後，第二個中樞的下調走勢沒有觸碰到第一個中樞的區間內部。擴展中樞是指兩個相鄰的中樞出現後，第二個中樞的下調走勢觸碰到第一個中樞的區間內部，因此被合併為一個中樞，並被放大到更高的週期級別中。延伸中樞是一個中樞的延續版，因為其反覆震盪使指數K線不斷反覆，甚至無法形成一個有效上升突破的筆。

在多個中樞有重合價位，意味著形成更高規模的中樞，也暗示著在這個中樞背後有更高規格的走勢，因此耗費的時間必然更長。一般來說，如果在一個趨勢的走勢中走出3個左右的中樞，趨勢就會發生轉變。因此，無論是大級別的中樞走勢還是小級別的中樞走勢，都要注意中樞形成的數量，以便判斷後期股價走勢的方向。

區間套理論：根據背離段，逐級尋找背離點

區間套是根據背離段，從高級別向低級別逐級尋找背離點的方法。區間

圖15-7 區間套理論示意圖

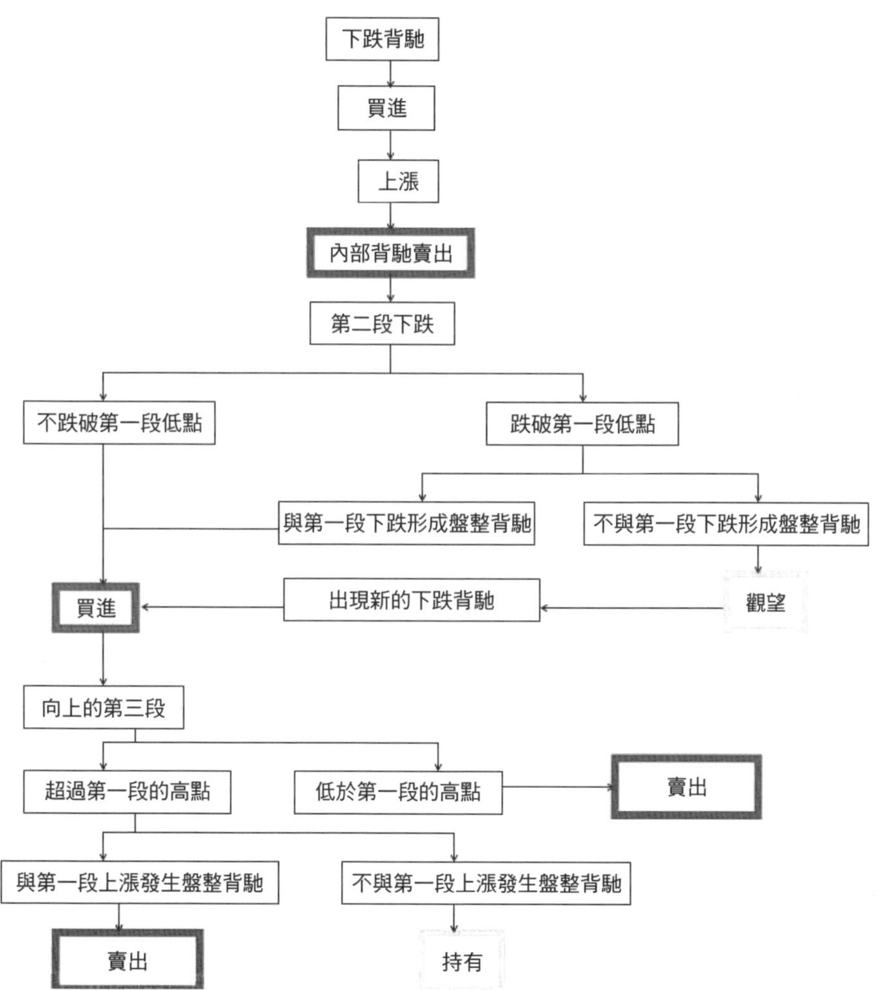

套理論的依據是，高級別的背離以低級別的背離作為前提，但低級別的背離未必會轉化成高級別的背離，見圖15-7。

區間套的獲利情況分為3種：第一種是出現高級別背離後，向低級別逐次尋找背離點；第二種是由低級別出現的背離，逐漸向高級別的背離擴展；

第三種是反覆背離，是高級別進入背離階段後，次級別以下卻長期反覆背離，這往往是處於築頂或築底的階段。

區間套理論是纏論中的核心內容，主要探討在不同級別上的背離產生買賣點後，如何深入小級別，去尋找最接近理想價位的K線點，進而實現最理想化的操作思路。

在選擇操作方案時，投資者應該根據自己的習慣特性選擇合適的級別，並嚴格按照級別操作。中長期投資者可選擇月線或週線級別，短線投資者可選擇週線或日線級別，超短線投資者可選擇日線或60分鐘K線級別。

15-2 牢牢掌握 2 個買點：不創新低、不破前中樞

本節將闡述纏論的中心思想，剖析圍繞在上漲結構中的中樞附近相關買點，以便投資者理解股價走勢K線的原理。在纏論中，由於級別的可擴充性，在不同級別的走勢中往往會顯現不同買點，而在低級別當中顯現的買點會更加敏銳，這對短線投資者有著極為重要的參考作用。

一筆下調、但未創新低的底分型是第一買點

圖15-8　不創新低的買點示意圖

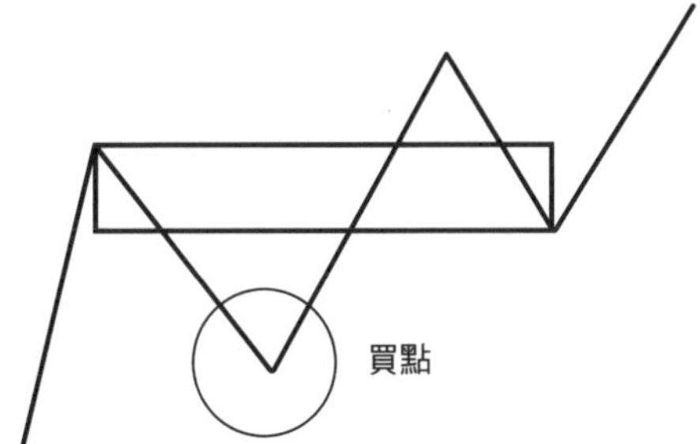

股價走勢出現底背離後，開啟一波向上行走的行情，途中一筆下調、但未創新低的底分型便是第一買點。

此時投資者在確認分型時，可在所選週期的內部選擇買點。圖15-8為不創新低的買點。

底背離是選擇買點的前提，股價走勢K線在向下跌破最後一個中樞之後做的底背離，通常會有一個同級別的向上行情。此時，投資者要關注在股價K線上漲途中回檔的低點是否有創新低，倘若未創新低，意味著此時已顯現股價K線買點。

圖15-9 不破前中樞的買點示意圖

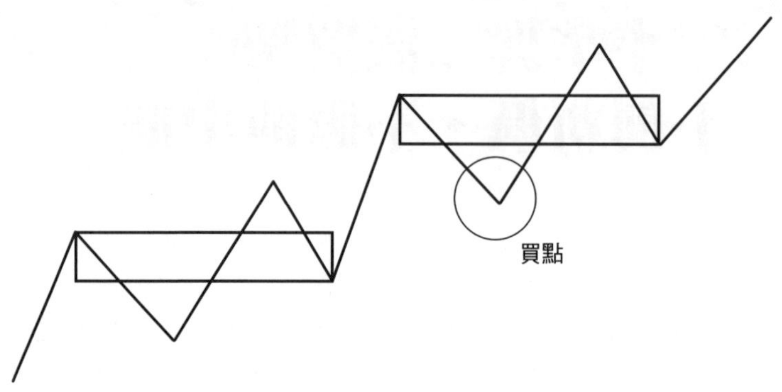

向下回檔，卻未破前期的中樞是第二買點

在形成股價走勢K線的第一買點後，同時也形成上漲走勢中的第一個中樞。在第一個上漲中樞形成後，股價走勢在形成第二個中樞時向下回檔，卻未破前期的中樞上沿時，意味著第二買點的顯現。

投資者在選擇買進時，應該參考自身所選的時間級別。圖15-9為不破前中樞的買點。日線級別的買點可能2年才出現一次，但5分鐘級別的買點可能2天就出現一次。

買點並非一定要是某個價位點，級別越高，可操作的區間範圍越大，因此下跌兩、三個中樞之後，投資者可以開始考慮買點的選擇，而上升兩、三個中樞之後，投資者可以開始考慮賣點的選擇。

15-3 絕不錯過 2 個賣點：不創新高、不破前中樞

與15-2節相反，本節要介紹纏論的賣點。作為對技術要求更高的操作，選擇好賣點往往意味著在K線走勢中合理判斷股價。同樣地，根據自身習慣，投資者應選擇合適的操作級別，盡可能避免跨級別操作，因為跨級別操作對技術要求較高，風險也偏大。

不創新高的賣點

股價走勢在不斷上升並形成最後一個上升中樞後，在頂部分型會形成背離，此時股價K線下跌破壞前期中樞，但會以反彈的形式再次上攻，在無法創新高後，便形成賣點，此時的賣點是和前期頂分型比較之後的次高點。圖15-10為不創新高的賣點。

圖15-10 不創新高的賣點示意圖

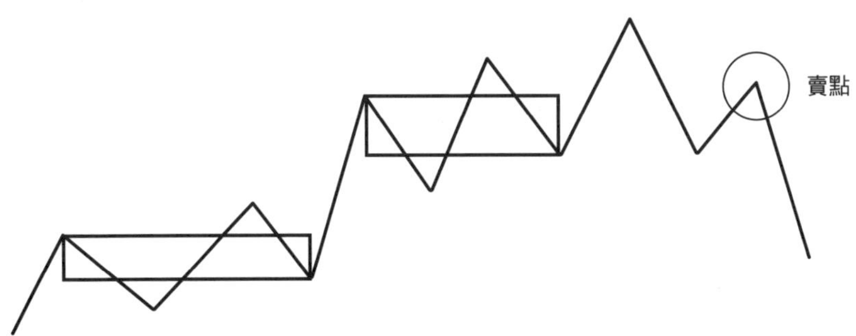

在掌握賣點時，要注意前期出現的頂背離。在纏論當中有很多賣點，越低級別的K線走勢，越快出現賣點，適合短線在多個級別之間切換，但其對技術要求較高。從低級別自下而上升級時，顯示中樞的擴張。一般低級別出現的連續3個價格重疊造成的中樞，會構成高一級別的中樞。

不破前中樞的賣點

股價在向下突破前期中樞後，會出現小級別的底背離，因此又產生一個反彈走勢，如果這個反彈走勢在觸及前期中樞下沿附近後調頭而下，那麼此時又顯現一個賣點，此時掌握這個賣點，便是投資者再次逃生的機會。圖15-11為不破前中樞的賣點。

在選擇賣點時，以中樞作為判斷標準較可靠。但看準趨勢，在形態上建構出正確的圖形，往往是在理論之外的另一個要求，這需要投資者在投資過程中不停學習，以便日後的投資生涯持續穩定獲利。

圖15-11 不破前中樞的賣點示意圖

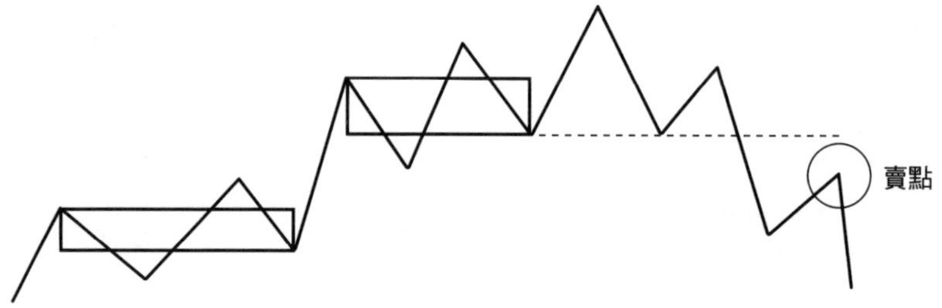

NOTE

/ / /

國家圖書館出版品預行編目(CIP)資料

史上最強的K線戰法，教你用320張圖賺1000萬：用單根、多根形態，與指標、成交量的共振，建立賺爆的交易系統／孟慶宇著.
-- 第二版. -- 新北市：大樂文化有限公司，2024.12
320面；17×23公分. --（Money；062）

ISBN 978-626-7422-57-1（平裝）
1.股票投資　2.投資技術　3.投資分析
563.53　　113014592

MONEY 062

史上最強的K線戰法，教你用320張圖賺1000萬（熱銷再版）

用單根、多根形態，與指標、成交量的共振，建立賺爆的交易系統

（原書名：史上最強的K線戰法，教你用320張圖賺1000萬）

作　　者／孟慶宇
封面設計／蕭壽佳、蔡育涵
內頁排版／楊思思
責任編輯／張巧臻
主　　編／皮海屏
發行專員／張紜蓁
財務經理／陳碧蘭
發行經理／高世權
總編輯、總經理／蔡連壽
出 版 者／大樂文化有限公司
地址：220新北市板橋區文化路一段268號18樓之1
電話：（02）2258-3656
傳真：（02）2258-3660
詢問購書相關資訊請洽：2258-3656
郵政劃撥帳號／50211045　戶名／大樂文化有限公司

香港發行／豐達出版發行有限公司
地址：香港柴灣永泰道70號柴灣工業城2期1805室
電話：852-2172 6513 傳真：852-2172 4355

法律顧問／第一國際法律事務所余淑杏律師
印　　刷／韋懋實業有限公司

出版日期／2021年11月22日 第一版
2024年12月30日 第二版
定　　價／380元（缺頁或損毀的書，請寄回更換）
I S B N／978-626-7422-57-1

大樂文化